Bernd Henningsen

Die Politik des Einzelnen

Studien zur Theologie und Geistesgeschichte
des Neunzehnten Jahrhunderts

Band 26

Forschungsunternehmen „Neunzehntes Jahrhundert"
der Fritz Thyssen Stiftung

BERND HENNINGSEN

Die Politik des Einzelnen

Studien zur Genese der skandinavischen Ziviltheologie.
Ludvig Holberg, Søren Kierkegaard, N. F. S. Grundtvig

GÖTTINGEN · VANDENHOECK & RUPRECHT · 1977

FÜR KIKA

CIP-Kurztitelaufnahme der Deutschen Bibliothek

Henningsen , Bernd
Die Politik des Einzelnen : Studien zur Genese d. skandinav.
Ziviltheologie; (Ludvig Holberg, Søren Kierkegaard, N.F.
S. Grundtvig). – 1. Aufl. – Göttingen : Vandenhoeck & Rup-
recht, 1977.
(Studien zur Theologie und Geistesgeschichte des neunzehn-
ten Jahrhunderts ; Bd. 26)
ISBN 3-525-87481-2

Vorwort

Dies ist eine politikwissenschaftliche Untersuchung; rein theologische oder religionsgeschichtliche Probleme werden in ihr nicht erörtert. Es bedarf daher einer Begründung, weshalb sie in einer theologisch orientierten Reihe publiziert wird. Vordergründig wäre sie in den Biographien der Haupt- und Nebenpersonen der dänischen Geisteswelt des 18. und vor allem des frühen 19. Jahrhunderts zu finden, waren die Dichter und Philosophen Dänemarks — und auch der übrigen skandinavischen Länder — doch fast ausnahmslos ausgebildete Theologen. An Max Weber orientiert, könnte die Funktion der Theologen als Sinngeber und Sinnvermittler persönlicher wie öffentlicher Ordnung durchaus den Zusammenhang politisch-ökonomischen Bewußtseins mit theologischem erhellen. Unbezweifelbar hat das spezifisch skandinavische Politik- und Demokratieverständnis, hat das politische Selbstverständnis dieses Kulturkreises, um das es hier geht, einen Grund in der skandinavischen Variante des Protestantismus.

Die Reihe führt jedoch auch den Begriff „Geistesgeschichte" im Titel und öffnet sich damit der Forderung nach interdisziplinärer Zusammenarbeit. Keine der in den ehemals geisteswissenschaftlichen Disziplinen untergebrachten Fachrichtungen kann heute noch einen Absolutheitsanspruch behaupten, kann für sich das Patentrezept für die Erklärung der Welträtsel reklamieren, und so wenig wie man die Religion allein den Theologen überlassen darf, so wenig darf man die Politik allein den Politologen (oder gar Juristen) überlassen. Politische Wissenschaft als Geisteswissenschaft hätte dabei die wesentliche Funktion, der Geisteswissenschaft ihre politische Dimension bewußt zu machen. Gerade eine an der klassischen Philosophie orientierte Politikwissenschaft muß daher daran interessiert sein, Impulse der an sie grenzenden Wissenschaften aufzunehmen; wenn dies auch umgekehrt geschieht, so hat sie es als junge institutionalisierte Wissenschaft nicht mehr nötig, ihre Existenzberechtigung unter Beweis zu stellen.

Ich komme aus einer Schule der Politikwissenschaft, die von Eric Voegelin geprägt ist und die versucht hat, nach dem Modell der griechischen Antike die Politische Wissenschaft als Wissenschaft vom Menschen wieder zu etablieren. Die heute vorherrschende Meinung von den Sozialwissenschaften — und in der Theologie gibt es diesen Trend auch — hat diesen Anspruch verschüttet. Ich bin daher Herrn Professor Dr. Trutz Rendtorff und Herrn Professor Dr. Georg Schwaiger (für die theologischen Arbeitskreise des Forschungsunternehmens „19. Jahrhundert" der Fritz Thyssen Stiftung) in besonderem Maße für das Interesse dankbar, das sie dieser Arbeit entgegengebracht haben.

Die vorliegende Untersuchung hat der ehemaligen Philosophischen Fakultät I der Ludwig-Maximilians-Universität München im Wintersemester 1974/75 als Dissertation vorgelegen. — Meinen Lehrern und Freunden schulde ich Dank für ihre Kri-

tik und ihre Anregungen; unter ihnen Professor Dr. Kurt Schier, Professor Dr. Jürgen Gebhardt, Universitätsdozent Dr. Peter J. Opitz, Dr. Tilo Schabert, Friedrich Kur
und besonders Frau Maria Eysell, der ich aufgrund jahrelanger freundschaftlicher Zusammenarbeit wesentliche Impulse verdanke. Professor Dr. Manfred Henningsen ist mit
für die Themenstellung verantwortlich und hat dank brüderlicher Maieutik erheblich
zum Gelingen der Arbeit beigetragen. Für die Erfüllung außergewöhnlicher Literatur-
wünsche geht mein Dank an die Dansk Centralbibliotek for Sydslesvig in Flensburg.
Finanziell wurde die Arbeit durch ein Stipendium der Friedrich Ebert Stiftung
ermöglicht. Die Drucklegung hat die Fritz Thyssen Stiftung übernommen.

München im Dezember 1975   B. H.

Inhalt

Er sagte, „du glaubst, es gäbe zwei Welten für Dich – zwei
Wege. Aber es gibt nur eine. Der Beschützer hat dir das mit
unglaublicher Klarheit gezeigt. Die einzige Welt, die dir offen-
steht, ist die Welt der Menschen, und du hast nicht die Wahl,
sie zu verlassen. Du bist ein Mensch! Der Beschützer zeigte
dir die Welt des Glücks, in der es keinen Unterschied zwischen
den Dingen gibt, weil niemand da ist, der nach dem Unterschied
fragt. Aber das ist nicht die Welt der Menschen. Der Beschützer hat dich aus ihr aufgerüttelt und dir gezeigt, wie ein Mensch
denkt und kämpft. *Das* ist die Welt des Menschen. Und ein
Mensch zu sein bedeutet, zu dieser Welt verdammt zu sein. Du
hast die Eitelkeit zu glauben, in zwei Welten zu leben, aber
das ist nur deine Eitelkeit. Es gibt nur eine Welt für uns.
Wir sind Menschen und müssen mit der Welt der Menschen
auskommen. Ich glaube, das war die Lektion!

> Don Juan – Carlos Castaneda: Die andere Realität

Der Mensch ist das einzige Geschöpf, das sich weigert, das
zu sein, was es ist.

> Camus: Der Mensch in der Revolte

Einleitung

Wer sich die Frage stellt, warum es im Norden keine ideologischen Massenbewegungen oder -parteien vom herkömmlichen europäischen Links-Rechts-Zuschnitt gab, warum es dort in der politischen Neuzeit keine revolutionären oder revolutionsartigen Ausbrüche gegeben hat, warum der Übergang von der monarchisch--absolutistischen Staatsform zur parlamentarischen Demokratie, von der agrarischen Ständegesellschaft zum hochindustrialisierten Wohlfahrtsstaat so bruchlos vonstatten ging, warum Minderheiten in einer parlamentarischen Demokratie mit plebiszitären Komponenten traditionell geduldet werden etc., der muß bei der Beurteilung der großen Zahl der Antworten viel Geduld aufbringen. In der Regel werden die historische und ökonomische Entwicklung, die „Kompromißbereitschaft", der bäuerlich-agrarische Ursprung mit seiner erdverwachsenen Unerschütterlichkeit, das Klima, die geographische Nische und nicht zuletzt der „Nationalcharakter" angeführt.[1]

All dies als *ultima ratio* angeboten, erweist sich als oberflächliche Spekulation. Was da nämlich versucht wird, ist eine nominal eindeutige – und bisweilen allzu einfache – Erklärung für ein Phänomen, das vielschichtig ist und allenfalls annäherungsweise gedeutet werden könnte. Wenn daher mit dieser Arbeit nach den Ursprüngen und Ursachen der oft genug beschworenen politisch-historischen Stabilität dieser Demokratien gefragt wird, so geschieht das in dem Bewußtsein erkenntnistheoretischer Unvollkommenheit. Das Faktorenbündel, das zur Genese einer spezifischen Ziviltheologie gehört, kann und soll hier nicht restlos aufgeschnürt und analysiert, sondern anhand des wesentlichen Aspekts der *Denktradition* diskutiert werden. Da es sich bei der politischen Stabilität der skandinavischen Länder um einen komplexen Gesamtzusammenhang handelt, können nur Einzeluntersuchungen geliefert werden, die wiederum Einzelergebnisse erbringen; als Bausteine tragen sie gleichwohl zum Verständnis des Ganzen bei, das selbstverständlich mehr ist als die Summe seiner Teile.

Was versucht werden soll und was m.W. im Falle Skandinanviens bisher noch nicht geschah, ist, einen analytischen Konnex zwischen dem politischen Geschehen des Kulturkreises und seiner philosophiegeschichtlichen Tradition herzustellen. Konkret

---

1 Am unbesorgtesten bedient sich derlei Erklärungen Connery (The Scandinavians). Aber nicht nur amerikanische Journalisten entlarven sich als Stammtischexegeten; vor allen Dingen skandinavische Autoren bemühen den „Nationalcharakter", wo es darum ginge, die rationale Analyse weiterzutreiben: Stavnstrup: Dansk Sind; Nielsen, H.: Svensk og Dansk; Gravlund: Dansk Folkekarakter. Hendin (Suicide and Scandinavia) ersetzt den „Nationalcharakter" durch „psychosocial character", womit aber auch nicht viel gewonnen ist.

Soweit nicht anders angegeben, sind alle Übersetzungen in dieser Arbeit aus dem Dänischen, Norwegischen und Schwedischen von mir.

formuliert geht es darum, die Ideologie-Immunität (oder auch -Abstinenz) des skandinavischen Politik- und Demokratieverständnisses, das Theoriedefizit und die Abneigungen vor Intellektualisierungen ideengeschichtlich zu verstehen und zu erklären. Der Anspruch auf eine universelle Deutung wird damit allerdings nicht erhoben. Dabei verstehe ich unter „Ideologien" nicht, wie es vulgärmarxistisch üblich ist, „Weltanschauungen" oder „Theorien", die sich auf „Ideen" stützen,[2] sondern innerweltlich Erlösungslehren, die den Menschen das Himmelreich auf Erden versprechen, einen problem- und konfliktlosen Endzustand des historisch-gesellschaftlichen Prozesses. In diesem Sinne sind Ideologien konstituiert — angeblich vorübergehend — durch Chaos und Revolution, durch die Revolte gegen die Vernunft,[3] durch die Umdeutung der Realität und die Systematik einer Gesellschafts- und Geschichtsspekulation. Letztlich kennzeichnet eine Ideologie der gnostische Anspruch, daß sich die Wirklichkeit nach der Idee zu richten habe.[4] Und wenn ich von „Ideologie-Immunität" spreche, so meine ich damit nicht, daß es in Skandinavien keine Ideologie (oder politische Ideen mit ideologischen Merkmalen) gegeben hat, sie gibt es und gab es in der Tat. Mit „Ideologie-Immunität" ist nur gesagt, daß Ideologien nie zu einem Massenphänomen geworden sind, wie dies in Deutschland, Spanien, Italien oder auch in Frankreich der Fall gewesen ist. In der neueren politischen Geschichte haben sich die vorherrschenden Ideen und Bewegungen weitgehend von ideologischem Gedankengut freihalten können, sind ideologische Parteien nie von den Wählern akzeptiert worden.[5]

Ließe sich schon aufgrund der angesprochenen historisch-politischen Kontinuität auf eine spezifische *conditio humana scandinavica* schließen, die ihren modernen Ausdruck in der Wirklichkeit des Wohlfahrtsstaates findet und daher auch Apologeten und Kritiker besonders anzieht, so erscheint es erstaunlich genug, daß die politisch-sozialen wie aber auch die habituellen Probleme und Besonderheiten Skandinaviens so wenig Interesse finden, sei es in den akademischen Fachrichtungen — wie der Politischen Wissenschaft oder der Nordischen Philologie — sei es aber auch in den Massenmedien. Seit Friedrich Engels seine Abscheu „für die brutale, schmutzige seeräuberische altnordische Nationalität" ausdrückte und den Skandinaviern „permanente Trunkenheit", „tränenreiche Sentimentalität" und „Berserkerwut" vorhielt,[6] läßt sich allenthalben die Verdrängung Skandinaviens aus dem Interessenfeld kritisch-rationaler Auseinandersetzung feststellen — mit Ausnahme des Schleswig-Holsteiner, deren Skandinavienbild jedoch durch nationale

---

2 Vgl. Plamenatz: Ideologie; Lenk (Hrsg.): Ideologie.
3 Siehe dazu Camus: Der Mensch in der Revolte.
4 Der gnostische Heilslehrencharakter moderner Massenbewegungen ist untersucht bei Voegelin: Wissenschaft, Politik und Gnosis.
5 Die Einschränkung dieses Faktums geschieht seit den 60er Jahren durch das Auftreten der „Neuen Linken" und vor allem durch die poujadistischen Bewegungen mit *Mogens Glistrup* in Dänemark und *Anders Lange* in Norwegen; siehe auch Henningsen, B.: Das Problem der skandinavischen Ideologie-Immunität.
6 Marx, Engels: Marx-Engels-Werke, Bd. 5, S. 394. Zu Marx und Engels in der politisch-nationalen Auseinandersetzung um Schleswig-Holstein siehe Beier: Marx, Engels, Lassalle og den tysk-danske konflikt 1848 og 1864.

Vorurteile eingefärbt war und ist. Allerdings ist dieser modernen Verdrängung eine mythische Verklärung beigemengt, seit der nazistische Germanenkult das Urbild arischen Wesens im Norden zu erblicken glaubte und damit der Scanophilie den Anstrich nordischer Germanentümelei gab.[7] Noch bis ins vorige Jahrhundert gibt es eine Geschichte der deutsch-skandinavischen Beziehungen, die von Samuel Pufendorfs Bestallung als schwedischer Historiograph und Staatssekretär über Ludvig Holbergs positiver Rezeption in Deutschland, über Friedrich Gottlieb Klopstocks langjährigen Kopenhagener Aufenthalt, über die dänische Unterstützung für Friedrich Schiller bis zu Theodor Fontanes Kriegsberichterstattung 1864/66 reicht. Doch weder eine Rückbesinnung auf diese Geschichte noch, daß Skandinavien als vorübergehendes oder dauerndes Exil während der Nazizeit gewählt worden ist — von Philipp Scheidemann und Willy Brandt, von Bert Brecht und Kurt Tucholsky, von Fritz Croner und Walter Schulze, von Hans Rütting und Wilhelm Reich, von Fritz Busch und Fritz Bauer, um nur diese zu nennen —, hat zur Aufhebung der Verdrängung etwas beitragen können.

Die Diskussion der skandinavischen (Wohlfahrts-) „Modelle" hat jedoch wenig Sinn bei gleichzeitiger Vernachlässigung der historischen Voraussetzungen. Daher soll mit dieser Studie auch die diesen Modellen zugrundeliegenden, dominanten Bewußtseinshaltungen transparent gemacht werden, wie man sie an repräsentativen Personen ablesen kann. Der geistige Habitus, wie er sich u.a. in der Philosophie, der Theologie und der Literatur spiegelt, darf jedoch nicht unmittelbar auf die Politik angelegt werden; es wäre zu einfach, kausal von der Attitüde der Philosophen, Theologen oder Literaten auf die Politik zu schließen. Dennoch hat dieser (komplexe) Habitus, der zu einem spezifisch skandinavischen Bewußtseinsmodus führt, seine politische Relvanz: Das Milieu wird nämlich nicht allein von den Philosophen und Intellektuellen bestimmt, das Milieu bestimmt auch diese. Politisches Handeln und geistiger Habitus stehen in einer dialektischen Wechselbeziehung zueinander. Diese Dialektik, von der es sinnvoll ist auszugehen, macht dann allerdings die Philosophie (und auch die Theologie und Literatur) zu einem Gegenstand der Politischen Wissenschaft.

In dem Bewußtsein, daß sprachliche Symbole als Ausdruck des Selbstverständnisses einer Gesellschaft in ihrem Realitätscharakter nicht durch Definitionen beschrieben werden können, ja durch Definitionen zu einem „Gegenstand" werden, was sie nicht sind, müssen vorweg zwei Termini erläutert werden, auf die im Folgenden zurückgegriffen wird, um jedenfalls annäherungsweise auf die Diskussion vorzubereiten: den des *common sense* und den der *Ziviltheologie*.

Insbesondere im deutschsprachigen Raum leidet das Verständnis von common sense darunter, daß er zu einer Verstandesform gerechnet wird, die man mit der Vokabel „gemein" belegt. Diese „Gemeinheit" verstellt jedoch den Zugang wie die Rationalität des „gemeinen Menschenverstandes", den man auch gern „gesund" nennt. Der gesunde Menschenverstand, dessen Denunziation auf die spekulative

---

7 Vgl. Vondung: Völkisch-nationale und nationalsozialistische Literaturtheorie, und ders.: Magie und Manipulation.

Philosophie zurückgeht,[8] hat allerdings mit jenem „Orakel" nichts zu tun, auf das man sich beruft, „wenn man nichts Kluges zu seiner Rechtfertigung vorzubringen weiß."[9] Als Residuum von Rationalität und habitueller Wahrhaftigkeit wurde der Begriff „common sense" in der Ableitung vom ciceronischen *sensus communis* (der Mensch als *rationis particeps*) durch die schottische Philosophenschule um Thomas Reid (1710–1796) entwickelt, und in diesem Sinne wird er auch in Skandinavien verwendet; die Immunität beschränkt sich also nicht nur auf die Denunziation der Philosophie durch die Spekulation, immun bleibt auch das originäre common-sense-Verständnis gegenüber seiner Denunziation durch den deutschen Idealismus. Immer wieder berufen sich die skandinavischen Autoren auf den „gesunden Menschenverstand", ja man kann sagen, daß skandinavischer und schottisch-angelsächsischer common sense Übereinstimmungen aufweisen, die frappierend sind.[10] Interessanterweise hat sich im Schwedischen sogar ein eigener Begriff gebildet, der den common sense einer spezifischen Bevölkerungsschicht zuordnet, nämlich der größten, den Bauern: *bondeförstånd* (= Bauernverstand). Weit entfernt davon, etwa der deutschen „Bauernschläue" gleichgesetzt werden zu können, meint „Bauernverstand" den „unverbildeten natürlichen Verstand", wie man ihn bei „ungekünstelten, praktischen Bauern" antreffen kann.[11]

"There is a certain degree of it (sc. sense) which is neccessary to our being subjects of law and government, capable of managing our own affairs, and answerable for our conduct to all men with whom we can transact business, or call to account for their own conduct."[12] Ohne common sense, so scheint es, kann ich zwar spekulieren, aber nicht politisch handeln oder gar philosophieren.

Unter Common Sense ist also nicht ein Sozialballast von Vulgärideen zu verstehen, nicht irgendwelche „idées reçues" oder eine „relativ natürliche Weltanschauung", sondern der Urteils- und Verhaltenshabitus eines von der Ratio her geformten Menschen; man könnte sagen: der Habitus eines Aristotelischen *spoudaios*, vermindert um die Helle des Wissens von der Ratio als den Ursprung seines rationalen Urteilens und Verhaltens. Common Sense ist ein zivilisatorischer Habitus, der noetische Erfahrung voraussetzt, ohne daß der Mensch dieses Habitus selbst ein differenziertes Wissen von der Noese hätte. Der zivilisatorische *homo politicus* braucht nicht Philosoph zu sein, aber er muß Common Sense haben.[13]

---

8 Henningsen, M.: Die Wirklichkeit des Common Sense.
9 Kant: Werke, Bd. 5, S. 117.
10 Von philosophischem und philosophiegeschichtlichem Interesse wäre es, woher die einzelnen skandinavischen Denker ihre Vorstellung vom gesunden Menschenverstand haben. Obgleich der common sense im weiteren immer wieder zur Sprache kommt, wurde dieser Frage nicht nachgegangen. Sicher dürfte sein, daß sie Cicero kannten; Hinweise auf die Bekanntschaft mit der englisch-schottischen Philosophie konnten jedoch nicht ermittelt werden. Vgl. auch seine Gegenüberstellung eines konkreten dänischen Falles mit den Aussagen Reids (Poul Martin Møller, S. 92ff.).
11 Ordbok Bd. 5, Sp. 3855. Bei Afzelius heißt es, daß „die buchgelehrte Bildung ... nicht immer ... sicherer ist in ihrem Urteil ..., als der ungelehrte Bauernverstand (es) sein kann" (ebenda) – eine Wendung, der man bei Holberg und Kierkegaard wie aber auch bei Reid begegnen könnte.
12 Reid: Essays, S. 559.
13 Voegelin: Anamnesis, S. 353.

Konstituiert den common-sense-Menschen sichere Urteilskraft und sicheres Verhalten in der Alltagswelt,[14] so deshalb, weil sein Wissen auf Prinzipien gebaut ist, die "self-evident" sind. Daß dies mit Orakelsprüchen nichts zu tun hat, ist durch den Rekurs auf die Ratio abgesichert, denn "of such principles every man who has common sense is a competent judge, when he conceives them distinctly."[15] Die Ratio, die bei Reid als "inward light"[16] erscheint, ist unabdingbares Konstituens des common sense und hebt ihn ab von Willkür und Zufall. Sein „Rückgriff auf populäres Sprachwissen"[17] bedeutet nicht, daß wir es beim common sense mit einem Wissensbegriff zu tun haben, der auf „die instrumentellen Verkehrsregeln des Weltverhaltens"[18] eingeschränkt ist, sondern entspringt der common-sense-Einsicht, daß beim größten Teil der Menschheit kein anderer Grad der Vernunft (*reason*) auszumachen ist.[19] "A man of sense is a man of judgement. Nonsense is what is evidently contrary to right judgement. Common sense is that degree of judgement which is common to men whith whom we can converse and transact business."[20] Doch common sense ist nicht allein notwendig für die Geschäftigkeit des Alltagslebens, er ist die Grundbedingung individuellen wie sozialen Lebens:

The first (sc. common sense) is purely a gift of Heaven. And where Heaven has not given it, no education can supply the want. The second (sc. reason) is learned by practice and rules, when the first is not wanting. A man who has common sense may be taught to reason. But if he has not that gift, no teaching will make him able either to judge of first principles or to reason from them.[21]

Nicht alles jedoch, was unter gesundem Menschenverstand oder common sense rubriziert wird, ist in diesem Sinne unter den „zivilisatorischen Habitus" zu rechnen. Un-zivilisiert ist der common sense — und nur hier hat die Kritik der Spekulation ihr Recht — immer dann, wenn ihm die Rationalität abgeht.[22]

Die Summe des common sense ist das Gemeinsame, das *xynon* im Sinne Heraklits, das die Wachenden verbindet und das die Schlafenden — Hermann Brochs „Schlafwandler" — nicht haben. Ohne dieses Gemeinsame, insbesondere in Gesellschaft, werden die Einzelnen zu Privatpersonen, zu *idiotes*, eine politische Zivilisation ist damit unmöglich. Der humane Aufbau der sozialen Welt — von den Bü-

---

14 Über den Zusammenhang von common sense und Alltagswelt siehe Schütz: Der sinnhafte Aufbau der sozialen Welt, und Berger, Luckmann: Die gesellschaftliche Konstruktion der Wirklichkeit. Da die phänomenologische Analyse den gemeinschaftsstiftenden Charakter von Realitätserfahrungen nicht erfaßt und zur Lösung des Legitimationsproblems annimmt, führt der Ansatz hier nicht weiter.
15 Reid, S. 559.
16 Ebenda.
17 Henningsen, M., S. 398.
18 Ebenda, S. 391.
19 Reid, S. 567.
20 Ebenda, S. 557.
21 Ebenda, S. 568.
22 Vgl. dazu Moores Beitrag (Eine Verteidigung des Common Sense), bei dem es an keiner Stelle zur Explikation der Rationalität kommt. Die „Verteidigung" scheint aus dem schlechten Gewissen eines positivistischen Sprachanalytikers geboren zu sein, dem zur finiten Begründung seines Rekurses auf *Sätze* des Primärwissens nur der „common sense" bleibt.

chern der *Weisheit,* über Heraklit bis in die angelsächsische Gegenwart[23] (und in diesem Zusammenhang auch bis in die skandinavische) thematisiert — wird im Gemeinsamen transparent; als Explikation der Humanität beschreibt der common sense die notwendige soziale Existenz des Menschen, ja Humanität ist auf common sense angewiesen.[24] Als Habitus der Gesellschaftsmitglieder verwirklicht, „erzeugt (er) darüberhinaus jene Gleichartigkeit der Menschen, *homonoia,* auf der jede konkrete Gesellschaft von Menschen beruht"[25], und führt im günstigsten Falle zur politischen Freundschaft, wie Aristoteles sie mit der *philia politike* beschreibt.[26] „Die vollkommene *homonoia* wird als die vollkommene *philia* der allumfassenden politischen Gemeinschaft, die höchste und allumfassendste Form der *philia* sein, das harmonische Zusammenleben von Menschen, die in Eintracht zu ihrem wahren Selbst — i.e. ihrem *nous* — stehen und dadurch die noetische Ordnung der Seele in Gesellschaft realisieren."[27] In dem, was die Menschen gemeinsam haben und nicht aufgrund „gemeinsamer Strebensobjekte" sondern aufgrund „der Harmonie des *spoudaios* mit seinem wahren Selbst", dem *nous* als Partizipationsobjekt aller, beruht die *homonoia* — im Idealfalle.[28] Die politische Dimension des common sense ist damit gegeben; wo sie fehlt, muß es zum rivalisierenden Wettstreit von Ideologien kommen, d.h. von konkurrierenden Repräsentations- und Legitimationsmodellen gesellschaftlicher Ordnung — letztlich von der Repräsentation transzendenter Wahrheit.

Die Interpretation der politischen und sozialen Organisation von Gesellschaften kann sich nicht allein auf die Interpretation ihrer *Daten* beschränken, denn „Gesellschaft" und „soziale Realität" sind nicht nur Fakten der materiellen Welt. „... die menschliche Gesellschaft ist mehr als eine Tatsache oder ein Ereignis in der Außenwelt, das ein Beobachter wie ein Naturphänomen untersuchen könnte." Wenn auch der „Außenweltcharakter" wesentlicher Bestandteil von Gesellschaft ist, so ist sie

„im ganzen eine kleine Welt, ein Kosmion, von innen her mit Sinn erfüllt durch die menschlichen Wesen, die sie in Kontinuität schaffen und erhalten als Modus und Bedingung ihrer Selbstverwirklichung. Das Kosmion wird erhellt durch eine hochentwickelte Symbolik, in verschiedenen Graden von Kompaktheit und Differenzierung ... Die Selbsterhellung der Gesellschaft durch die Symbole ist ein integraler Bestandteil der sozialen Realität, man kann sogar sagen ihr wesentlicher Bestandteil, denn durch eine solche Symbolisierung erfahren die Menschen die Gesellschaft, deren Glieder sie sind, als mehr denn bloße Zufälligkeit oder Annehmlichkeit; sie erfahren sie als Teil ihres menschlichen Wesens. Und umgekehrt drücken die Symbole das Erlebnis aus, daß der Mensch voll und ganz Mensch ist kraft seiner Teilnahme an einem Ganzen, das über seine gesonderte Existenz hinausgreift."[29]

Die besondere Bedeutung von Innen- und Außenwelt von Gesellschaft, die Erkenntnis und vor allem Interesse der Politischen Wissenschaft leiten sollte, kann hier

---

23 Henningsen, M., S. 394.
24 Ebenda.
25 Ebenda, S. 395.
26 Moulakis: Homonoia, S. 99ff.
27 Ebenda, S. 102.
28 Ebenda, S. 104.
29 Voegelin: Die neue Wissenschaft der Politik, S. 49f.

nur gestreift werden. Auf die soziale Wirklichkeit kompakter oder differenzierter Symbolformen muß jedoch einleitend verwiesen werden, wenn es um den zweiten hier zu erläuternden Begriff gehen soll, den der *Ziviltheologie,* der in seiner Essenz die Aussagen über das Selbstverständnis einer Gesellschaft enthält.

Abgeleitet aus der altrömischen „theologia civilis", hat die „Ziviltheologie" in der angelsächsichen Politischen Wissenschaft einige Bedeutung erlangt, im Gegensatz zur deutschen, wo man eher von „politischer Kultur" spricht. Die Klassifizierung der Theologie, wie sie von Marcus Terentius Varro (116–27 v. Chr.) entwickelt und – ablehnend – von Augustinus überliefert ist, nennt drei Arten: das *genus mythicon* als die Theologie der Dichter, das *genus physikon* als die Theologie der Philosophen und das *genus zivile* als die Theologie der Völker. In der konkreten Krisensituation der altrömischen Gesellschaft ist die Ziviltheologie Varros jener apologetische Kultmythos, der aus der spekulativen Exegese der Götter geschaffen ist.[30] Da die mythologische Interpretation des gesellschaftlichen Selbstverständnisses als überlebt, die spekulativ-philosophische als nicht für jedermann nachvollziehbar erscheint, wird die „theologia civilis" zu einem Kompromiß, „den alle Bürger annehmen können,"[31] wird sie die zeitadäquate Artikulation des archaisch-kompakten Selbstverständnisses. „Theologia civilis" beschreibt „den gemeinsamen Glauben einer politischen Gemeinschaft, an dem alle verbindlich partizipieren." Aus der artistotelischen *philia politike* „als Substanz aller menschlichen Beziehungen auf Grund der Teilnahme der Gesellschaftsmitglieder am transzendenten Sein" wird dann der Terminus von Voegelin für die Theorie der Politik analysiert.[32] In der Objektivierung und Kodifizierung nicht-gegenständlicher Symbole[33] der Ordnungserfahrung stellt die Ziviltheologie ein Aggregat für die Verhaltensregeln der Menschen in Gesellschaft und Geschichte dar. „Die Ziviltheologie als sekundäre Dogmatisierung und Systematisierung von Erkenntnissen der spekulativen Exegese primärer Ordnungserfahrungen ist also das stabilisierende Moment, durch das die kultische und geistige Kohärenz einer politisch organisierten

---

30 Weber-Schäfer: Oikumene und Imperium, S. 17ff. „‚Die dritte Art Theologie', sagt er (sc. Varro), ‚müssen in den Städten die Bürger, vor allem die Priester kennen und zur Anwendung bringen. Dahin gehört, welche Götter ein jeder schicklicherweise öffentlich durch Dienste und Opfer verehrt.'" Augustinus: Vom Gottesstaat, Bd. 1, S. 334 (VI, 5).
31 Weber-Schäfer, S. 19. „Er sagt nämlich, die Produkte der Dichter stünden zu niedrig, als daß die Völker sich danach richten dürften, die der Philosophen dagegen zu hoch, als daß es der Menge heilsam sein könnte, darüber zu grübeln." Augustinus, Bd. 1, S. 337 (VI, 6).
32 Lexikon für Theologie und Kirche, Bd. 10, Sp. 1392. Vgl. Voegelin: Die neue Wissenschaft der Politik, bes. S. 118ff.
33 Der Begriff des „Nichtgegenständlichen" oder der „nichtgegenständlichen Realität", auf den in dieser Arbeit wiederholt rekurriert wird, ist von Voegelin entwickelt worden: „Realität ist (a) nicht ein Ding, dem der Mensch gegenübersteht, sondern das umgreifend Reale, in dem partizipierend er selber real ist, real sind (b) die im umgreifend Realen unterscheidbaren ‚Dinge' – die Götter, die Menschen usw.; und real ist (c) das Partizipieren der Dinge innerhalb des umgreifend Realen aneinander." (Anamnesis, S. 304). Mithin kann man von Realität sprechen, die „nichtgegenständlichen" Charakter hat; insbesondere ist das Partizipieren des Menschen an einem Grund seiner Existenz gemeint, der außerhalb seiner selbst liegt und zu dem er in einem Spannungsverhältnis steht.

Gesellschaft gesichert wird und in dem zugleich die Organisationsform der Gesellschaft selbst ihre Apologetik erfährt."[34]

Als „Sekundärkonstruktion" geht die Varronisch-Augustinische Klassifikation auf die „Exegese der Primärerfahrungen von den Quellen der Seinsordnung und damit der psychischen Ordnung des Menschen"[35] auf Platon zurück, womit — aus seinem Kontext — der eindeutig politische Bedeutungsgehalt der Theologie, der heute verloren gegangen ist, wieder ins Blickfeld rückt. Platon führt den Begriff „Theologie" im Zusammenhang mit der Sozialisation von Kindern und der Erziehung der Jugend, insbesondere der späteren Herrscher, in der „Politeia" ein.[36] Diskutiert werden die entscheidenden Fragen primärer Sozialisation, die in der Argumentation des Platon die bleibenden Persönlichkeitsstrukturen schaffen und damit die Tugendgrundlage des Zusammenlebens der *polis*-Bürger bestimmen. So wie sich in einfachen Symbolisierungen die Realitätserfahrungen der Erzieher auf die Kinder übertragen, formt sich deren Psyche als Ort der Primärerfahrung von Ordnung. In dem richtigen oder falschen Erzählen von Realitätssymbolen, wozu Platon die Kriterien entwickelt, werden die Merkmale von Wissen und Unwissen, von existentieller Ordnung und Unordnung gesetzt. Durch das „Reden von Göttern" (der Theologie) vermittelt sich dem zukünftigen Bürger in Symbolform die Erfahrung darüber, „was ist". Wahre Humanität verlangt daher wahre Theologie.[37] Die römische Klassifizierung der Theologie differenziert mithin unterschiedliche Symbolformen des Bewußtseins von seiner Erfahrung vom Grund der Ordnung, und die „theologia civilis" als Theologie der Bürger und der politischen Gesellschaft stellt die „symbolische Explikation der sakralen Autorität der römischen Gründung" dar. Im modernen Sinne drückt die Ziviltheologie schließlich „ein Sozialfeld des konkreten Bewußtseins und — das sei hier ausdrücklich vermerkt — des konkreten Unbewußten aus."[38]

Der geistige und politische Habitus eines Landes, eines Kulturkreises, wie er gemeinhin mit dem Begriff der „politischen Kultur" oder gar des „Nationalcharakters" zu fassen versucht wird, läßt sich heute nicht mehr direkt wie in den ziviltheologischen Zeiten des Varro am „genus civile", dem kultischen Aggregat der Völker ablesen. In den demokratisch organisierten Industriegesellschaften ist der Kult durch den Wahlvorgang reduziert und ersetzt, die alten Priester durch die Wahlanalytiker. War früher die Religion das übergeordnete Wertsystem, so ist es heute die Wissenschaft. Ziviltheologischen Charakter hat das *Sozial*verhalten erlangt. Was sich früher in Philosophie und Religion ausdrückte, haben heute die Sozialwissenschaftler übernommen. Der Pluralismus der Meinungen, nach denen man quantitativ die Leute befragen kann, hat den alten Singularismus mytho-poetischer Welterklärung

---

34 Weber-Schäfer, S. 19.
35 Ebenda, S. 18.
36 Platon: Politeia, 377aff. (Sämtliche Werke, Bd. 3, S. 113ff.).
37 Voegelin: Order and History, Bd. 3, S. 67.
38 Hier und im Vorgehenden konnte ich mich auf ein noch unveröffentlichtes Manuskript zur amerikanischen Ziviltheologie von Jürgen Gebhardt stützen, das mir dankenswerter Weise zur Verfügung gestanden hat.

ersetzt, und es erscheint daher angezeigt, auf den Bedeutungswandel des Begriffs „Ziviltheologie" zu verweisen; er wird hier kritisch verwandt und neben den pluralistischen „Habitus" gestellt. Eine Analyse des antiken Terminus „Ziviltheologie" müßte im säkularen, pluralistischen Zeitalter an Repräsentanten ausgeführt werden.

Das paradigmatische Vorgehen in diesem Falle schließt sich einerseits der ideengeschichtlich dominanten Methode der Skandinavier selber an, andererseits ist dies auch mangels einschlägiger Literatur opportun. So bemerkt Fritz Croner, der als erster qualifizierter Sozialwissenschaftler Skandinaviens anzusehen ist, als er 1934 nach Schweden kam, daß er „in die sozialen Verhältnisse" des Landes durch die Literaten und die Literatur eingeführt worden sei: „Frühzeitig glaubte ich zu verstehen, daß es in Schweden zwar keine Soziologie als Wissenschaft, wohl aber als Literatur gab."[39] Die skandinavischen Sozialwissenschaftler, von denen einige in dieser Arbeit zitiert werden, sind somit nicht die Politologen, Soziologen oder gar Philosophen, sondern die Literaturwissenschaftler.

Die Methode und der Aufbau der Arbeit sind bestimmt durch die Zielsetzung und das Material. Die Auswahl der Texte und der Daten ist nicht auf positivistische Vollständigkeit angelegt, sondern auf ihre symptomatische Relevanz im Zusammenhang einer interpretierenden Analyse. Es bestimmt insofern der Gegenstand die Methode. Da skandinavisches Denken auf die Erfahrung als einen wesentlichen Bezugspunkt zurückgreift, verfährt diese Studie empirisch, monographisch und hermeneutisch. Dargestellt und untersucht werden müssen Erfahrungen *und* Fakten, wie auch das sie vermittelnde Milieu. Die „Politik des Einzelnen" ist nicht allein die Politik des einzelnen Individuums, sie ist auch die Politik der einzelnen Sache — daher ist sie erfahrungsbegründet, und das heißt empirisch. Der Doppelsinn, gegeben durch die je einzelne Persönlichkeit und durch die aus der Realität ermittelten Fakten, markiert bereits Charakteristisches der skandinavischen Denktradition.

Im Einleitungskapitel wird auf einige Aspekte der skandinavischen Sozial- und Bewußtseinsgeschichte verwiesen, gleichsam als Rahmen, in den die Falldarstellungen des Hauptteils gehören. Der skandinavischen Methode folgend, soll induktiv an umgrenzten Problembereichen und Milieus die politische Bedeutung der philosophischen Attitüde aufgezeigt werden, um deutlich zu machen, daß der Habitus der Philosophen kein singuläres Ereignis ist, sondern sich auch in anderen Gesellschaftsschichten und zu verschiedenen Zeiten artikuliert. Insbesondere im politisch-sozialen Modernisierungsprozeß erweist sich dieser Habitus dann als ideologieabsorbierend und als gegengnostisch. Verwiesen wird auf die Naturrechts- und common-sense-Tradition, auf die Reformpolitik des aufgeklärten Absolutismus, auf die Erweckungsbewegungen, auf die Gründungsjahre der Sozialdemokratie und auf den literarischen Antifaschismus der Jahre 1935—39. Das Kapitel ist

---

39 Croner: Ein Leben in unserer Zeit, S. 353. An ausgewählten Beispielen untersucht auch
   C. Nielsen das Verhältnis von Literatur und Gesellschaft (Der einzelne und die Gesellschaft
   in der dänischen Gegenwartsliteratur).

als Einführung in die Problematik gedacht und soll lediglich auf zusätzlich relevante Momente zur Analyse der politischen und Ideen-Geschichte Skandinaviens
lenken. Da damit lediglich eine Folie zur Einordnung des Komplexes gegeben wird,
ist das Kapitel vorwiegend deskriptiv angelegt.

Der geistige Fundus Skandinaviens soll anhand dreier Repräsentanten thematisch
werden: Ludvig Holberg, Søren Kierkegaard und N. F. S. Grundtvig. Sie stehen im
Zentrum dieser Arbeit. *Holberg* markiert den Beginn literarischer und philosophischer Aktivität im Norden und ist − bei aller Größe − noch dem vorwissenschaft-
lichen, vortheoretischen Bereich zuzuordnen. Monographisch wird auf sein Leben
und sein Werk eingegangen und seine Bedeutung als skandinavischer Wegbereiter
der europäischen Aufklärung dargestellt. Dabei ist Holberg keineswegs nur ideen-
geschichtlicher Plagiator, sondern entwickelt eine skandinavische Variante, die in
pädagogischer Absicht intuitiv kritisch bleibt. Common sense und gesunder Menschenverstand sind die Kriterien, wenn er seine Moral zur Harmonie der „Mitte"
anlegt und sich eine Offenheit bewahrt, die die individuell persönlichen Züge seines Denkens als eine Vorstufe der Persönlichkeitsphilosophie des dänischen 19.
Jahrhunderts erscheinen lassen. Ohne Widerspruch zu Holberg stellt sich somit
eine Verbindung zu Kierkegaard, dessen Vorgängern und Lehrern her, die diese
Denktradition weiterverfolgen, ausbauen und auf theoretisch höherer Ebene exege-
tisch vollenden. Nicht umsonst auch sind es die Charaktertypen aus Holbergs Komödien, seine moralischen Anschauungsweisen, die zustimmend und geradezu ge-
meinplätzig bei Kierkegaard zitiert werden.

Im III. Kapitel wird die existentielle Daseinsanalyse *Søren Kierkegaards* − der
Höhepunkt und Schlußstein noetischer Interpretation im nordeuropäischen Raum
− auf ihre politische Relevanz untersucht. Da Kierkegaard als mißverstandener
Begründer einer modernen Schule zu internationalem Ansehen gelangt ist,
mithin einige Kenntnis vorausgesetzt werden kann, wird der biographische Erfah-
rungshorizont nur anhand markanter Punkte in Beziehung zu seinem „Vorhaben"
gesetzt. Gerade mit seinem Wirken während der Zeit der „Revolution des Geistes",[40] mit seiner Gegnerschaft zu Hegel und seiner Feindschaft zu den Hegelia-
nern erscheint er als der prononcierteste Vertreter anti-ideologischen Denkens in
Skandinavien. Zugleich lassen sich an ihm, und zwar gerade durch seine Kritik
am deutschen Idealismus, die Momente eines a-revolutionären Bewußtseins aufzeigen.

Abschließend wird auf *N. F. S. Grundtvig* eingegangen, der aufgrund seines bibli-
schen Alters und einer unerschöpflich anmutenden Aktivität im Prozeß der Artikulation des dänischen Selbstverständnisses im 19. Jahrhundert einige Bedeutung
hat, ja selber schon zu einem Bestandteil dieses Selbstverständnisses geworden ist.
Mit der auf ihn zurückgehenden Volkshochschulbewegung hat er darüber hinaus
internationalen Ruhm erlangt und spielt bis heute eine nicht unwesentliche Rolle
in der Debatte um die Erwachsenenpädagogik. Als eine Art moderner Polyhistor

---

40 Vgl. Gebhardt (Hrsg.): Die Revolution des Geistes. Politisches Denken in Deutschland
   1770−1830.

liefert er im Rückgriff auf altnordische Traditionen und Mythen, auf die griechische Antike, wie auf mosaisch-christliche Überzeugungen die dänisch-skandinavische Explikation einer Ziviltheologie. In der von ihm formulierten „folkelighed" präsentiert sich — theoretisch jedoch nicht weiter differenziert — ein moderner skandinavischer Begriff für die klassische „theologia civilis" in kompakter, archaisierender Form.

Wenn hier und im Folgenden von „Skandinavien"[41] die Rede ist, so geschieht das nicht in Unkenntnis oder gar Mißachtung der jeweils durchaus eigenständigen nationalen Philosophie- und Literaturgeschichte oder der politischen Entwicklung. Gerade jemand, der diese Länder aus eigener Anschauung kennt, kennt auch die (bisweilen amüsanten) Rivalitäten, Divergenzen und Nationalstreitigkeiten der drei Länder. Wie bei vielen kleinen Länder treffen auch hier auswärtige Einflüsse und Impulse auf mehr oder minder ausgeprägte einheimische Traditionen und Entwicklungen, so daß es auch in der Philosophie zu unterschiedlichen Präferenzen und heterogenen Tendenzen kommt. Insbesondere die Philosophie Schwedens unterscheidet sich von der der beiden anderen Länder durch die Dominanz einer spiritualistisch-mystischen Komponente, die man von der heiligen Birgitta über Swedenborg bis zu Strindberg aufzeigen kann; auch weist Schweden mit der systematisch-idealistischen Philosophie Christoffer Jakob Boströms (1797–1866) und in der Folge des Boströmianismus eine originäre Geistesrichtung auf, die von Einfluß nur für Schweden war. Wenn also von „Skandinavien" gesprochen wird, so sollen damit nicht die Unterschiede zugedeckt werden; der Terminus ist so gemeint, wie man z.B. von den „angelsächsischen Ländern" spricht — als einem Kulturkreis, der durch geographische, historische, religiöse und sprachliche Gemeinsamkeiten soweit in sich abgeschlossen ist, daß er eine einheitliche Grundstruktur bildet. Neben den nationalen Differenzen (die man im Grunde immer dann überbewertet, wenn man von einem *telos* der Geschichte ausgeht) werden so Gemeinsamkeiten, wird ein Konsens, die Grundbedingungen des politischen Lebens betreffend, sichtbar. Hauptsächlich stütze ich mich in dieser Arbeit auf Material, das dem Umfeld dänischer Philosophie und Literatur entnommen ist; verallgemeinert wird dabei mit der äußerst gebotenen Vorsicht, wobei Parallelmaterial aus den anderen Ländern herangezogen wird. Dies kann immer dann geschehen, wenn es um den Nachweis der Dominanz von Individualismus, Empirismus und Evolutionismus geht; denn selbst die „anderen" Schweden sind diesen Mustern zuzuordnen, ob dies nun August Strindberg, Harry Martinson oder einen Stig Dagermann betrifft.[42]

Zu einer Studie über die geistigen Ursprünge des Scandinavian way of life gehört bei skandinavischen Autoren, auch wo dies im Bereich akademischer Forschung geschieht, jene kritische Distanz, die durch den Humor erreicht wird. Humor als

---

41 Mit „Skandinavien" bezeichnet man die drei Königreiche Dänemark, Norwegen und Schweden; im Zusammenhang dieser Arbeit wäre es korrekter vom „Norden" zu sprechen, der zusätzlich die beiden Republiken Finnland und Island einschließt.

42 Letzterer wäre sogar ein bezeichnendes politisches Beispiel, wenn er entgegen allen modernistischen Zeitströmungen bei seiner Reportage aus dem zerbombten Nachkriegsdeutschland 1946 (Tysk höst) das Elend der Menschen nicht als ein kollektives analysiert, sondern bei der individualistischen Sichtweise bleibt.

selbstbewußte Artikulation einer „Lebensanschauung", einer „Lebensstimmung" oder als „Totalgefühl", als „intellektueller Hintergrund", wie Harald Høffding ihn 1916 analysierte,[43] ist nicht allein ein bestechendes Charakteristikum alltäglicher Lebensumstände, sondern ebenso Analyseelement ihrer gelehrten Abhandlungen. (Kierkegaard wäre hierfür ein treffendes Beispiel, den man im Grunde nur verstehen kann, wenn man den Zugang zu seiner speziellen Form des Humors und der Ironie findet.) Die sokratische Erhebung über den Gegenstand reflektiert dabei auf die Relativierung der je eigenen Bedeutung und offenbart das Vertrauen in den Bestand der menschlichen Natur. Wenn daher in dieser Arbeit auf das humoristische Stilelement zurückgegriffen wird, so ist das, jenseits des wohl begründeten Identifizierungsverdachtes mit den behandelten Personen, als „erbauliches Korrektiv" im Sinne Kierkegaards gemeint.[44]

---

43 Høffding: Den store humor, S. 147f.
44 Der Historiker Troels-Lund (1840–1921), der selbst noch die Größen des dänischen 19. Jahrhunderts erlebt hat, charakterisiert dieses nordische „Totalgefühl": „Du darfst gerne damit beginnen, über mich zu lachen, wenn Du nur damit endest, über Dich selbst zu lachen. Denn das ist eine natürliche Form geistiger Gesundheit und des Optimismus im Norden." (Bakkehus og Solbjerg, Bd. 1, S. 14).

I. Skandinavien: Zur Genese einer Ziviltheologie

Sozial- und bewußtseinsgeschichtliche Aspekte eines pragmatischen Milieus

> Theorie ist die artikulierte Vision der Erfahrung ... Wenn unsere Erfahrung zerstört ist, wird unser Verhalten zerstörerisch sein.
>
> Laing: Phänomenologie der Erfahrung

> Die Wachenden haben eine einzige und gemeinsame Welt, doch im Schlafe wendet sich jeder von dieser ab in seine eigene.
>
> Schlimme Zeugen sind den Menschen Augen und Ohren, sofern sie Barbarenseelen haben.
>
> Heraklit: Fragmente

Im Folgenden können und sollen nur *Aspekte* sozial- und bewußtseinsgeschichtlicher Art vorgestellt werden.[1] Weder ist beabsichtigt, eine vollständige Sozial- und Philosophiegeschichte vorzuführen, noch würde dies wesentlich mehr zur Erhellung des politisch wie philosophisch pragmatischen Milieus des Nordens beitragen. Es ist hingegen die Absicht, einen weitergefaßten Rahmen für das Verständnis der in den folgenden Hauptkapiteln behandelten Probleme zu liefern.

1. Die nordische Variante der westlichen Tradition

In der Geschichte moderner westlicher Bewußtseins- und Verhaltensformen fallen zwei durchgängige Muster auf, die die politische Entwicklung der Neuzeit entscheidend mitbestimmt haben: Da ist einmal — nach Hajo Holborn — die sich in den Jahren von 1770—1840 abspielende Absonderung Deutschlands von der „gesamteuropäischen Tradition politischen Denkens".[2] Mit dem deutschen Idealismus verläßt dieses Land die traditionellen Bahnen westeuropäischen Naturrechtsdenkens, und es konstituiert sich der „Gegensatz zwischen Deutschland und Westeuropa" (inklusive Amerika),[3] der in der politischen Geschichte des 19. und 20. Jahrhunderts zum Tragen kommt. Zum zweiten — nach Eric Voegelin — bewahrt sich der anglo-amerikanische Kulturbereich eine „bemerkenswerte Widerstandskraft ... gegen die Ideologien", die sich u.a. in der Entfaltung des starken Sozial-

---

1 Einzelne dieser Aspekte habe ich bereits an anderer Stelle ausgeführt: Poul Martin Møller oder die dänische Erziehung des Søren Kierkegaard; vgl. auch meinen Aufsatz: Skandinavischer Sozialismus, und: Frederik Dreier. Die dänische Variante des Frühsozialismus.
2 Holborn: Der deutsche Idealismus in sozialgeschichtlicher Beleuchtung, S. 360.
3 Ebenda, S. 359.

feldes des *common sense* bemerkbar macht.[4] Die Verantwortlichkeit des common sense als eines „zivilisatorischen Habitus, der noetische Erfahrung voraussetzt",[5] für die Ideologieresistenz der angelsächsischen Länder macht ihn damit zu einem wesentlichen (wenn auch nicht ausreichenden) Faktor einer Ordnungsinterpretation des Menschen in Gesellschaft und Geschichte. Das Vorhandensein von common sense kann die noetische Interpretation von Mensch, Gesellschaft und Geschichte nicht ersetzen; als Grundlage des politischen Handelns kann aber das Bewußtsein von Humanität durch den Rekurs auf den common sense geschärft und — was wichtiger erscheint — erhalten bleiben. — Diese beiden, von Holborn und Voegelin für die westeuropäischen bzw. angelsächsischen Länder herausgearbeiteten Phänomene der Bewußtseinsgeschichte lassen sich in ähnlicher Weise für Skandinavien feststellen. (Auf die common-sense-Tradition wird in den folgenden Kapiteln im einzelnen eingegangen.)

Die skandinavischen Länder bleiben bei aller modernen Kritik einer — säkularen oder christlichen — naturrechtlich orientierten Gesellschaftsbegründung verbunden, die bis ins 20. Jahrhundert hinein ihre Relevanz bei der Abweisung von idealistischer Spekulation, Historismus und Rechtspositivismus gehabt hat.[6] Ganz wesentlich dabei ist, daß im Norden trotz der sehr umfangreichen theologischen Literatur eine originäre Scholastik im Sinne der südlichen Nachbarn nicht auszumachen ist[7] und die Tendenz zur Verdinglichung von Symbolaggregaten damit vermieden wurde. Die relativ späte Christianisierung, dann die protestantische Reformation erreichen zudem nur die Glaubens*bekenntnisse* der breiten Schichten, nicht aber deren Glaubens*inhalte:* In weiten Kreisen der Bevölkerung halten sich Reste der alten Überlieferung bis in das 19. Jahrhundert. Ebenso tradieren sich auch die Rechtsüberzeugungen weiter.

Der Ausfall der Scholastik, die Bewahrung germanischer Überlieferung, die christliche Tradition und dann die insbesondere von Ludvig Holberg geleistete moderne Artikulation des Naturrechts haben Traditionsreste geschaffen, die für die Ausformung des politischen Geschehens, des sozialdominanten Habitus und der modernen Demokratie nicht zu unterschätzen sind. Dabei stellt sich der Sachverhalt sicherlich nicht so einfach dar, wie noch Montesquieu es mit seiner „Tacitus-Legende" glaubte tun zu können, der er die Sicherung der Freiheitsrechte in England auf die altgermanische Tradition zurückführte und meinte, daß die altnordische Gesellschaftsordnung aus den germanischen Wäldern auf Westeuropa und Amerika übergegangen sei.[8] Jenseits eines altgermanisch-nordischen Ideologieverdachtes kann man aber doch anhand des vorliegenden Materials und der sich daran an-

---

4 Voegelin: Anamnesis, S. 354.
5 Ebenda, S. 353.
6 Koch: Hvad er demokrati?, S. 63f.; Poulsen: Ideernes krise, S. 76ff. Vgl. auch Sørensen: Digtere og dæmoner, und Krarup: Den hellige hensigt.
7 Stybe: Trends in Danish Philosophy, S. 153.
8 „Si l'on veut lire l'admirable ouvrage de Tacite *Sur les mœurs des Germains,* on verra que c'est d'eux que les Anglais ont tiré l'idée de leur gouvernement politique. Ce beau système a été trouvé dans les bois." Montesquieu: De l'Esprit des lois, Bd. 1, S. 174. Vgl. auch Koch, S. 17.

schließenden Literatur[9] feststellen, daß sich in Skandinavien Vorstellungen zur Gesellschaftsorganisation erhalten, deren Wurzeln bis in das nordische Mittelalter (und weiter) zurückreichen.

So beruht die Demokratie im Norden auf einem Rechtssystem, das traditionell nicht von „angeborenen" sondern von „ererbten" Freiheitsrechten handelt.[10] Welche allgemeinen Inhalte sich mit dieser auf dem Naturrecht gegründeten Tradition verbinden, erhellt die Vorrede zum „Jütischen Recht" (*Jydske Lov*) von 1241, das in Dänemark bis 1683 Gültigkeit hatte, als Christian V. das dänische Reichsgesetz (*Danske Lov*) einführte; im Herzogtum Schleswig galt es sogar bis zum 1. Januar 1900, als es vom „Bürgerlichen Gesetzbuch" abgelöst wurde[11]:

Das Gesetz soll ehrbar (*ærlic*), rechtlich (*ræt*) und duldsam (*thollich*) sein, nach Landesgewohnheit bequem (*quæmælich*) und nützlich (*thurftælic*) und deutlich (*opænbaræ*), so daß alle Menschen erkennen und verstehen können, was das Gesetz sagt. Das Gesetz soll nicht gemacht und geschrieben werden nach dem sonderlichen Wunsch irgendeines Menschen, sondern für den Nutzen aller Menschen, die im Lande wohnen ... Das Gesetz, das der König gibt und das Land annimmt, das kann er auch nicht ändern oder abschaffen ohne Willen des Landes, es sei denn, er ist offensichtlich gegen Gott.[12]

Das „Jütische Recht" hat ordnungsstiftenden Charakter, insofern es zu den weitestverbreiteten dänischen Landschaftsrechten gehört[13] und seine Formulierungen in anderen skandinavischen Rechtstexten wiederauftauchen;[14] ja der erste Satz der Vorrede zählt zum „berühmtesten Rechtssprichwort des skandinavischen Mittelalters"[15]: „Mit dem Gesetz soll man das Land bebauen."[16]

Ebenso werden in der dänischen *Magna Charta* vom 19. März 1282, der „Verordnung von Vordingborg" (*den vordingborgske forordning*), die den „Danehof" als Gesetzgebungsorgan und oberstes Gericht schuf, Freiheitsrechte angesprochen,[17] die sich in dieser Radikalität zwar nicht halten, aber immerhin (mindestens bis zur Einführung des Absolutismus um 1660) traditionelle und juristische Beständigkeit aufweisen: „Der König (sc. Erik Klipping) hat dem Reich auch gelobt, daß niemand gefangen gesetzt werden soll, bevor er gesetzmäßig verurteilt ist ..."[18]

Notwendig parallel zur Bewahrung des Naturrechts, zur Behauptung germanischer Freiheitsrechte und der Rekurrierung auf den common sense läuft in der

---

9 Siehe die Bemerkungen bei von Beyme: Die parlamentarischen Regierungssysteme in Europa, S. 31f., weitere Literaturangaben ebenda.
10 Poulsen, S. 81.
11 von See: Das Jütsche Recht, S. 14; siehe auch Andersson: Äldre demokratisk tradition i Norden, S. 14.
12 Jyske Lov Text 1: Nks 295 8°, S. 7–9; in der Übersetzung von Klaus von See.
13 Vgl. von See, S. 17f.
14 Siehe die einzelnen Anmerkungen in der Textausgabe bei von See.
15 von See, S. 24.
16 „Mæth logh scal land byggæs." Jyske Lov, S. 3.
17 Imhof: Grundzüge der nordischen Geschichte, S. 46.
18 „Thæt haffuær oc koning iæt rigæt ath ængæn man skal fangæs vtæn han worthær førræ loglickæ forwnnæn for rigæt." Den Danske Rigslovgivning, S. 62.

skandinavischen Geistesgeschichte die Überlieferung des *erfahrungs*wissenschaft-lichen Prinzips. Ja, unter Berufung auf Evidenzen, wie es der common sense tut, ist Erfahrung das einzig mögliche Prinzip. Dabei ist sie durchaus im Gegensatz zur modernen Dekulturation der Erfahrung[19] nicht allein als Induktions- und interesseleitendes Prinzip verstanden worden, sondern immer auch als Korrektur-element im Sinne Keplers: „... die Spekulationen a priori (dürfen) nicht gegen die offenkundige Erfahrung verstoßen ..., vielmehr (müssen sie) mit ihr in Über-einstimmung gebracht werden ...“[20]

So wie Erfahrungswissenschaft sich nur in Erfahrung gründen läßt, so haftet ihr der Mangel (oder der Vorzug) an, daß sie „grundsätzlich unmethodisierbar“ ist;[21] daher auch leitet sich — vom Standpunkt des logisch stringenten Denkens — die Unwissenschaftlichkeit des skandinavischen common-sense-Milieus her. Und wenn Eric Voegelin die „bemerkenswert(e) Sterilität der philosophischen Ausein-andersetzung“ mit den Ideologien in den angelsächsischen Ländern feststellt,[22] so galt (und gilt) dies auch analog für die „philosophischen Auseinandersetzungen“ in Skandinavien; sie spielen sich in der Regel auf dem common-sense-Niveau ab und erreichen nur selten, dies auch sprachlich ablesbar, die analytische Dichte theoretischer Originalität und Stringenz. Ja, common sense und Erfahrung stehen in einer Art Verstärkerfunktion zueinander, legt man die Ausführungen Reinhart Maurers zugrunde, der der „erfahrungswissenschaftlichen Rationalität“ eine „über-blickende Vernunft“ zuordnet, die er „Selbstreflexion oder philosophische Ver-nunft oder gesunden Menschenverstand“ nennt.[23]

Das erfahrungswissenschaftliche Prinzip der Induktion, dem man nicht nur bei Holberg oder Kierkegaard begegnet, hat seine Bedeutung in fast allen Bereichen der skandinavischen Geisteswissenschaften. Wenn so der Norweger Anathon Aall 1919 zu Beginn seiner Philosophiegeschichte des Nordens auf seine Methode zu sprechen kommt und dabei das solipsistische Verfahren ablehnt, bei dem man „die philosophischen Bücher einzeln vor sich auf dem Tisch stapelt“[24], erklärt er sich damit zu einem herausragenden Vertreter jener skandinavischen Methode. Philosophiegeschichtlich haben für ihn genauso die Politik, die Wirtschaft, die Kultur, die Literatur, die Wissenschaft etc. ihre Bedeutung wie die Philosophie.[25] Daß mit dieser ernstgenommenen Induktion ebenso auf die soziale Realität Be-zug genommen wird, im Sprachgebrauch des Nordens als Rückgriff auf „das Le-ben“ verstanden, erscheint als das wesentlichste erkenntnistheoretische Resultat, da es Realität und Reflexion, Praxis und Theorie, Politik und Philosophie *nicht* trennt.

---

19 Dies wird von Kuhn angesprochen (Was heißt Erfahrung?): „Es ist an der Zeit, im Namen der Erfahrung gegen den Empirismus Einspruch zu erheben.“ S. 13. Vgl. insgesamt Vente (Hrsg.): Erfahrung und Erfahrungswissenschaft.
20 Zit. n. Hermann: Erfahrungswissenschaft, S. 12.
21 Bollnow: Was ist Erfahrung?, S. 23.
22 Voegelin: Anamnesis, S. 354.
23 Maurer: Das Subjekt der Erfahrungswissenschaft, S. 69.
24 Aall: Filosofien i Norden, S. V.
25 Ebenda, S. 1.

Das erfahrungswissenschaftliche Prinzip offenbart sich in erster Linie in der existentiell-individualistischen Ausrichtung.[26] Seit Holberg kann man daher für das skandinavische Geistesleben die Betonung der Einzelpersönlichkeit, der Individualität beobachten.[27] Explizit wird dies von Niels Treschow (1751–1833) zuerst durchgeführt, der zehn Jahre Philosophie an der Kopenhagener Universität lehrte und dann an die neugegründete norwegische Universität in Christiania (Oslo) ging. Von ihm ist die dänisch-norwegische Philosophie und Literatur ganz wesentlich beeinflußt worden, und neben dem Antihegelianer Friedrich Adolf Trendelenburg (1802–72) war er maßgeblich für die intellektuelle Entwicklung Kierkegaards verantwortlich. Das gleiche gilt für Fredrik Christian Sibbern (1785–1872), den Nachfolger Treschows, wie den jüngeren Poul Martin Møller (1794–1838). In ihrer Hervorhebung der Bedeutung der Einzelpersönlichkeit für den Reflexionsvorgang sowohl in subjektiver wie in objektiver Hinsicht sind sie repräsentativ für einen dominanten Zug dänischer Philosophie, sie nehmen aber auch bereits Formen des „existentiellen" Denkens Kierkegaards vorweg – ein Terminus, den Kierkegaard dem norwegischen Dichter und Philosophieprofessor Johan Sebastian Welhaven (1807–73) verdankt.[28]

Ebenso lassen sich noch bei Harald Høffding (1843–1931), der mit dem restlosen Verklingen der Hegelschen Philosophie in Dänemark um 1870[29] neben Georg Brandes (1842–1927) zur bedeutendsten und produktivsten Figur des dänischen Geisteslebens wurde, humanistisch individuelle Züge des Denkens nachweisen. Høffding jedoch, der in reger Korrespondenz u.a. mit William James stand, dürfte bereits als erster Vertreter jener Geistesrichtung zu bezeichnen sein, die im 20. Jahrhundert in ganz Skandinavien zur bestimmenden im universitären Bereich wurde: dem Positivismus.[30] Die rechtspositivistische „Uppsala-Schule" um Axel Hägerström (1868–1938) und die analytische Sprachphilosophie um Justus Hartnack z.B. könnte man als die zwar logische, aber pervertierte Konsequenz erfahrungswissenschaftlicher Traditionen bezeichnen; die Philosophie des Einzelnen, wie sie von Holberg angelegt und von Kierkegaard in noetischer Schärfe betrieben wurde, wird zur formallogischen Einzelanalytik, die mit menschlicher Existenzauslegung nichts mehr zu tun hat.[31]

2. Die Politik der skandinavischen Aufklärung.
Die absolutistische Wurzel des modernen Wohlfahrtsstaates

Ihre skandinavischen Wohlfahrtsreports beginnen Historiker und Journalisten gerne mit der Regierungsübernahme durch die Sozialdemokraten, also vor gut vierzig Jahren. Diese These ist jedoch nur sehr bedingt haltbar. Zwar werden seit

---

26 Bollnow, S. 23.
27 Stybe, S. 157; zum Folgenden siehe dort.
28 Rohde: Sören Kierkegaard, S. 30.
29 Stybe, S. 160.
30 Ebenda, S. 160 und 162ff.
31 Zur modernen Philosophie im Norden siehe: Olson, Paul (Hrsg.): Contemporary Philosophy in Scandinavica.

der Zeit die konkreten Reformvorstellungen durchgeführt, die das heutige Gesicht
des Wohlfahrtsstaates prägen, doch diese Vorstellungen sind in starkem Maße auch
von liberalen Persönlichkeiten mitgetragen,[32] wie auch liberales Gedankengut in sie
einfließen. Darüber hinaus jedoch gibt es eine *Geschichte* des Sozialwesens, die sich
mindestens bis ins 18. und 19. Jahrhundert zurückverfolgen läßt, bis in die Zeit
des „aufgeklärten Absolutismus".

Es soll hier nicht erschöpfend auf den skandinavischen aufgeklärten Absolutismus
eingegangen werden, dies wäre Thema einer speziellen Untersuchung; dagegen soll
auf ein frühes Stadium „wohlfahrtsstaatlicher" Reformen verwiesen werden, die
es allerdings auch in anderen europäischen Staaten gegeben hat. Der Prozeß sozial-
politischer, rechtsstaatlicher und ökonomischer Reformen, der in dieser Zeit in
ganz Europa in Gang kommt (Armenfürsorge, Schul- und Landwirtschaftsreformen, Umstrukturierung der Wirtschaft nach kapitalistischen Grundsätzen, Verwal-
tungsreformen, Förderung der Muttersprache im Zuge gesteigerten nationalen Selbstbewußtseins etc.) hat in Skandinavien seine Entsprechungen, führt aber, da auf überlieferte Traditionen und anerkannte Prinzipien zurückgegriffen wird, hier zu einer
nachhaltigen Wirkung. Die „Besonderheit" des aufgeklärten Absolutismus Skandinaviens ist dann u.a. darin zu finden, daß die Bewußtseinshaltung der verantwortlichen Politiker kein singuläres Ereignis bleibt, sondern bis ins späte 19. Jahrhundert aufzuspüren ist und in diesem Jahrhundert ihre wohlfahrtsstaatlichen Entsprechungen hat.

Aufgeklärter Absolutismus als gesamteuropäisches Phänomen (mit Ausnahme von
Holland, Frankreich und England) versucht nach einem säkularen Weltverständ-
nis die Ideen der Philosophie des 18. Jahrhunderts in die politische Wirklichkeit,
den Staatsapparat etc. einzuführen.[33] Rationalität und die sich wandelnden ökonomischen Verhältnisse bestimmen so die Maximen der Politik, deren wesentliches Charakteristikum Aufklärung und Humanismus sind. In dem Widerspruch
zwischen absolutem Herrschaftsanspruch des Monarchen und seiner Devise erster
Diener des Volkes (Friedrich der Große) zu sein, manifestiert sich das Dilemma
des aufgeklärten Absolutismus, in dem seine Überwindung schon vorprogrammiert
ist.

Die sozialpolitischen und staatsrechtlichen Reformen dieser Zeit sind so radikal,
daß zu Recht von einer „Revolution von oben" gesprochen werden kann;[34] die
These jedoch, daß „die Länder des aufgeklärten Absolutismus später besonders
anfällig für den Faschismus" seien,[35] kann so generell nicht richtig sein. Wie der
skandinavische Ausnahme-Fall zeigt, stimmt entweder diese Behauptung nicht,
oder aber — was wahrscheinlicher ist — der aufgeklärte Absolutismus hatte in
Skandinavien andere Merkmale als in den übrigen europäischen Ländern. Der aufgeklärte Absolutismus Skandinaviens ist nämlich nicht allein aus dem Geist der

---

32 Wennås: Bertil Ohlin, socialdemokratin och socialliberalismen.
33 Zum Folgenden siehe den Sammelband: Aretin (Hrsg.): Der Aufgeklärte Absolutismus; darin
   bes. ders.: Einleitung.
34 Aretin, S. 13.
35 Ebenda, S. 43.

Aufklärung des 17. und 18. Jahrhunderts zu erklären, sondern es müssen auch die rechts- und sozialpolitischen Entwicklungen und Traditionen, die bis ins Mittelalter zurückreichen, mit berücksichtigt werden. Da es außerdem mit der Reformation[36] bereits früher eine ,,Revolution von oben" gegeben hat, kann man nicht davon sprechen, daß der aufgeklärte Absolutismus eine ,,Tradition der Revolution von oben ... begründet".[37] Von einer Besonderheit des skandinavischen aufgeklärten Absolutismus auszugehen, scheint mir aber ausschlaggebend von daher gerechtfertigt, daß er zum einen – im europäischen Vergleich – sehr spät einsetzt, in Dänemark (–Norwegen) 1770 mit der Bestallung Struensees und in Schweden 1772 mit Gustav III., dann aber radikal und bleibend; dabei waren die Voraussetzungen für den aufgeklärten Absolutismus in Dänemark andere als in den ökonomisch und sozial zurückgebliebenen europäischen Staaten: Ein selbstbewußter werdendes Bürgertum verlangte ab Mitte des 18. Jahrhunderts nach sozialen und politischen Diskussionen und Reformen; dies führte u.a. auch zu den ersten Versuchen der Grafen Johan Hartwig Ernst Bernstorff (1712–72) und Adam Gottlob Moltke (1710–92) auf ihren Gütern durch eine humane und sozial*bewußte* Betriebsführung die soziale und ökonomische Lage der Bauern zu verbessern. Euphemistisch drückt sich bereits Voltaire in einem Brief an den älteren Bernstorff 1767 zur Situation aus: ,,Die Wohlfahrt hat seit über 100 Jahren auf dem Thron Dänemarks Platz genommen. Glücklich ein so regiertes Land!"[38]

Zum zweiten haben wir es z.B. in Dänemark nicht mit ,,dem unbeschränkten absoluten Willen des Herrschers"[39] zu tun, da einige dänische Herrscher dieser Epoche aufgrund von Nichtzurechnungsfähigkeit nur einen beschränkten Willen hatten: Die Reformpolitik geht auf holsteinische Adlige und Großgrundbesitzer zurück.

Bereits 1708 erschien in Dänemark eine ,,Armenverordnung", aufgrund derer die Bedürftigen Unterstützung *verlangen* konnten,[40] mithin nicht auf das Almosenbewußtsein subsidiärer Organisationen und Institutionen angewiesen waren. 1792 wird dann den Kommunen und dem ,,Armenwesen" die *Pflicht* auferlegt, den Armen zu helfen und 1802/03 kommt eine Bestimmung heraus, die Unterstützung denjenigen zuerkennt, ,,die nicht durch eigene Kraft auf gesetzmäßige Weise sich den notdürftigen Unterhalt erwerben können, und so ohne die Hilfe anderer entweder ganz oder für einen Teil der Nahrung, Kleidung, Wärme und Pflege im Krankheitsfalle entbehren müssen, die diesen, um Leben und Gesundheit zu erhalten, unentbehrlich sind."[41] Gestützt auf eine Formulierung aus dem Jahre 1799

---

36 Siehe dazu Schwaiger: Die Reformation in den nordischen Ländern.
37 Aretin, S. 13.
38 ,,Il y a plus de cent ans que la bienfaisance est assise sur le thrône de Dannemarck. Heureux le pais ainsi gouverné!" Voltaire am 4.2.1767 an J. H. E. Bernstorff. Zit. n. Friis (Hrsg.): Bernstorffsche Papiere, Bd. 2, S. 708.
39 Aretin, S. 13.
40 Dich: Den herskende klasse, S. 18. Dich interpretiert die Vorgänge allerdings aus materialistischer Sicht und unterlegt dem humanistischen Bewußtsein die Interessen der ,,herrschenden Klasse".
41 Zit. n. Dich, S. 19.

findet sich dann im Grundgesetz vom 5. Juli 1849 der Paragraph 89: „Derjenige, der sich oder die Seinen nicht selbst ernähren kann und dessen Versorgung keinem anderen obliegt, hat Anspruch auf öffentliche Hilfe." (Der gleiche Satz findet sich in der jetzigen Verfassung von 1953.) Und gegen Ende des Jahrhunderts, als das politische Klima wieder rauher geworden war (die demokratische 49er Verfassung wurde 1866 entliberalisiert[42]), konnte man im Reichstag den liberalen katholischen Lehnsgrafen Ludvig Holstein-Ledreborg (1839–1912) im gleichen Zusammenhang sagen hören: „Hier ist nicht die Rede von Humanität, sondern von ganz schlichter Gerechtigkeit ... es ist eine schlichte Ersatzpflicht, die der Gesellschaft als Folge der Nachlässigkeit oder des Unrechts, das Generationen gegenüber diesen Klassen gezeigt haben, obliegt."[43]

Das *Recht* auf eine Existenz auf der Basis gegenseitiger solidarischer Hilfe, wie es in diesen frühen Paragraphen aus der absolutistischen Zeit formuliert ist, scheint eine skandinavische Extravaganz zu sein; denn weder in der Bundesrepublik noch in den USA, Frankreich oder Italien lassen sich bis heute ähnliche Bewußtseinshaltungen, verfassungsrechtlich fixiert, aufspüren. Die subsidiäre Hilfe oder wohltätige Organisationen treten da in Aktion, wo hier die *rechtliche* Absicherung zur Existenz gegeben ist. Die „gegenseitige Hilfe", die als common-law-Institution die Regel der Umgangsformen seit dem Mittelalter bestimmt hatte,[44] wird in Gesetzesform übernommen — sei es nun, weil „herrschende Interessen" oder das humanitäre Bewußtsein dies so wollten.

Desweiteren liefert die Sozialgeschichte Dänemarks Hinweise darauf, wie schon sehr früh versucht worden ist, schichtenspezifische Unterschiede zu beseitigen: Bereits 1721 läßt Frederik IV. 240 „Volksschulen" errichten und 1739 bestimmt Christian VI. (mit mäßigem Erfolg) die Unterrichtspflicht für alle Kinder. Getreu seinem Motto „Für Gott und das Volk" wollte der pietistische Monarch mit seiner Schulpolitik in erster Linie für die Ausbreitung des Pietismus auf dem Lande sorgen und trachtete nach der Errichtung *dänischer* Schulen, „wo das Volk alleine sein Christentum lernt und lesen, schreiben und rechnen" (Christian VI.).[45] Zu Beginn des 19. Jahrhunderts dann wird das Schulwesen grundlegend reformiert;[46] zu den wichtigsten Bestimmungen gehörte wiederum die *Unterrichts*pflicht für alle Kinder vom 7. bis 14. Lebensjahr.[47] Daneben aber werden die Kathedral- und Gelehrtenschulen (*Lærde Skoler*) der Aufsichtspflicht der Kirche weitgehend entzogen und von Priesterschulen zu humanistischen Beamtenschulen gemacht, Latein als Gelehrten- und Schulsprache sukzessive durch Dänisch ersetzt, so daß einer breiteren Bevölkerungsschicht der Zugang zu höherer Bildung erleichtert wird.

---

42 Vgl. Salomonsson (Hrsg.): Den politiske magtkamp 1866–1901.
43 Zit. n. Dich, S. 26.
44 Ebenda, S. 19ff.
45 Vgl. Danstrup, Koch (Hrsg.): Danmarks Historie Bd. 9, S. 235ff.
46 Zum Folgenden vgl. Nellemann: Schulen und Unterricht in Dänemark, bes. S. 10ff. und 155f.
47 Für die Sozial- und Bewußtseinsgeschichte dürfte von Relevanz sein, daß es in Skandinavien immer um die *Unterrichts*pflicht, nicht die *Schul*pflicht geht.

Neben der Schulreform haben für die politische Geschichte des dänischen 19., aber auch des 20. Jahrhunderts die im großen Stil 1788 – vierzehn Monate vor der französischen Revolution – einsetzenden Landwirtschaftsreformen ihre Relevanz, die den Abgesang des Absolutismus ankündigen; die Leibeigenschaft (die es allerdings nur im Herzogtum Holstein gab) wird schließlich aufgehoben und der Übergang vom schollengebundenen Erbzinsbauerntum zum freien Grundbesitz eingeleitet; die Aussiedlung der Höfe und eine Flurbereinigung durchgeführt; landwirtschaftliche Versuchsanstalten erproben Bewirtschaftungs- und Strukturverbesserungen, durch die es zu beträchtlichen Ertragssteigerungen kommt.[48] Gerade was um die Jahrhundertwende für die dänische Landwirtschaftspolitik an Reformen geleistet wird, ist ein entscheidender Markstein in der Sozialgeschichte dieses Landes, war doch die dänische Gesellschaft bis weit in das 20. Jahrhundert hinein vorwiegend eine agrarische. Von den 930 000 Einwohnern zu Beginn des 19. Jahrhunderts lebten nur 193 000 in den Städten, davon allein 100 000 in Kopenhagen.[49] In direkter Abhängigkeit von der Landwirtschaft standen 72% der Bevölkerung (388 000 Hof- und Grundbesitzer, 276 000 Tagelöhner); Handel, Industrie und Handwerk beschäftigten 9% (10 000 Kaufleute, 9000 Fabrikanten, 63 000 Handwerker), 4% waren Müller, Krämer, Fischer und Seeleute und nur 3% Almosenempfänger – für die damalige Zeit ein erstaunlich geringer Prozentsatz. Beamte und Militärs machten 6% der Bevölkerung aus, davon 25 000 Militärs, 13 000 Beamte und 16 000 Pastoren und Lehrer.[50] So sind die materiellen, wie geistigen Resourcen allemal auf dem Lande zu finden, ebenso wie die politische Landschaftsveränderung im 19. Jahrhundert weitgehend von der Dominanz einer selbstbewußten Bauernschaft ausgegangen ist. Die Notwendigkeit der aufgeklärten Reformpolitik, die von den Bürgerlichen Struensee und Colbjørnsen, sowie den Adligen Reventlow und Bernstorff in Gang gebracht wurde, resultiert einmal aus der Anpassung der dänischen Landwirtschaft an die ökonomischen Bedingungen der Weltwirtschaftslage, in der Umstellung von Viehzucht und -verwertung auf Getreidebau; zum anderen aber sind sie Ausfluß des Humanitätsbewußtseins des aufgeklärten Absolutismus skandinavischer Provenienz; es waren dies nämlich Reformansätze, die nicht allein auf dem Papier standen oder nur halbherzig geplant wurden, sondern die tatsächlich in die Wirklichkeit umgesetzt wurden und damit den noch im Pietismus fest verankerten Bauern nützten;[51] ihre politischen und ökonomischen Folgen bestimmen die Entwicklung des 19. Jahrhunderts – und damit die des 20.

Gleichsam am Rande wird die Gleichstellung der Juden 1798 eingeleitet und ihnen 1814 das volle Bürgerrecht zugesprochen. Scheinbar marginal, doch als Markstein der skandinavischen Sozial- und Bewußtseinsgeschichte, ist auch das frühe

---

48 Vgl. hierzu den Abschnitt in: Danstrup, Koch (Hrsg.): Danmarks Historie, Bd. 10, S. 56ff.; ein Überblick findet sich bei Jensen, E.: Die Entwicklung der Landwirtschaft; speziell zur Bauernbefreiung siehe Steenstrup: Den danske Bonde og Friheden.
49 Statistisk Årbog.
50 Kristensen: Digteren og samfundet, S. 19f. Die Zahl der Geistlichen und Erzieher dürfte auch das nicht-akademische Hilfspersonal miteinschließen.
51 Zur Landwirtschaftspolitik siehe auch Manniche: Rural Development.

Verbot des Sklavenhandels 1792 (Dänemark verbietet damit als erstes Kolonial-
land – mit Besitzungen in Indien, Westindien und Afrika – den Sklavenhandel).

Es kann hier nicht die ganze Palette der Reformpolitik aufgeführt werden; die
Beispiele sollen lediglich das Gesicht dieser Epoche skizzieren, in der modern anmutende *Gesellschafts*politik in Gang gesetzt wird. Christian Ditlev Reventlow
(1748–1827), adliger Gutsbesitzer und hoher königlicher Beamter, war der Motor
der Erneuerungsbewegung und steht repräsentativ für den skandinavischen Geist
der Aufklärung: „Hurra, hurra, da liegt der Plunder, unter seinen (sc. des Geg-
ners) Füßen liegt er. Ich habe ihn mit den Zähnen, mit Händen und Füßen
heruntergerissen, und ich will ihn nun verbrennen und die Asche ins Meer werfen ..., nein in einem bleiernen Kasten ins Meer senken, daß sie bis in das Einge-
weide der Erde versinken, weder Körper noch Seele sollen bei mir ruhen, bis daß
das ganze Werk vollbracht ist, bis der Tempel der Sklaverei niedergerissen und der
der Freiheit aufgebaut ist."[52]

Was die verfassungsrechtlichen Neuerungen betrifft, so erfolgen sie in Schweden
1809, in Norwegen 1814, in Dänemark 1849, aus dem gleichen Geiste,[53] wobei
Dänemark allerdings eine Sonderstellung zukommt, da sich hier der Absolutismus
– trotz oder gerade wegen der aufgeklärten Reformpolitik – länger halten kann
als in den beiden anderen Ländern. Aus ökonomischen und Machtgründen erfährt hier die weitere Entwicklung eine Unterbrechung: durch das englische Bom-
bardement Kopenhagens 1807 und die anschließende Blockade, die schließlich 1813 zum Staatsbankrott führten, wie dem Verlust Norwegens 1814 im
Anschluß an die napoleonischen Kriege.[54] Die weltweite Wirtschaftskrise traf
insbesondere das agrarische Dänemark und brachte vorläufig die Reformpolitik zu einem Ende. Gleichzeitig wurde jedoch, analog zur europäischen Entwicklung nach dem Wiener Kongreß, die politische Atmosphäre wieder reaktionärer,
die Druckfreiheit eingeschränkt, die Zensurbestimmungen verschärft. Erst gegen
Ende der 20er Jahre bessert sich die ökonomische Situation und es tritt gleichzeitig eine politische Oppositionsbewegung in Erscheinung, die an eine dänische Verpflichtung aus dem Wiener Kongreß anknüpft. Darin war bestimmt, daß für Holstein, das zum Deutschen Bund gehörte, eine Ständeverfassung gegeben werden
mußte. Dieser Forderung war Dänemark nicht nachgekommen. Als sich dann jedoch mit Uwe Jens Lornsen (1793–1838) in Schleswig-Holstein ein Dichter und
politischer Schreiber für die Sache der Volksvertretung stark machte, wurden
1834 aus Angst vor einem offenen Aufruhr für ganz Dänemark „Ratgebende Ständeversammlungen" etabliert.[55]

Schweden, das in den napoleonischen Auseinandersetzungen innerhalb von nur
vier Wochen ein Grundgesetz bekam, macht damit einen frühen Anfang und bietet in den folgenden Dezennien eine beispielhaft kontinuierliche verfassungspoli-

---

52 Bobé (Hrsg.): Efterladte Papirer, Bd. 1, S. 88.
53 Vgl. Andrén: Government and Politics in the Nordic Countries.
54 Vgl. Rubin: Frederik VI's Tid; Danstrup, Koch (Hrsg.): Danmarks Historie Bd. 10, S. 348ff.
   und 382ff.
55 Nielsen, O.N.: Andagtslitteraturen og de gudelige vækkelser på Fyn, S. 110.

tische Entwicklung. Das Grundgesetz von 1809, das im Sinne der Montesquieu-
schen Gewaltenteilung die konstitutionelle Monarchie einführte, schrieb die Etablierung eines Vier-Stände-Parlaments (ab 1866 dann ein Zwei-Kammern-Parla-
ment) vor und ist dabei jedoch gleichzeitig so unperfektioniert, wie es nur die un-
geschriebene englische Verfassung ist; ähnliche Züge lassen sich für die Grundge-
setze der beiden anderen Länder nachweisen. Die schwedische Verfassung besteht
nämlich formal gesehen nicht aus einem abgeschlossenen Dokument, vergleichbar der amerikanischen von 1788 oder der französischen von 1791; sie ist vielmehr aus vier Dokumenten zusammengesetzt,[56] die wiederum nicht das ganze
Parlaments- und Regierungssystem abdecken. So hat sich im Laufe der Zeit eine
Regierungs- und Parlamentspraxis entwickelt, die eher auf Überlieferung und den
guten Sitten basiert, denn auf formal einwandfreien Verfassungsdokumenten.[57]
Es ist vor allem die Stellung des Monarchen, die verfassungsmäßig weitaus stärker
ist, als es in der Praxis gehandhabt wird. Auch als die Dänen 1953 darangingen,
ihre Verfassung zu modernisieren, entsprach die Neufassung immer noch nicht
der Realität.

Im Vergleich zum übrigen Kontinent gaben sich die skandinavischen Länder sehr
früh parlamentarisch ausgerichtete Verfassungen (Norwegen allerdings nur sehr
bedingt, da es von 1814 bis 1905 mit Schweden in Personalunion vereint
war), wobei für Schweden das zum Grundgesetz zählende Pressefreiheitsgesetz
ein gewichtiges Dokument darstellt. Da in den skandinavischen Verfassungstexten
die *Deklaration* von Grundrechten nicht entscheidend ist, muß man in der Sicherung der Druck-, Rede- und Meinungsfreiheit *das* demokratische „Menschenrecht"
sehen. Gerade das Prinzip der Meinungsfreiheit hat in Skandinavien eine lange
Tradition und spielte in der Diskussion um die Beseitigung des Absolutismus in
Schweden 1809, in Norwegen 1814 und noch mehr in Dänemark 1849 eine große Rolle.[58]

Der verfassungspolitische Erneuerungs- und Anpassungsprozeß verläuft dann in
den dem übrigen Kontinent verwandten Bahnen — allerdings mit einem zeitlichen
Vorsprung und durchaus kontinuierlicher. Bei der großen Kommunalreform 1862
in Schweden z.B., die den Gemeinden die Selbstverwaltung bringt, erhalten auch
die Frauen das Stimmrecht.

3. Die christliche Erweckung und die Vorbereitung der Demokratie

Die dänischen Erweckungsbewegungen, die in den Jahren nach dem Staatsbankrott 1813 erstarken und in der Folgezeit der Ablösung des Absolutismus ihren
Zulauf hatten, sind, wenn man mit Ole Nørskov Nielsen einen unmittelbaren po-

---

56 1. der „Regeringsformen" (*Regierungsform*), 2. der „Riksdagsordningen" (*Reichstagsord-
  nung*), 3. der „Successionsordningen" (*Thronfolgegesetz*) und 4. der „Tryckfrihetsförordnin-
  gen" (*Pressefreiheitsgesetz*).
57 Das änderte sich zum großen Teil, da eine neue Verfassung in Schweden beraten und seit
  1971 in Kraft ist.
58 Vgl. Hovde: The Scandinavian Countries, S. 437, S. 524ff., S. 541f. und S. 615.

litischen Zusammenhang auch negieren muß, die Vorschule der Demokratie —
dies gilt auch für die beiden anderen Länder. Was im englischen 18. Jahrhundert
John Wesley (1703—91) und seine Methodisten an sozialer Revolutionsabsorba-
tion leisteten,[59] hat in Skandinavien seine Parallelen in der ersten Hälfte des 19.
Jahrhunderts. Teils als Triebkräfte, teils als Ventil waren es die radikal asketi-
schen Erweckungsbewegungen am Vorabend oder am Beginn des demokratischen
Zeitalters, jedenfalls aber *vor* der Industrialisierung, die in religiöser, sozialer aber
auch politischer und ökonomischer Hinsicht Aktivitäten kanalisierten und für
die Entwicklung einer liberalen Gesellschaftsordnung fruchtbar werden ließen.
Verglichen mit dem übrigen Europa war die Stimmung um 1830 und 1848 in
Dänemark und Skandinavien jedoch alles andere denn revolutionär. Zwar gab
es politisch motivierte Unruhen, die von Pariser und Berliner Impulsen auch auf
den Norden übergingen, doch ihr Verlauf war eher brav und bürgerlich, so daß
die initiierten und durchgeführten Demokratisierungsversuche mehr aus der Angst
des absolutistischen Königs geboren sind als einem tatsächlich vorhandenen Druck
von unten.

Die Strukturmerkmale der Erweckungsbewegungen, wie der übrigen Volksbewe-
gungen des 19. Jahrhunderts kann man weiter zurückverfolgen (der Arbeiter- und
Genossenschaftsbewegungen, Vortragsvereine, Versammlungshäuser, Häuslerbe-
wegung, Abstinenzler etc.). Erste Anzeichen „inneren" Widerstandes[60] gegen die
seit der Reformation gültige Einheit von Staat und protestantischer Kirche kommen
mit den Herrenhutern auf, die seit 1773 in Christiansfeld ihr dänisches Zentrum
hatten. In kirchlicher, sozialer, vor allem aber auch wirtschaftlicher Hinsicht nehmen sie Tendenzen vorweg, die im 19. Jahrhundert dann definitiv als demokratische und sozialistische Ordnungsvorstellungen das politische Leben beeinflußen
sollten. Wohl auch als Folge der „Bauernbefreiung" um die Wende des Jahrhunderts entstanden dann „Versammlungsbewegungen", die unter starkem Zulauf
aus allen Bevölkerungsschichten die offizielle Staatskirche in Bedrängnis brachten.

Die Versammlungen wurden in der Regel in Bauernstuben abgehalten, die dicht gefüllt (*spræng-
fyldte*) waren, so daß viele oft draußen vor den Fenstern stehen mußten, und nicht selten hielt
man die Treffen mit mehreren hundert Teilnehmern draußenvor ab. Es herrschte verdichtete
(*fortættet*) und bewegte Stimmung, das eine Lied löste das andere ab und neue wurden ein-
geübt, und die Wortführer predigten mit Leib und Seele, während der Schweiß lief. Die Pastoren konnten nicht einmal die stickige Luft aushalten, und die Reden hielten sie für bedeu-
tungslos; aber für die Erweckten waren die Versammlungen ein starkes Erlebnis eines neuen
Lebens und einer neuen Gemeinschaft.[61]

Dieses Stimmungsbild charakterisiert das Erwecktenmilieu, wie es — in den Nuancen variierend — für das ganze 19. Jahrhundert bestimmend blieb — nur daß aus
der religiösen Thematik immer mehr eine politische wurde.

Offiziell verboten und bisweilen mit Bestrafungsaktionen verfolgt, verstanden sie
sich immerhin als innerkirchliche Erneuerungs- und Belebungsaktionen des in

---

59 Vgl. Henningsen, M.: Die englische Vorgeschichte des Westens, S. 21f.
60 Thyssen: De religiøse bevægelsers samfundskritik og den demokratiske udvikling, S. 27.
61 Ebenda, S. 32.

der Orthodoxie und im Rationalismus verschütteten lutherischen Glaubens, tatsächlich aber stand die Kirchenleitung ihnen tolerant bis hilflos gegenüber. Mit unterschiedlicher Ausrichtung und Zusammensetzung waren dies Laienbewegungen, die sich vor allem gegen die Amtspfarrer richteten und in ganz Dänemark enormen Zulauf hatten (wie übrigens auch in den anderen skandinavischen Ländern), bis schließlich 1855 mit einer Kirchenreform aus der „Staatskirche" die „Volkskirche" (der Begriff stammt von Kierkegaards Bruder, Peter Christian[62]) wurde, deren wichtigste Errungenschaft die Aufhebung der Wohnkirchengemeinde (*sognebåndsløsning*) war.

Aufgrund seiner Analyse der von den Erweckten benutzten Andachtsliteratur kommt Nørskov Nielsen zu drei Schlußfolgerungen, die für die Erweckungsbewegungen der nordischen Länder gelten: „1. Die Gedanken des Pietismus waren dominierend, und das Lesen von Büchern spielte eine große Rolle. 2. Die Erweckungsbewegungen waren zum größten Teil innerkirchliche Bewegungen. 3. Die Auffassung von der Einrichtung der Gesellschaft, die in den Erweckungsbewegungen zum Ausdruck kam, war überwiegend konservativ."[63]

Die schwedische Erweckung, deren erste Periode bereits um 1750 begann, ist in einigen Nuancen verschieden von der norwegischen und dänischen, insofern als sie einen mehr „geistlichen Einschlag" hatte und auch von den höheren Schichten mitgetragen wurde.[64] Ihr wesentlicher Charakter ist jedoch dadurch gekennzeichnet, daß sie in ihrem etwa einhundertjährigen Verlauf bei allem religiösen Protest gegen die Einheitskirche und deren Pfarrer „innerkirchlich" ausgerichtet blieb; die Sozialfolgen, die diese Bewegung hatte, sind darüberhinaus in dem Namen angedeutet, den sie in Schweden bekam: die „Leserei" (*läseriet*). Nicht nur unterschieden sich die „wahren" Christen von der Allgemeinheit durch ihre eifrige Bibellektüre, die Leserei umfaßte ebenso die durch den pietistischen Herrenhutismus inspirierte Erbauungsliteratur und Psalmendichtung, deren Verbreitung in die Millionenzahl ging. Dabei geht die Rückbesinnung auf das wahre Christentum, und d.h. insbesondere auch auf Luther, auf die Ablehnung der Neologie und der romantisch-ideologischen Theologie zurück, die in der Betonung der historischen Überlieferung die Offenbarung und den persönlichen Bezug des Gläubigen vernachläßigte. Waren die sozialen und politischen Anschauungsweisen auch konservativ motiviert und beginnt sich liberales Gedankengut erst um 1850 bei den Erweckten durchzusetzen, so bewirkt die mit der Leserei verbundene Mobilität (Nielsen spricht von „ganzen Völkerwanderungen", nämlich die Wanderungen zu den Versammlungslokalen und Predigern[65]) eine sozial-religiös vermittelte Vorbereitung auf die Zeit der Industrialisierung und Modernisierung.

---

62 Kierkegaard, O.: Om Søren Kierkegaard, S. 81.
63 Nielsen, O. N., S. 159. Ausführlich wird dort auch auf die in der Literatur kontroverse Frage des ursächlichen Zusammenhanges von Politik, Reformen und der Erweckung eingegangen. Auch der Bericht von Thyssen (Erweckungsbewegung und Kirche in nordischer Perspektive) fußt auf neuesten Untersuchungen. Zum Folgenden siehe auch Hovde, S. 303ff.
64 Nielsen, O. N., S. 152.   65 Ebenda.

Ebenso war in Norwegen die Erweckungsbewegung ein Faktor der Mobilität, der
die Ablösung von der statischen Agrargesellschaft vorbereiten half,[66] wobei in
diesem Falle, gebunden an Hans Nielsen Hauge (1771–1824), der ökonomische
Gesichtspunkt im Sinne Max Webers deutlich hervortritt.[67] Der Haugianismus hatte seinen stärksten Widerhall in der homogenen Gruppe von Bauern und Bauern-
söhnen, die in die Städte abwanderten und dort Handwerker und Kaufleute wurden und sich nach 20–30 Jahren als „patriarchalische Arbeitgeber"[68] etabliert
hatten. Hauge, der ursprünglich Herrenhuter war, sich dann aber den moralischen
Appellen der Bergpredigt mehr verpflichtet fühlte und sich nicht mit dem Konven-
tikelgeist zufrieden geben wollte, sondern einen ausgeprägten Missionierungselan
entwickelte, darum auch 1804 in Haft genommen wurde, fand insbesondere unter den Politikern der Zeit nach *Eidsvold* 1814 starken Zuspruch, seine acht wichtigsten Werke von vor 1804 wurden in 50–60000 Exemplaren verbreitet. Die „innerkirchliche", wie auch die pietistische Ausrichtung ist auch wiederum Kennzeichen des Haugianismus, der jedoch bei jeder Kursänderung – Luthers Rechtfer-
tigungslehre spielte seit etwa 1830 die größte Rolle – seinen Zusammenhalt bewahrte: seine „Milieukontinuität" stand dafür.[69]

Das Auftreten Hauges, das in die Zeit der Loslösung von Dänemark, wie der re-
volutionsschwangeren Vorgänge um die Eidsvoldverfassung von 1814 fällt, hat darüberhinaus sozial-, wie bewußtseinsgeschichtliche Relevanz, als man von einem genuinen Protestantismus in Norwegen noch nicht sprechen kann. Heidnischer Aberglaube, animistische Überzeugungen und katholische Reste verbinden sich bis in
das 19. Jahrhundert hinein zu einem theologisch-religiösen Agglomerat,[70] bis Hauges Agitation neue religiöse Erfahrungen zu einem genuinen religiösen, christlichen
Bewußtsein zusammenfaßt.[71] Insofern ist die Erweckung für breite Bevölkerungsschichten Religionsstiftung. Und wenn er auch in direkter Abhängigkeit von
Luther steht, so rückt ihn sein öffentliches Auftreten in die Nähe Calvins und
der innerweltlichen Askese des Protestantismus zum indirekten Nutzen des Kapitalismus.

Die dänischen Erweckungsbewegungen sind eher heterogen. In den verschiedenen Landesteilen schließen sich ihnen verschiedene Bevölkerungsschichten an:
auf Fünen und in Jütland sind es die besser gestellten Hofbesitzer und Pächter,
auf Seeland die untersten Schichten (Dienstpersonal, Kleinbauern, Handwerker,
Gesellen etc.), und in Kopenhagen stießen auch wohlhabende Bürgersleute dazu

---

66 Ebenda, S. 150f.
67 Zu Hauge siehe das prosaische Werk von Bull, J. B.: Hans Nielsen Hauge; relevanter ist
   Bang: Hans Nielsen Hauge og hans Samtid, auch Hovde, S. 556f. Auf Weber geht ausführlich ein: Jonassen: The Protestant Ethic and the Spirit of Capitalism in Norway.
68 Nielsen, O. N., S. 150.
69 Ebenda.
70 Wie Hovde (S. 308f.) ausführt, gilt das für ganz Skandinavien. Da die protestantische
   Reformation in erster Linie eine *verordnete* Glaubensrichtung war und nicht auf die religiösen Erfahrungen der Betroffenen fußt, halten sich die germanisch heidnischen
   Reste so lange.
71 Jonassen, S. 680.

– wie die Kierkegaards.[72] Die Kopenhagener Kleinbürger und das niedere Volk
wurden von einem anerkannten Akademiker angeführt, dem radikalen, demago-
gisch begabten Eiferer Magister Jacob Christian Lindberg (1797–1857). Lindberg, der in seiner Agitation so erfolgreich war, daß von seinem Wirken Kunde
bis nach Deutschland kam („Über das Treiben der Zeloten in Kopenhagen"[73]),
verkörperte den Unmut der Straße gegen die rationalistische Priesterschaft Kopenhagens und wohl auch gegen die Drangsal völlig unzureichender sozialer
Verhältnisse, während Grundtvig aus der Distanz eines abgeklärten Sektenfüh-
rers das Haupt der Bewegung gegen die Staatskirche wurde.

Doch nicht nur von der sozialen Zusammensetzung, auch inhaltlich sind die dänischen Erweckten nicht homogen und einig, sondern befehdeten sich unterein-
ander und spalteten sich. Drei Ausrichtungen lassen sich unterscheiden: die an
Grundtvig und Lindberg orientierten, die pietistisch-schwärmerischen und schließlich die halbsektiererisch isolierten Gruppen. Hinzukommen dann noch Einflüsse aus Norwegen vom Haugianismus und, etwa seit 1830, der baptistische Zu-
schnitt.[74]

Die Erweckungsbewegung in Dänemark war jedoch, ebenso wie in den anderen
skandinavischen Ländern, eine innerkirchliche Laienbewegung, die nicht an den
Bestand der Kirche rütteln, sondern einige Rechte für sich erstreiten wollte: vor
allem die Anerkennung der Laienprediger, aber dann auch, wozu es 1855 kam,
die Aufhebung der Wohnkirchengemeinde. So bezogen die Rebellen nicht gegen
die Kirche Front, sondern gegen ihre Repräsentanten in den Gemeinden, die in
der Regel Rationalisten waren und wenig von den schwärmerischen Offenbarungs-
erlebnissen der Erweckten hielten. Man schätzt z.B., daß ca. 75% der Pastoren
Seelands Rationalisten waren, in deren Predigten von einer persönlichen Glaubens-
erfahrung kaum ein Wort vorkam. Die Folge dieser Entchristianisierung war,
daß die Kirchen zumeist leer standen, daß ganze Städte zu den Mormonen über-
traten oder aber daß sich zahlreiche Freikirchengemeinden, die es offiziell nicht
geben durfte, bildeten: in Jütland vor allem, auf Südwestseeland – das von Bischof Mynster als „Das Heilige Land" bespöttelt wurde – oder aber in Vartov,
dem Sitz Grundtvigs in Kopenhagen.[75] So kann man mit Lindhardt die dänischen
Pastoren des 19. Jahrhunderts eher als Religionslehrer denn als Glaubensverkünder
bezeichnen. Ihr aufgeklärtes und vernunftbezogenes Interesse war nicht auf das
religiöse Leben und den religiösen Kult bezogen, wie es die pietistischen Erweckten verlangten.[76]

Dagegen erhoben die Erweckten hohe moralische Ansprüche und verdammten
die weltlichen Lustbarkeiten. Ob sie dabei Luther, auf den sie sich beriefen, rich-

---

72 Nielsen, O. N., S. 17.
73 Bukdahl: Søren Kierkegaard og den menige mand, S. 46.
74 Nielsen, O. N., S. 147f.
75 Christensen, V.: Søren Kierkegaards motiver til kirkekampen, S. 41ff.
76 Lindhardt: Stat og kirke, S. 108; siehe auch Toftdahl: Kierkegaard først – og Grundtvig
   så, S. 13ff. und S. 128ff.

tig verstanden hatten, bekümmerte sie wenig.[77] Insbesondere aber war das persönliche Bekehrungserlebnis, die göttliche Offenbarung, die „Umkehr" das entscheidende Erlebnis auf dem Weg zum wahren Glauben. Daß dies eine Wiederbelebung des subjektivistischen Pietismus des 18. Jahrhunderts[78] darstellt, gilt vor allem für Jütland, wo die „Starken Jüten" (de stærke jyder) auf eine noch lebendige Tradition mit ihrem Zentrum der Christiansfelder Herrenhutergemeinde aufbauen konnten.[79]

Mit den skandinavischen Erweckungsbewegungen artikuliert sich das gewachsene Selbstbewußtsein breiter Schichten der Bevölkerung, wie auch ihr Selbständigkeitsgefühl. Die Sonntagsversammlungen, die Lesegemeinden, die Diskussionskonventikel, ja die Agitation schult am Vorabend der Demokratie die Artikulationsfähigkeit der Erweckten.[80] Und als sich zur Mitte des 19. Jahrhunderts das liberale politische Gedankengut in die öffentliche Debatte mischt, sind viele der erweckten Bauern und Bürger die Protagonisten der neuen Politik.[81] Zudem spielt, und das ist für Norwegen erforscht, die protestantische Askese der Erweckten in diesen religiösen Monokulturen für die soziale, kulturelle und vor allem wirtschaftliche Entwicklung unzweifelhaft eine wesentliche katalysatorische Rolle bei der Ausbildung des kapitalistischen Geistes. Das Arbeitsprinzip des westlichen Protestantismus puritanischen Zuschnitts, die innerweltliche Askese, dürfte damit als das einigende Band nicht allein westlicher Tradition mit dem Norden anzusehen sein, sondern diese Länder mit der „protestantischen Ethik" der angelsächsischen Länder verbinden[82] und daher auch die ursprünglich konservativ bis gleichgültige Haltung der Bewegungen gegenüber der politischen Ordnung erklären: Weltliche Macht, das ist die Lehre des Neuen Testamentes insbesondere aus der Sicht der Erweckten, ist grundsätzlich irrelevant.

Zusammengesehen mit dem Verlauf der Reformation, den Tendenzen des aufgeklärten Absolutismus und dem Wirken der Grundtvigianer fällt den Erweckungsbewegungen im Sinne Max Webers eine entscheidende Rolle bei dem Innovationsprozeß der skandinavischen Länder im 19. Jahrhundert zu, so daß auch hier das allgemeine Modell angewendet werden kann: Als Gruppen innerhalb des Protestantismus zeigen sie Merkmale der „„Offenheit' gegenüber der umgebenden Sozialstruktur, die in ihrer ‚innerweltlichen' Orientierung wurzelte und nicht nur auf den ökonomischen Bereich begrenzt war, sondern auch ... andere soziale Bereiche umfassen konnte." Darüber hinaus ist ihnen „eine gewisse Autonomie und Selbstgenügsamkeit unter dem Gesichtspunkt ihrer Statusorientierung" eigen.[83] Was generell für die protestantischen Organisationen gelten kann, bestimmt ebenso ihre Rolle im Prozeß des Selbstverständnisses der nordischen Gesellschaften

---

77 Nielsen, O. N., S. 155.
78 Zum Pietismus des 18. Jahrhunderts siehe Hovde, S. 93ff.
79 Nielsen, O. N., S. 148.
80 Ebenda, S. 23.
81 Lindhardt, S. 109f.
82 Weber: Die protestantische Ethik.
83 Eisenstadt: Die protestantische Ethik und der Geist des Kapitalismus, S. 10.

und gibt damit ihrer politischen Indifferenz gleichwohl eine eminent politische Bedeutung: „Je autonomer die religiösen Organisationen sind und je weniger sie mit der bestehenden politischen Ordnung identifiziert werden, desto eher sind sie in der Lage, neue zentrale politische und kulturelle Symbole zu entwickeln."[84]

4. Auf dem Weg zu einer gerechten Gesellschaftsordnung. Die frühe Sozialdemokratie

Mit der relativ späten Industrialisierung und Modernisierung, die in Skandinavien erst in der zweiten Hälfte des 19. Jahrhunderts einsetzten und dann noch auf anderen (oder gar keinen) Rohstoffen als den übrigen Ländern Europas aufbauten, eröffnet sich ein weiteres Feld zur Ursachenbestimmung der stabilitäts- und kontinuitätsorientierten modernen skandinavischen Politik und Geschichte. Während in Mittel- und Westeuropa bereits mit dem Ende des 18. und dem Beginn des 19. Jahrhunderts die Industrialisierung zu einem Massenproblem wurde, setzte sie im Wetterwinkel Skandinavien erst in der zweiten Hälfte des 19. Jahrhunderts ein und dann eher als Folge der englischen Entwicklung. Noch bis in die Mitte dieses Jahrhunderts basierte die Wirtschaftsstruktur dieser Länder vorwiegend auf der Landwirtschaft. Zur Illustration mögen einige dänische Zahlen dienen: Während von ca. 1855 bis 1890 die Anzahl der Industriearbeiter von etwa 25 000 auf lediglich 42 000 stieg, wurden um die Jahrhundertwende bereits ca. 78 000 Arbeiter in der Industrie beschäftigt.[85] Diese Explosion in einem bestimmten Erwerbszweig geschieht dann jedoch zu einem Zeitpunkt, als die gesellschaftliche und politische Entwicklung aus den oben beschriebenen Gründen bereits weit fortgeschritten ist: die Organisierung politischer Interessen ist über die Anfangsschwierigkeiten hinaus, der Bildungs- und Ausbildungssektor ist auf einem relativ hohen Niveau, und im sozialen Bereich kennt man schon einige Instrumentarien, die der Entwicklung von der Proletarisierung zur Pauperisierung vorbeugen können.

Ähnlich steht es in Norwegen. Noch 1801 leben nur 8,8% der Bevölkerung in den Städten, eine Zahl die bis 1855 allmählich auf 13,3% ansteigt. Im Jahre 1900 sind es aber bereits 28%,[86] obwohl gerade in der Zeit (wie auch aus Schweden) ein Massenexodus nach Amerika stattfindet.[87] Die Industrialisierung und Modernisierung des norwegischen Wirtschaftssystems, die für diese Entwicklung der Verstädterung die Ursache sind, finden jedoch dermaßen kontinuierlich statt, daß es mit Edvard Bull und anderen mehr als gerechtfertigt scheint, den Terminus einer „industriellen Revolution", trotz „einer Welle von Fabrikgründungen"[88] im

---

84 Ebenda, S. 22.
85 Hansen: Early Industrialisation in Denmark. Vgl. auch Nielsen, A.: Dänische Wirtschaftsgeschichte.
86 Bull, E.: Sozialgeschichte der norwegischen Demokratie, S. 36.
87 Vgl. das „Emigrations"-Kapitel bei Hovde, S. 650ff.
88 Ebenda, S. 44.

norwegischen Falle abzulehnen.[89] Der Umstrukturierungsprozeß findet vielmehr dezentral, überschaubar und begrenzt statt, so daß er insgesamt als „aus einer Reihe lokaler industrieller Revolutionen" zusammengesetzt bezeichnet werden kann.[90]

Eine wesentliche sozialgeschichtliche Bedeutung kommt in der Zeit „industrieller Revolutionen" von Agrargesellschaften der Behandlung und Entwicklung jener untersten bäuerlichen Schichten zu, den Häuslern (zu denen man bis zu einem gewissen Grad das Gesinde, Kleinbauern und ländliche Handwerker hinzurechnen kann). Was um die Jahrhundertwende mit ihnen geschah, läuft letztlich auf eine Art sozialer Befriedungsaktion hinaus, die in ihrer unterschiedlichen Handhabung deutlich am Fall Norwegen und Dänemark illustriert werden kann.

In Norwegen, das im Gegensatz etwa zu Deutschland oder Dänemark, keine „Bauernbefreiung" brauchte, da die Bauern dort nie unfrei waren[91] und sie immer institutionalisierte Rechte besaßen, verschwanden im Zuge der Industrialisierung bis zum ersten Weltkrieg die Häusler fast vollständig aus den Statistiken: sie waren das Rekrutierungspersonal, wie Bull feststellt, der neuen Arbeiterklasse.[92] Obwohl gerade aus dieser untersten bäuerlichen Schicht in erheblichem Maße die Amerikaauswanderer kamen, muß ihr Verschwinden zu etwa zwei Dritteln den sich ändernden wirtschaftlichen Verhältnissen zugeschrieben werden, wobei sich allerdings keine „Umschichtung", sondern allenfalls eine „Umsiedlung" vollzog: Unterschicht blieben sie in jedem Falle.[93] Bull weist jedoch daraufhin, daß dieser Umsiedlungsprozeß — nämlich die totale Auflösung der Häuslerschicht — zur Demokratisierung der norwegischen Gesellschaft erheblich beigetragen hat, da er die weitere Pauperisierung der Häusler beendete und sie an dem Modernisierungsprozeß der Gesellschaft partizipieren ließ. Die durch die Verelendung bedrohte Schicht wird durch mindestens drei im Zusammenhang mit der „Umsiedlung" stehender Veränderungen ihrer persönlichen Lebensumstände befriedet, damit die „soziale Explosion" vermieden und „eine der wichtigsten Voraussetzungen für die spätere ruhig verlaufende soziale Entwicklung" gegeben:[94] (1) Die Eß- und Nahrungsgewohnheiten dürften sich entscheidend verändert haben, quantitativ, aber auch qualitativ, (2) die Wohnverhältnisse in den Arbeitersiedlungen der Industriegebiete waren besser als in den unwegsamen Gegenden auf dem Land, (3) die weitverbreitete Kinderarbeit — in der Landwirtschaft, aber auch der frühen Industriezeit — wurde abgeschafft, a) durch den aus der Industrialisierung folgenden erhöhten Lebensstandard und b) durch die Verlängerung der Schulzeit, da die Modernisierung Bildung und Ausbildung erforderte.

Ganz anders verlief die soziale Befriedungsaktion der Häusler in Dänemark. Nach z.T. erheblichen parlamentarischen Schwierigkeiten wurden 1899, 1904

---

89 Ebenda, S. 45f.
90 Ebenda, S. 46.
91 Ebenda, S. 23.
92 Ebenda, S. 52f.
93 Ebenda, S. 53.
94 Ebenda, S. 53f.

und 1909 die „Häuslergesetze" verabschiedet, aufgrund derer man mit staatlichen Mitteln und auf staatlichem Grund kleine Höfe schaffte, auf denen sich die ehemaligen Landarbeiter zu geringer Pacht und zu geringem Zins ansiedeln konnten. Das politische Motiv dazu war einleuchtend: Den Konservativen und Liberalen war nämlich darangelegen, die Abwanderung der depravierten Landarbeiter in die Städte und damit in die Arme der Sozialdemokratie zu verhindern, während die aufstrebende Sozialdemokratie wiederum ihr Wählerpotential auf dem Lande erweitern wollte und trotz der Kollektivierungsforderung ihres 1888er Programmes[95] aktiv und wesentlich an den Häuslergesetzen mitarbeitete. So kam es schließlich zu Kompromissen, die dann in ihren späteren Fassungen erweitert wurden. Insgesamt wurden bis 1913 5400 Häuslerstellen eingerichtet, die zusammen mit den bereits bestehenden und den durch die Gesetzgebung verbesserten sozialen und wirtschaftlichen Belangen die Situation der Landarbeiter und Häusler entscheidend veränderten. Darüberhinaus waren die sich etablierenden Häuslervereine, die bis 1912 allein 46000 Mitglieder zählten, für die Erziehung und Ausbildung, aber auch für die Schulung wesentliche Triebkräfte in sozialer, wirtschaftlicher und kultureller Hinsicht.[96]

Es gilt also auch für diesen entgegengesetzten Fall, der eher absichtsvoll geplant war als der norwegische, daß für eine am Existenzminimum dahinvegetierende Schicht die notwendig erscheinende Verelendung aufgehalten wird und ihre Eingliederung in die soziale und ökonomische Entwicklung — auf die eine oder andere Weise — gelingt. Die „soziale Explosion" kann ausbleiben.

Die Zeit der Industrialisierung in Skandinavien, die erst im letzten Viertel des vorigen Jahrhunderts statistisch relevante Zahlen erbringt, läßt dann gleichzeitig die Arbeiterbewegungen entstehen: 1871 — dem Jahr der Pariser Kommune — wird die dänische Arbeiterpartei gegründet, 1887 die norwegische und 1889 die schwedische. Diese sozialdemokratischen Parteien sind seit ihrem Beginn als pragmatische Volksparteien zu klassifizieren; nur die Norweger können ein revolutionäres Alibi nachweisen: sie traten 1919 der „Kommunistischen Internationale" bei, hielten es dort jedoch nur vier Jahre aus. Ohne daß man ein fundiertes theoretisches Konzept dahinter erblicken könnte (die Parteiprogramme stammen in der Regel von den deutschen Genossen), interessierten sich die Theoretiker der frühen Sozialdemokratie (die der späten nicht minder) für die Reformierung der alltäglichen Lebens- und Arbeitsverhältnisse; die theoretisch-intellektuelle Durchdringung der Realität blieb (und bleibt) ein Desiderat. Für die Arbeiterbewegungen der drei skandinavischen Königreiche Dänemark, Norwegen und Schweden kann man durchweg feststellen, daß die Führer der ersten und zweiten Generation für den „wissenschaftlichen" Marxismus im großen und ganzen kein Verständnis hatten, obwohl ihre Programme marxistisch waren, ja daß sie geradezu fassungslos die intellektuellen Debatten innerhalb der „Internationale" verfolgten und über sich ergehen ließen. Selbst die Probleme des „Revisionismus", die

95 Abgedruckt bei Togeby: Var de så røde?, S. 173—175.
96 Vgl. Danstrup, Koch (Hrsg.): Danmarks Historie, Bd. 12, S. 112ff.

„Verelendungstheorie" o.ä. scheinen nie ernsthaft diskutiert worden zu sein, wie Bull das für die Norweger feststellt — und auf Streikversammlungen sang man nicht etwa Klassenkampflieder sondern „Ein feste Burg ist unser Gott".[97] Togeby resümiert für die dänische Sozialdemokratie gar die überwiegend indifferente bis ablehnende Haltung gegenüber der Theorie, wenn sie die Periode bis 1900 als die „a-theoretische", die von 1900—1914 als die eigentlich „theoretische" und die von 1914—1939 als die „anti-theoretische" bezeichnet.[98]

Ihre Lehrbücher waren nicht die „Gesammelten Schriften" von Marx, Engels und den Epigonen, sondern Sozialstatistiken und Enqueten, in denen sie die Mängel und Nöte ihrer Gesellschaften nachlesen konnten und die sie in ihrer Agitation zur Begründung sozialer Reformen heranzogen. Das gilt für Dänemark und Norwegen, das gilt aber auch für Schweden, wo der spätere Ministerpräsident und Außenminister Rickard Sandler 1911 eine Statistiksammlung, „Die Gesellschaft wie sie ist", herausbrachte, die nach Auskunft Olof Palmes zur Standardlektüre der damaligen „Jungsozialisten" gehörte. In seinem Vorwort schreibt Sandler:

> Der Zweck dieser Arbeit ist es, durch Zusammenstellung, Bearbeitung und Diskussion von statistischen Angaben, hauptsächlich aus den offiziellen Publikationen geschöpft, zu einer gründlichen Kenntnis „der Gesellschaft wie sie ist" beizutragen ... Meine lebhafte Hoffnung ist es, daß die Arbeit eine brauchbare Waffe im Kampf für „die Gesellschaft wie sie sein soll" abgibt.[99]

Anhand der aufgezeigten Daten konnte man beispielhaft die Ungerechtigkeiten und Unzulänglichkeiten der bestehenden Gesellschaftsordnungen ablesen, die es zu beseitigen galt. Und so klingt aus Sandlers letzten Sätzen eine geradezu grandiose Selbstbeschränkung: „Zur Aufgabe dieser Arbeit gehört es überhaupt nicht zu zeigen, *wie* eine Verbesserung geschehen soll. Stattdessen hat gezeigt werden sollen, *daß* eine Verbesserung der Gesellschaft wie sie ist, geschehen muß und kann."[100]

Diese Bevorzugung der Praxis gegenüber der Theorie in den skandinavischen Arbeiterbewegungen rührt u.a. — und das ist ein weiterer Grund für die andersgeartete Sozial- und Bewußtseinsgeschichte — von der Dominanz der unteren Schichten bei der Rekrutierung ihres Führungspersonals.[101] Die sprachgewandten großbürgerlichen Intellektuellen, die z.B. zum deutschen Milieu gehörten, spielten in der Gründer- und Aufbauzeit von Parteien und Gewerkschaften praktisch keine Rolle. Dies mag damit zusammenhängen, daß, verglichen mit den englischen oder deutschen Verhältnissen, die sozialen Probleme bei weitem nicht als so bedrückend empfunden wurden, als daß sich andere Schichten dafür interessierten. Für die dänischen Intellektuellen kam erschwerend hinzu, daß der rhetorisch begabte Louis Pio (1841—94), theoretisierender Reserveleutnant und Postschreiber, der 1871 die sozialdemokratische Partei gegründet hatte, sich nach einer Gerüchte

---

97 Bull, E., S. 66.
98 Togeby: Revisionismens betydning for socialdemokratiets idéudvikling.
99 Sandler: Samhället sådant det är, S. 5.
100 Ebenda, S. 86.
101 Togeby: Revisionismens betydning, S. 71.

nährenden Korruptionsaffäre 1877 mit Geld und Schiffskarte von der Polizei nach Amerika abschieben ließ. Das dubiose Schicksal Pios, die Querelen mit einigen Linksopponenten, wie allgemeine wirtschaftliche Rückschläge belasteten dann die von den nachrückenden Gewerkschaftsführern propagierte Parteipolitik, mit der sie sich um breitere Wählerunterstützung, wie aber auch in der Folgezeit um politische Kompromisse mit den „Bürgerlichen" bemühten.

Nicht die sozialistische Debatte um die *reine* Lehre war vorherrschendes Thema der sozialdemokratischen Blätter jener Jahre, sondern die moralisch gefärbte Kritik an den bestehenden Verhältnissen. Man interessierte sich für die Zustände in den Armenhäusern, die Arbeits- und Wohnverhältnisse, die unzureichende Sozialfürsorge u.ä. Im dänischen „Social-Demokraten" war erst 1883, bei Marx' Tod, vom „Kommunistischen Manifest" die Rede („Das Kapital" ist erst seit 1970 vollständig ins Dänische übertragen worden), und erst langsam sprachen sich Elemente der Marxschen Ideologie herum. Dagegen erschien bereits 1848 die erste Übersetzung des „Manifests" auf Schwedisch.[102]

Die Tradition der dänischen Sozialdemokratie — wie der übrigen skandinavischen — war durch politischen Realismus geprägt, der vom prinzipienlosen Opportunismus und von dogmatischer Prinzipienreiterei gleich weit entfernt war, so daß man mit Lise Togeby drei wesentliche Elemente der frühen dänischen Sozialdemokratie unterscheiden kann:

Zum ersten das große Interesse der Partei für den Staatsinterventionismus. Der Staat sollte den Arbeitern helfen, den Sozialismus durchzuführen. Zum zweiten ihre Vorstellungen von Produktionsgenossenschaften als Keim zu einer sozialistischen Gesellschaft. Und zum dritten die Taktik: Einfluß über die Gesetzgebungsmacht durch Wahl von Arbeiterrepräsentanten in den Reichstag zu gewinnen. Es existierten keine Pläne über Gewaltanwendung oder blutige Revolution, nur über politische Reformen innerhalb der bestehenden Gesellschaft.[103]

Reformwille und -ziele kommen in einem Wahlaufruf „An die dänischen Arbeiter!", den der „Social-Demokraten" am 25. Januar 1887 abdruckte, deutlich zum Ausdruck:

... Die Erfahrung muß uns daher gelehrt haben, daß *wir in der Gesetzgebungsmacht repräsentiert sein müssen* und daß wir um jeden Preis dafür Sorge tragen müssen, *noch zahlreicher im Folketing repräsentiert zu werden, als es 1884 geschah,* durch Männer, die unser Schicksal und unsere Not kennen und die dafür arbeiten wollen, Reformen durchzuführen, die unserem Stand nützen! ... Sie wollen dafür wirken, daß *der Staat die Krankenpflege übernimmt,* so daß nicht wie jetzt Krankheit Eure Familie verarmen soll und Euch in die Hände der Armenfürsorge treibt. Sie wollen dafür arbeiten, *Euch ein sorgenfreies Alter zu sichern* und Eure Kinder *im Hinblick auf Unterricht und Wissen gleichgestellt mit denen der Reichen zu machen.* Sie wollen *Eure politische Freiheit durch Ausweitung des Wahlrechts* und durch die *Einführung der geheimen Wahl zu vergrößern suchen.* Sie wollen für die Einführung einer *gerechten Besteuerung* wirken ... und die *Arbeitslosigkeit lindern,* teils durch Förderung der produktiven Arbeit, teils indem sie den Staat dazu veranlassen, diejenigen zu unterstützen, die Not durch unverschuldete Arbeitslosigkeit leiden. Im Ganzen wollen sie Eure politische und soziale Gleichstellung mit den übrigen Gesellschaftsmitgliedern fördern.[104]

---

102 Lindhagen: Geschichte der Sozialdemokratischen Arbeiterpartei Schwedens, S. 6.
103 Togeby: Var de så røde?, S. 11.
104 Zit. n. Togeby: Var de så røde?, S. 40ff.

Der Rekurs auf die Gründerzeit der Arbeiterbewegungen ist daher so wichtig, da
gerade sie zu den bestimmenden politischen Bewegungen des 20. Jahrhunderts
wurden. Der bei ihnen aufzuspürende Habitus ist damit wesentlich für die politische Entwicklung mitverantwortlich zu machen, insbesondere da er durchgängig
erhalten wird. Die Ausrichtung der Politik nach den Erfordernissen aktueller
oder mittelfristiger Probleme bleibt nämlich Charakteristikum der sozialdemokratischen Regierungsparteien in Skandinavien bis in die sechziger Jahre hinein.
Selbst wenn ein Mann wie Olof Palme, der im Geruche steht, ein „Linker" zu
sein, sich bemüht, Politik und Geschichte theoretisch zu durchdringen, geschieht
das, ohne die traditionelle skandinavische Grundstruktur der Realitätseinschätzung
zu verlassen. In seiner programmatischen Artikelsammlung „Politik är att vilja"
setzt er sich mit dem Stellenwert von Utopien für die Politik auseinander, jenem
Sprachsymbol, an dem man gemeinhin den Wirklichkeitsbezug des jeweiligen Denkers ablesen kann.

Für den schwedischen Staatsminister entspringen Utopien „einer Unzufriedenheit
mit dem Bestehenden", ohne daß man allerdings das Bestehende radikal beiseite-
schieben könnne: „Gewiß muß die Utopie in der Wirklichkeit verankert sein".[105]
Erst aus der Bestandsaufnahme der Realität nämlich, nicht aus ihrer Vergewalti-
gung, ist die schöpferische Kraft der Utopie für ein konkretes Ziel einzusetzen.
„Meinen wir die Utopie ernst, dann müssen wir es wagen, die Wirklichkeit zu sehen, selbst wenn sie erschreckend und brutal ist. Das ist u.a. die erste Voraussetzung dafür, daß die Wirklichkeit eine andere werden kann."[106] Und so nimmt es
denn nicht wunder, wenn Palme die Geisteshaltung der frühen Parteigründer teilt:

So reden wir von Utopien. Wir wenden gerne große Worte und flammende Parolen an. Die
Revolutionäre reiten auf einem weißen Pferd an der Spitze der Massen. Die Posaunen dröh-
nen. Aber das Dasein besteht für uns Menschen aus einzelnen Dingen. Des einzelnen Menschen Zukunftshoffnung ist konkret und wirklichkeitsnahe. Sie kreisen um Familie und Wohnung, Ausbildung und Arbeitsplatz, Freizeitbeschäftigung und alltägliche Verhältnisse der Umgebung. Es ist in diesem Dasein, daß Utopien zur praktischen Wirklichkeit werden sollen. Es
wäre ein Fluch der Politik, würde man für einen Augenblick diese grundlegenden Gegebenheiten vergessen.[107]

Diese durchgängige Grundeinstellung, die ob eines hehren Gedankens die Realität
nicht vergißt, setzt sich in einer ideologisierten Welt zwangsläufig dem Pragmatis-
musverdacht aus. Palme — und das gilt ebenso für die Gründungsväter der skandinavischen Sozialdemokratie — versteht sich in dem dargelegten Sinne als Pragmatiker, als ein Mann, der, ohne die Vision von der Zukunft aus den Augen zu verlieren, einen Sinn für das Mögliche behält; mit den Worten eines Gerhard Weisser:
„Ein guter Pragmatiker muß mehr und nicht weniger als andere ein streng denken-
der Philosoph sein oder sich mindestens eines besonders sicheren Gefühls für die
Grundwerte erfreuen, zu denen er sich bekennt."[108] Was dem Pragmatiker für gewöhnlich als fehlend unterstellt wird, ist also unabdingbares Bestandteil seines

105 Palme: Politik är att vilja, S. 43.
106 Ebenda, S. 58.
107 Ebenda, S. 60.
108 Weisser: Die politische Bedeutung der Wissenschaftslehre, S. 52.

Denkens und Handelns: das sichere Gefühl für die Grundwerte. In diesem Sinne nennt sich Olof Palme einen Pragmatiker und sollte man die Skandinavier Pragmatiker nennen; denn die auf das *pragma* ausgerichtete Politik, die das Bewußtsein und die Grundwerte der Humanität noch realisiert, ist weit entfernt von schlafwandlerischem Tun.

Von Belang ist in dem Zusammenhang das Urteil Fritz Croners, der als Gewerkschaftsfunktionär und Wissenschaftler die deutsche Sozialdemokratie von innen kannte, dann seit 1934 im Exil als erster an schwedischen Universitäten Soziologie lehrte, schwedischer Staatsbürger wurde und eine bedeutende Rolle in den schwedischen Gewerkschaften spielte. Bei der Frage, wieso er in Schweden auf ein so ganz anderes politisches Klima stieß, als er es selbst in der demokratiebewußten Sozialdemokratie der Weimarer Republik erlebt hatte, kommt er zu folgender „diametralen" Gegenüberstellung:

Wir verachteten die Wirklichkeit. Realpolitik war ein deutsches Schimpfwort! Natürlich wollten wir „die Wirklichkeit" verändern, aber nicht die gegebene, sondern jene, die in unserer Phantasie existierte. Unsere Beziehungen zur Realität waren nicht schlecht, sie waren einfach nicht vorhanden ... Die erste politische Lektion in der schweren Kunst der Demokratie, die ich in Schweden erlernte, war eben die wirklichkeitsnahe Politik, die nie den Kontakt mit dem Volk verlor und daher immer an das Volk appellieren konnte, niemals davor Angst zu haben brauchte, den Wählern die Wahrheit zu sagen.[109]

Das Verdienst der sozialdemokratischen Regierungspartei sei es gewesen, eine „wirklichkeitsnahe Politik" betrieben zu haben, „in der gegebene Fakten, nicht theoretische Spekulationen oder Wunschträume das Handeln leiteten," darüberhinaus aber das „demokratische Postulat" ernstgenommen zu haben.[110] Theoretisch-sozial genüge es festzuhalten, „daß man in Schweden mit einer geringen Portion Theorie und einer großen Portion rationalen und wirklichkeitsnahen Handelns gezeigt hat, wie weitgehende, die gesellschaftliche Struktur verändernde Wirkungen eine konsequent durchgeführte Demokratisierung haben kann."[111]

Diese politische Bilanz, die auf den notwendigen Ernst politischen Handelns gerade da hinweist, wo der emanzipatorische, demokratische Anspruch am größten ist, faßt jene common-sense-Rationalität skandinavischer Provenienz zusammen und bestätigt das Urteil Albert Camus': „Der fruchtbarste Syndikalismus verbindet sich dort mit einer konstitutionellen Monarchie und verwirklicht annäherungsweise eine gerechte Gesellschaftsordnung."[112]

5. Radikalismus als politischer Humanismus.
Die literarischen Antifaschisten

Eine herausragende Epoche auf dem Weg in den modernen Wohlfahrtsstaat waren für Skandinavien die Jahre zwischen 1930 und 1940; dies nicht allein deshalb, weil sich während dieser Periode die Sozialdemokratie etablierte, resp. konsolidierte,

---

109 Croner: Ein Leben in unserer Zeit, S. 381f.
110 Ebenda, S. 381.   111 Ebenda, S. 384.
112 Camus: Der Mensch in der Revolte, S. 303.

sondern weil die grundlegenden Debatten zur Sozial- und Wohlfahrtspolitik in diesen Jahren stattfanden, deren Ergebnisse die Plattform für die Sozialpolitik der fünfziger und sechziger Jahren darstellen. Die Ausgangssituation für diese Debatten war dabei insbesondere in Dänemark von den Folgen der Weltwirtschaftskrise bestimmt sowie dem europäischen Faschismus und Nationalsozialismus.

Bestrebt um die Wiederherstellung und Erhaltung des sozialen Friedens hatte sich noch am 31.1.1933 die Regierungskoalition (Sozialdemokraten und Sozialliberale) mit den Oppositionsparteien nach langwierigen Verhandlungen auf ein politisches und soziales Programm geeinigt (z.B. Aussperrungsverbot), das gleichwohl kurzfristig keine Besserung der Wirtschaftssituation erbrachte. Für die 3,5 Millionen Dänen blieb der Alltag weiterhin grau: 1933 betrug die Arbeitslosigkeit 43,5%, 1934 ging sie auf 34,4% zurück und 1939 stand sie immer noch bei 18,4%.[113]

Die Machtübernahme Hitlers erwies sich für Dänemark als ein zusätzlicher politischer wie sozialer Störfaktor, denn auch der Nationalsozialismus hatte hier seine Anhänger, insbesondere unter der deutschen Minderheit in Nordschleswig: NS-Jugendorganisationen entstanden, eine NS-Partei (als DNSAP 1930 gegründet), Zeitungen, Kulturkreise etc.[114] Unabhängig davon jedoch, daß der Nationalsozialismus eine *deutsche* Bewegung war und dementsprechend auf wenig Gegenliebe stoßen konnte, mußte in Dänemark der begründete Verdacht bestehen, daß Hitler die Versailler Südgrenze revidiert haben wollte. Die Zonenabstimmung von 1920 hatte Bismarcks Kriegsgewinn von 1864 wieder rückgängig gemacht und die deutsch-dänische Grenze nach Süden verschoben. Bis zum 9. April 1940, als deutsche Truppen diese Grenze dann tatsächlich überschritten, waren die offiziellen dänischen Stellungnahmen von der Annexionsfurcht geprägt und gipfelten schließlich 1939 in der Unterzeichnung des deutsch-dänischen Nichtangriffspaktes. Und so sah sich z.B. auch der sozialdemokratische Ministerpräsident Thorvald Stauning gegenüber einer deutschkritischen Presse gezwungen, darauf hinzuweisen, daß diese ihre Freiheit habe, um sie *nicht* zu gebrauchen.[115]

Doch weder der diplomatische Druck aus der Berliner Wilhelmstraße, noch die Betriebsamkeit der dänischen Nazis hatten einen nachhaltigen Eindruck auf das Wählerverhalten gemacht. 1932, als die DNSAP zum ersten Male kandidierte, errang sie genau 757 Stimmen, 1935 16257 oder ein Prozent; erst 1939 stieg der Anteil der NS-Stimmen auf 31032 Wahlkreuze oder 1,8%, die immerhin für drei Sitze im Folketing (insgesamt 149 Sitze) ausreichten.[116] Die Zahl von 31032 ist bedeutsam, macht sie doch nicht einmal ein Prozent der Gesamtbevölkerung aus; ganz offensichtlich gab es eine ideologische Resistenz, die den politischen Ideenhaushalt regulierte und die dänische Gesellschaft, die mit den angege-

113 Andersen, R.: Danmark i 30'erne, S. 97, S. 44 und S. 83. Zum Folgenden siehe dort.
114 Branner (Nazismens ansigter) gibt aufgrund von Augenzeugenbefragungen eine detaillierte Milieuschilderung der dänischen Nazis, die schließlich im „Freikorps Dänemark" als Freiwillige der Waffen-SS dienten und mit der „Division Nordland" zusammen auf 11000 Mann kamen.
115 Bredsdorff: Introduktion, S. 19.
116 Dänemark. Ein offizielles Handbuch, S. 184.

benen Arbeitslosenquoten eine Gesellschaft in der Krise war, vor dem Faschismus bewahrte. Nun läßt sich in der Tat eine gegenideologische Kraft in Dänemark ausmachen.

Am 7. April 1935 wurde der „Landesverein Freisinniger Kulturkampf" (*Landsforeningen Frisindet Kulturkamp*) gegründet,[117] der wohl die eindrucksvollste und bedeutendste Assoziation im dänischen Geistesleben dieses Jahrhunderts war (ähnliches gab es auch in den anderen skandinavischen Ländern). Der „Kulturkampf" faßte die Geistesströmungen bis dato zusammen, und Impulse gehen von der Zeit in Literatur, Politik und Geistesschaffen; so war die Mitgliedschaft und die Mitarbeit im „Kulturkampf" nicht allein makellose und sichere Auszeichnung in der Biographie, sondern es beruft sich auch die jüngere Nachkriegsgeneration mit Bedacht auf diese Epoche.[118]

Einigendes Band aller Mitglieder war der Antifaschismus. Mit Johan Fjord Jensen kann man allerdings konstatieren, daß die Front der dreißiger Jahre „gegen den europäischen und heimischen Faschismus zu einer humanistischen Selbstbesinnung und zu einem radikalen kulturellen Vorwärtsstreben (*fremdrift*)" führte, „die weitergingen, als es die Herausforderung notwendig machte. Durch den primären Kampf gegen die aktuelle Herausforderung wurden eine Reihe von Kräften aktiviert, die in einer breiten Reformbewegung eingesetzt wurden, die Sozialgesetzgebung, Mentalhygiene, Pädagogik, Architektur umfassend, genauso wie das Geistesleben im weiteren Sinne."[119]

Was während der vier Jahre, in denen „Kulturkampf" bestand, sich zum Antifaschismus bekannte, schloß sich der Bewegung an, angefangen von einem fast unbekannten 21jährigen Studenten namens Jens Otto Krag, über Literaten, Journalisten, Professoren und Studenten, die alle fast ausnahmslos in der Nachkriegsära zu einem klangvollen Namen kamen — bis hin zu einem 34jährigen Rechtsprofessor, der 1955 erster dänischer Ombudsmand wurde, dem international renommierten Stephan Hurwitz.

„Der Kulturkampf" war zunächst eine landesweite Bewegung, die Vorträge organisierte, Demonstrationen veranstaltete und Protestadressen sammelte. Dann war „Der Kulturkampf" eine hervorragend redigierte, leicht lesbare Zeitschrift, die von 1935—37 jeden zweiten Monat, von 1938 dann monatlich erschien. Insgesamt kamen von diesem bisweilen frech-aggressiven Periodikum 29 Hefte heraus, das letzte im Sommer 1939. Der Umfang variierte zwischen 16 und in den späteren Jahren 76 Seiten.[120]

In der Programmerklärung, mit der zur Gründungsversammlung aufgerufen wurde, hatte es geheißen:

---

117 Bredsdorff: Introduktion, S. 10f.
118 Hertel: 30'erne som periode, S. 7. Über die norwegische „Kulturkampf"-Zeit vgl. z.B.: Longum: Tidsbilder.
119 Jensen, J. F.: Homo manipulatus, S. 25.
120 Bredsdorff: Introduktion, S. 11.

Gegen den Versuch der reaktionären Strömungen mit suggestiven Phrasen, Nebeldunst und übertriebenen Ausdrücken, die Begriffe, die Moral und den gesunden Verstand (*sundt omdφmme*) zu verwirren, will die Vereinigung bestrebt sein, für Klarheit und Sachlichkeit in der Diskussion um die Fragen der Zeit zu wirken – in erster Linie auf dem Gebiet der immateriellen Kultur, aber in zweiter Linie auch auf anderen Gebieten des Gesellschaftslebens. Die Vereinigung will bestrebt sein, sich frei von Einseitigkeit in politischer wie anderer Hinsicht zu halten, will aber mit aller Macht Übergriffe gegen die Ideen und Vorkämpfer von Freisinn und Fortschritt kritisieren und bekämpfen, indem sie Ausdruck geben will, was viele über die Fragen der Zeit *denken*, aber nicht in der Tagespresse herausbringen können, weil diese mehr und mehr zu privaten kaufmännischen Unternehmen verwandelt werden, anstatt ein Forum für freien und unabhängigen Meinungsaustausch zu sein.[121]

Was in diesem Absatz noch sehr vage als Programmplattform der führenden dänischen Intellektuellen formuliert ist, ging schon konkreter in die Zielvorstellungen der Bewegung ein. Wegen seiner Bedeutung für die weitere Diskussion zitiere ich den Passus in der vollen Länge:

Die Vereinigung *Freisinniger Kulturkampf* hat zum Zweck, auf einer *breiten, freisinnigen Basis* dafür zu arbeiten, die humanistischen und demokratischen Ideen und Gesichtspunkte zu stärken, deren allgemeine Tendenz u.a. mit folgenden Gesichtspunkten ausgedrückt werden kann:

a) Vernunftbetonte Einstellung gegenüber der Welt und den Menschen.
b) Freie, sachliche Diskussion und Kritik der bestehenden Verhältnisse und auftauchender Ideen.
c) Rede-, Druck-, Vereinigungs- und Versammlungsfreiheit.
d) Weitest mögliche sachliche Aufklärung von Kindern und Erwachsenen.
e) Gleiches Recht für alle Menschen, unangesehen Geschlecht, Rasse, Alter, Lebensstellung, Lebensanschauung und politischer Überzeugung.
f) Schutz gegen öffentlichen Eingriff in die Führung des Privatlebens, wenn dieser nicht im Hinblick auf anderes Privatleben begründet ist.
g) Humane Behandlung aller Gesellschaftsmitglieder.
h) Schutz der Ideen und Vorkämpfer von Freisinn und Fortschritt – in erster Linie auf dem Gebiet der immateriellen Kultur.[122]

Dies war kein papierener Aufruf; was die Zeitschrift „Der Kulturkampf" in der Folgezeit publizierte, war der Versuch, die Wirklichkeit der Vernunft in der Gesellschaft zu aktualisieren und mit den Mitteln eines politischen Humanismus die Selbstverwirklichung des Menschen zu realisieren. Unter dem doppelten Anspruch von Aufklärung und rationaler Analyse des Bestehenden setzte man sich während der vier Jahre des kulturellen Kampfes nicht allein mit den politischen Verhältnissen und Ideen auseinander – dem spanischen Bürgerkrieg, der NS-Rassenpolitik, der NS-Künstler-Olympiade, dem Volksfrontgedanken etc. –, sondern diskutierte mit Verve die Funktion der Kunst in der Gesellschaft, der Architektur, neue Erziehungsmethoden, die Rolle der Frau u.a. All diese Themen, die nicht unbedingt zum Repertoire eines Mitteleuropäers in den dreißiger Jahren gehörten, erhellen den mentalen Zustand eines großen Teiles der intellektuellen Elite dieser Gesellschaft; sie sind der geistige Fundus, will man z.B. die sozial- und erziehungspolitischen Reformen der fünfziger und sechziger Jahre in Dänemark auf ihre Moti-

---

121 Zit. n. Bredsdorff, S. 10f.
122 Jφrgensen, J.: Hvad vil „Frisindet Kulturkamp"?, S. 28.

vierung hin analysieren. Was in diesen Jahren diskutiert wurde, findet – in etwa von dem gleichen Personenverband organisiert – seinen Niederschlag in der späteren offiziellen Politik.

Auffallend bei der Argumentation der „Kulturkämpfer" ist die Tendenz der Sprache, ausgedrückt in dem einen Wort *Mensch* und seinen Ableitungen. Dies ist der Zentralbegriff, nicht „die Gesellschaft", nicht „utopische Verhältnisse" und nicht „Ideen"; dabei standen die Mitarbeiter zumeist dem Sozialismus nahe oder lehnten ihn jedenfalls nicht ab; sie wurden von den bürgerlich-konservativen bis reaktionären Kreisen als „Kulturbolschewisten" und „Salonkommunisten" beschimpft.[123] Es erscheint mir jedoch zweifelhaft – und an diesem Punkt muß man die Differenzierung vornehmen – ob diese politischen Humanisten im Milieu mitteleuropäischer Sozialisten hätten reüssieren können, dazu war (und ist) ihre Sprache zu konkret, sind ihre Ideen zu praktisch. Der Rückgriff auf den „gesunden Verstand", wie er in der Programmerklärung von „Der Kulturkampf" vorgenommen wurde, geschieht aus der bewußten Verantwortung für konkrete Menschen und nicht für abstrakte Ideen.

Grundlage und Mittelpunkt jener „sozialistischen" Gesellschaftsanalyse war der Mensch, war *Larsen.* Diese dänische Ausgabe des „Otto Normalverbrauchers" war 1935 von dem Dramatiker Kjeld Abell (1901–61) popularisiert worden, der ihn als Hauptfigur seiner Komödie „Die Melodie, die verschwand" auf die Bühne stellte und sagen ließ:

Ich heiße Larsen – ich bin der Sohn sehr anständiger (*pæn*) Eltern – ich ging in eine sehr anständige Schule – ich bekam eine Drei im Realexamen – ich bin ein Zwischending zwischen höherem Kontorassistent und unterem Bevollmächtigten hier im Büro – ich bin, wie Sie sehen, sehr anständig gekleidet – ich habe gelernt, daß, wenn man sich bloß an dunkle gedeckte Farben hält, man immer dezent wirkt – ich kann so fast über alles ein bißchen mitreden – gibt es etwas, von dem ich dezidiert nichts weiß, dann schweige ich dazu – ich mache meine Arbeit nicht besonders gut, aber auch nicht besonders schlecht – niemand lobt mich – im großen und ganzen – aber der Direktor kann mich ganz gut leiden –.[124]

Larsen ist der Mittelklassetyp, er ist zuviel, um unten, und er ist zuwenig, um oben auf der sozialen Leiter zu stehen. Er ist der fiktive Repräsentant der „Mittelmäßigkeit" des 20. Jahrhunderts. Ständig ist er auf der Suche nach der „Melodie des Lebens", die, wie Abell es sieht, ihm die Identifikation mit seiner sozialen Stellung erst herzustellen erlaubt.

Larsen ist der Intellektuellen liebstes Kind, ihn und sein Milieu analysieren sie in den dreißiger Jahren, ihn versuchen sie zu erreichen.[125] In Dänemark gab es 1935 ca. 100 000 *Larsens,* Frauen und Kinder nicht mitgerechnet. Er arbeitet auf dem Lande bis zu 80 Stunden wöchentlich, in der Stadt bis zu 60 Stunden. Sein Verdienst reicht knapp für das Nötigste.[126] Geistig wird er von Illusionen ernährt;

---

123 Bredsdorff: Introduktion, S. 13ff.
124 Abell: Melodien, der blev væk, S. 8.
125 Vgl. Kulturkampen Nr. 8, 1938, teilweise nachgedruckt bei Grünbaum, Stangerup (Hrsg.): Kulturkampen.
126 Hvem er Larsen?, ebenda. S. 212–215.

das Alltägliche, die Gewohnheit, die Langeweile bestimmen sein Leben.[127] Der
Leistungsdruck, unter dem er steht, und die Verlockung des (natürlich nie erreich-
ten) Erfolges machen ihn zum willfährigen Objekt der faschistischen Verführer:
„Erziehung und Tradition hat ihn gelehrt, nach oben zu schauen und zu warten,
bis die Chance kommt."[128] Sie kommt aber nicht. An diesem Menschen, dem zum
Typ *Larsen* stilisierten Proletarier mit dem weißen Kragen, entzündet sich das Interesse für Politik, für Film, Theater und Literatur. *Larsen* wurde das Markenzei-
chen dieser Generation.

Überwiegend waren die Literaten dieser Zeit — ob arriviert oder nicht — „Kulturradikale", wie man die Mitarbeiter des „Kulturkampfes" nannte; und so geht die
Thematik der zunächst antifaschistischen Bewegung übergangslos in die Literatur ein. Es ist daher nicht weiter verwunderlich, wenn die dreißiger Jahre in Dänemark, literarisch gesehen, die Epoche des gesellschaftskritischen „Kollektivromans"
sind,[129] was durchaus kein Widerspruch zur *Larsen*-Vorliebe sein muß, denn auch
das Individuum *Larsen* ist Mitglied einer Gruppe, Partizipand eines Milieus.

Geschildert wird immer eine durch soziale Zwänge verknüpfte Gruppe, ohne daß
eine dominierende Hauptperson auszumachen wäre. So befaßt sich Hans Kirk
(1898–1962) 1930 in seinem Hauptroman „Die Fischer" (*Fiskerne*) mit einer puritanischen Fischergemeinde Nordwestjütlands, die in einer bigotten Umgebung ihren frömmelnden Lebensinhalt einer sich modern und aufgeklärt gebenden Umwelt zum Trotz durchsetzen kann. So gibt Hans Christian Branner (1903–66) in
seinem Roman „Spielzeug" (*Legetøj*) 1936 mit den „Kontormenschen" einer
Spielzeugfirma das Abbild „einer kleinen Gesellschaft, die mit ihrer Klassentei-
lung und ihren Problemen ein Symbol für die große Gesellschaft ist, mit gegenseitiger Konkurrenz und Kampf um Prestige und Macht und mit der Ansteckung
durch die nazistischen Gedanken über Diktatur und Gleichschaltung."[130] Und so
macht Mogens Klitgaard (1906–45) 1937 das Titelbild einer Ausgabe des „Kulturkampfes" zum Motto seines Milieuromans „Es sitzt ein Mann in einer Stra-
ßenbahn" (*Der sidder en Mand i en Sporvogn*). Er handelt vom moralischen und
wirtschaftlichen Verfall einer Kopenhagener Krämerfamilie in der Zeit der großen Arbeitslosigkeit.

Diese für die dänischen Literaturgeschichte bedeutsame Zeit hat allerdings ihre
Parallelen, die vor allen Dingen in den benachbarten skandinavischen Ländern
zu finden sind, etwa mit dem Norweger Nordahl Grieg oder dem Schweden Harry
Martinson. Sprache, Erzählstil und Lebensanschauung sind jedoch nahezu identisch bei James Joyce, Ernest Hemmingway, Alfred Döblin, John Dos Passos, bei
Sinclair Lewis, George Orwell, Ignazio Silone oder André Malraux. „Die neue
Sachlichkeit", wie diese Stilepoche sich nannte, und das Interesse für die alltäglichen Dinge bestimmten die Szene, dies nicht allein nur in der Literatur mit
dem auch für Dänemark großen Erfolgen für Hans Falladas „Kleiner Mann, was

127 Doister: Kedsommeligheden, S. 93–98.
128 Olsen: Verdens Herre, S. 215.
129 Vgl. hierzu Petersen: Den kollektive roman.
130 Kristensen: Danmarks litteratur Bd. 2, S. 116.

nun?" von 1932 (Übersetzung 1933) oder Döblins „Berlin Alexanderplatz" von 1929 (Übersetzung 1930), sondern vor allen Dingen auch im Film und in der Architektur. Die Erfolge von Walther Ruttmanns („Berlin, die Symphonie einer Großstadt"), Robert Siodmark, Billy Wilders und Fred Zinnemanns („Menschen am Sonntag") oder Fritz Langs Filmen sprechen ebenso dafür, wie der später so gelobte Funktionalismus in der Baukunst eines Arne Jacobsen.[131]

Der gleichförmige, in seiner Langeweile aufregende dänische Alltag, die ganz gewöhnlichen Menschen waren die Themen der Intellektuellen und Jungpolitiker, waren die Themen der Literatur, so lapidar wie die Titel der Romane und Dramen sie vorstellten: „Das versäumte Frühjahr" (*Det forsømte Foraar*, Hans Scherfig, 1940), „Eine Frau ist überflüssig" (*En Kvinde er overflødig*, Knud Sønderby, 1936), „Man muß ja leben" (*Man skal jo leve*, Harald Herdal, 1934), „Das Kind spielt am Strand" (*Barnet leger ved Stranden*, H. C. Branner, 1937), „Es darf gerne Montag werden" (*Det maa gerne blive Mandag*, Leck Fischer, 1934) etc. Die Verfasser dieser Epoche, die durchweg *nicht* die bürgerlich akademische Erziehungsbahn durchlaufen hatten,[132] schildern die jeweilige Alltäglichkeit des Milieus, das sie aus eigener Erfahrung kannten. Dabei sind als entscheidende Faktoren ihres Erlebnishorizontes nicht allein die wirtschaftliche Depression und das nationalsozialistische Gedankengut anzusetzen, sondern als ebenso ausschlaggebend die Bekanntschaft mit der Psychoanalyse Sigmund Freuds, Carl Gustav Jungs und Alfred Adlers, wie aber auch den durch den Erfolg der „Oktoberrevolution" faszinierenden Marxismus.[133] Hierbei ist es dann entscheidend, welche Lebensanschauung sie in ihrer Literatur herausstellen. Der bereits erwähnte Kjeld Abell soll dafür mit seinem Schauspiel „Anna Sophie Hedvig" von 1938 als Exempel dienen.

Das Drama spielt in einem gutbürgerlichen Milieu, das sich für zivilisiert hält und in dem kriminelle Akte, so sie an den Tag kommen, den Ausstoß aus eben dieser Gesellschaft bedeuten. In dieser Umgebung geschieht ein Mord. Anna Sophie Hedvig, eine „ein wenig trist aussehende Dame in den Fünfzigern",[134] eine Lehrerin aus der Provinz, stößt in einem günstigen Moment eine egoistische, machtgierige und verhaßte Kollegin die Schultreppe hinunter. Im Verlauf der Handlung dreht sich die Debatte um das Widerstandsrecht, um die Pflicht, sich gegen Unrecht zur Wehr zu setzen, wie es Anna Sophie Hedvig in spontanem Vorsatz getan hat, und ob man sich gegenüber Gewalt notfalls mit Gewalt durchsetzen soll. Im Jahre 1938, dem Jahr des Münchner Abkommens, bejaht Abell die Frage. In seinem Schauspiel läßt er John, den Sohn des Hauses, sagen:

– wir sind weder für noch gegen – immer mitten dazwischen – wir verstehen immer beide Seiten einer Sache – das ist unsere himmelschreiende Schwäche im Verhältnis zu den anderen, die hart auf ihrem Standpunkt stehen – ohne eine Nuance – sie gehen geradewegs vor unserer Nase – und wir geben bloß auf – und entschuldigen uns damit, daß wir so human sind – ... wenn es human ist, mit den Händen im Schoß zu sitzen und bloß gut sein zu lassen,

---

131 Vgl. hierzu Hertel, S. 7–29.
132 Petersen, S. 9.
133 Jensen, J. F.: Homo manipulatus, S. 15f.
134 Abell: Anna Sophia Hedvig, S. 11.

dann ist die Humanität zu einem Schimpfwort geworden – der Sand, in den wir den Kopf stecken (*en busk, vi stikker hovedet i*) –.[135]

Abell gibt so seinem Drama eine politische Dimension, die die Humanität mit Aktivität assoziiert und die Passivität expressiv verbis ausschließt.[136] Die offizielle dänische (sozialdemokratische) Politik hatte sich, wie oben dargelegt, der englisch-französischen Beschwichtigungspolitik gegenüber den europäischen Diktaturen angeschlossen, die linksorientierten dänischen Intellektuellen dagegen propagieren den anderen Weg.

Noch ein anderer Skandinavier, der Norweger Nordahl Grieg, der mit seinem Flugzeug 1943 über Berlin abgeschossen wurde, läßt sich über den gängigen Humanismusbegriff aus, für den er eine sarkastische Kautschuk-Assoziation bereithält. In seinem Roman „Jung muß die Welt noch sein" von 1938 faßt er den diskreditierten, weil mit Passivität und Untätigkeit verbundenen Humanismus in einem knappen Dialog zusammen: „Ich glaube Sie sind Gumanist, sagte sie bestimmt. – Und was meinen Sie damit? – Ein Gumanist ist ein Mensch, der bei Unrecht Unwillen fühlt, aber nicht dafür kämpft, was Recht ist."[137]

Diese Neubestimmung des Humanismus in der Zeit einer schweren gesellschaftlichen Krise ist für das geistige und politische Klima des Nordens symptomatisch, und man sollte bei der Beurteilung dieser Humanismusexegese berücksichtigen, daß die Neubesinnung auf einen aktiven Humanismus von Liberalen und Intellektuellen vollzogen wird, die sich zum linken Spektrum der politischen Überzeugungen bekannten. Viele von ihnen haben auf der Seite der „Internationalen" in Spanien gekämpft, und viele sind dort gefallen. Viele haben aber auch die Sowjetunion selbst bereist (und mindestens einer kam nie zurück[138]). Dabei dürfte dann ihre Sinngebung politischen Denkens und Handelns maßgebend von dem Enthusiasmus für diese sozialistische Welt bestimmt sein, ein Enthusiasmus, der durch die Erfahrungen der stalinschen Säuberungsaktionen, des Hitler-Stalin-Paktes von 1939 und des finnischen Winterkrieges 1939/40 wieder relativiert wurde.

Es ist aber nicht zu verkennen, daß trotz aller Sympathien für das sozialistische Experiment der UdSSR und die Kenntnis der marxistischen Ideologie die kulturradikale Agitation dieser Zeit nicht in ein sozialistisches Programm mündet. Johan Fjord Jensen hat mit Nachdruck darauf hingewiesen, daß der „Kulturkampf" der dreißiger Jahre „eine *bürgerliche Reformbewegung*" war, die paradoxerweise gegen die bürgerliche Kulturauffassung gerichtet war, nämlich die viktorianische. Was als grundlegendes Prinzip der marxistisch-sozialistischen Ideologie zur Programmatik gehört, mangelte den Kulturkämpfern: die Reduzierung der Realitätsbezüge des Menschen auf die ökonomischen Bedingungen. „... die ökonomischen Betrachtun-

135 Ebenda, S. 62f.
136 Ebenda, S. 64.
137 Grieg: Ung maa Verden ennu være, S. 76.
138 Der schwedische Magnatensohn Raoul Wallenberg verschwand 1945 ebenso spurlos in der UdSSR (und starb wahrscheinlich im Moskauer Lubianka-Gefängnis, siehe Connery: The Scandinavians, S. 342), wie der kommunistische Folketingsabgeordnete Arne Munch-Petersen, der seit 1937 in der Sowjetunion verschollen ist; vgl. Danstrup, Koch (Hrsg.): Danmarks historie Bd. 13, S. 409.

gen spielten eine verblüffend geringe Rolle."[139] Allein ihre Sprache war von der sozialistischen Terminologie durchsetzt, die Programmatik blieb weitgehend davon frei. Die politische Grundeinstellung bleibt der Liberalismus.

Der aktive Humanismus, der auf Praxis aus ist und sich gegen die idealistische Auffassung wendet, wird in den Reformvorstellungen der politischen Debatte der dreißiger Jahre wie der daraus resultierenden konkreten Politik der Nachkriegsära greifbar. Die „Kulturradikalen" stellen in dem Sinne jene liberale Elite dar, die die Resistenz gegen die antidemokratischen Bewegungen Europas artikulieren und die es in Deutschland nicht gab, ein Umstand, den Ralf Dahrendorf für den Erfolg des Nationalsozialismus herausstellt.[140] Die „soziale Revolution", die der Nationalsozialismus auf antidemokratische Weise und mit Gewaltmitteln bewirkte,[141] erhält hier aus der lebendigen Tradition des Individualismus und Liberalismus Innovationsimpulse, die beim Umwandlungsprozeß einer Agrargesellschaft zur industrialisierten Moderne die Humanität in erneuertem Sinne transparent werden läßt.

Gleichzeitig jedoch liefert diese „bürgerliche Reformbewegung" bereits sehr früh die Antizipation linker Kritik z.B. am Aufstiegs- und Leistungsdenken — wie am Schicksal *Larsens* exemplifiziert. Die frühzeitige Freisetzung dieses kritischen Potentials, das in die Gesellschaft und den Innovationsprozeß eingeht, wird eine Radikalisierung verhindert haben.

Bezeichnend sind in dem Zusammenhang die Gedankengänge eines Sven Møller Kristensen, ehemaliges Mitglied der kommunistischen Partei und als Literaturwissenschaftler und Universitätsprofessor mit beträchtlicher Reputation. Für ihn hat der Humanismus zwei Prämissen, erstens „der Mensch ist aller Dinge Maß" und zweitens „die Zusammengehörigkeit des Einzelnen mit den anderen."[142] Kristensen entscheidet sich also zwischen dem solipsistischen Standpunkt eines mißverstandenen Existentialismus und dem soziologistisch-materialistischen Standpunkt des ideologischen Historismus und wählt, wie er es nennt, den „ganzen Menschen".[143] „Man findet ihn (sc. den aktiven Humanismus) in der Literatur und Philosophie der Gegenwart als eine moralische Überzeugung ausgebreitet, bald mehr konkret und politisch ausgeformt, bald als eine Verkündung der Gemeinschaft (*fælleskab*), Verantwortung, Mitmenschlichkeit und, wohl zu merken, immer von dem Gesichtspunkt aus, daß Individualismus und Kollektivismus keine Gegensätze sind."[144] Er nennt diese Überzeugung den „*sozialen Humanismus*"[145], „die Idee von Solidarität unter freien Individuen."[146] Daß damit nicht allein Grundidee und -motiv des modernen skandinavischen Wohlfahrtsstaats ausgedrückt ist, sondern darin das sozialdominante und traditionelle Bewußtseinsmuster Skandinaviens durchklingt, dies zu erhellen, ist Sinn und Aufgabe dieser Studie.

---

139 Jensen, J. F.: Homo manipulatus, S. 32.
140 Dahrendorf: Gesellschaft und Demokratie in Deutschland, S. 430.
141 Ebenda, bes. S. 431ff.
142 Kristensen: En moderne humanisme, S. 122.
143 Ebenda, S. 125.   144 Ebenda, S. 124.
145 Ebenda, S. 125.   146 Ebenda, S. 127.

II. Ludwig Holberg: Der Filou auf dem Parnaß

Er war nicht national,
er war die Nation.

Brandes: Ludvig Holberg

1. Der Gründungsvater

Am Anfang war Ludvig Holberg. Mit diesem Satz könnte man die Genesis der dänischen − und damit auch skandinavischen − Philosophie und Literatur umschreiben, und das sowohl zeitlich wie inhaltlich, denn er war der erste Skandinavier, der sich zu den literarischen und philosophischen Problemen der Neuzeit zu Wort meldete und international gehört und gelesen wurde. „Holberg ist der Beginn, der Ursprung der dänisch-norwegischen Literatur. Er hat keine heimischen Vorbilder, keine nationale Tradition fortzusetzen, er mußte von Grund auf beginnen."[1] Paul V. Rubow bietet dafür eine Reihe von Epitheta an: „Unser größter Dichter, unser erster Denker, der liebevolle Zuchtmeister und Erzieher der Nation, der Vater der dänischen Literatur."[2] Auf ihn berufen sich spätere Generationen; Kierkegaard kommt immer wieder auf seine Charaktere zurück und Grundtvig verehrte ihn. Holberg begründete jedoch nicht allein den Codex der nationalen Philosophie, sondern verkörpert zugleich die traditionelle dänische Dualunion von Dichtung und Wahrheit, insofern er, wie die meisten großen Gestalten nach ihm, als der erste „Dichterphilosoph" gilt. Dabei geht der Ruhm seines Dichtens und Denkens, dessen Geschichte in Skandinavien durchaus wechselvoll war,[3] weit über Dänemark hinaus; von Gottsched über Lessing bis zu Goethe und den Romantikern ist er geschätzt worden,[4] und seine Komödien gehörten und gehören noch heute zum klassischen Repertoire der Schauspielkunst, sein phantastischer Roman zu den noch immer aufgelegten Werken.[5]

Für die hier behandelte Fragestellung ist Holberg aus verschiedenen Gründen herangezogen worden: Einmal steht er unangefochten als der Ahnherr der dänischen und norwegischen Philosophie.[6] Zum anderen hat es Holberg wie kaum

---

1 Scherfig: Holberg, S. 25.
2 Rubow: Litterære Studier, S. 145.
3 Bull, F.: Ludvig Holberg og det 19. Aarhundredes Norge. Zur positiven Seite seiner Berühmtheit siehe Müller: Noget om Holbergs Berømmelse i 1740erne.
4 Roos: Det 18. Aarhundredes tyske Oversættelser af Holbergs Komedier.
5 Eine russische Bibliographie der Holberg-Literatur erschien 1970 in Moskau.
6 Welche Nation H. repräsentiert, hat verständlicherweise die Gemüter zu erhitzen. Ohne damit eine Präferenz auszusprechen, setze ich mich hier über die Nationalitätenfrage hinweg und nehme ihn als einen „Skandinavier". Zu dem Streit der landsmannschaftlichen Literaturleitlinien siehe u.a. Bull, F.: Fra Holberg til Nordal Brun, S. 12 und S. 54.

ein anderer verstanden, sein Denken, wenn schon nicht zu popularisieren, so doch zumindest zu verbreiten,[7] dies auch durch die Übersetzung seiner zahlreichen Werke und nicht zuletzt durch die Produktion einer immensen Zahl von Komödien.[8] Darüber hinaus repräsentiert schon er in Dichten und Denken skandinavische Denk- und Lebensart, wie sie vom übrigen Europa verschieden ist, und kodifiziert somit jene Tradition, die hier untersucht werden soll.

Eine weitere relevante Begründung, Holberg in den Rahmen einer politikwissenschaftlichen Analyse zu stellen, ergibt sich aus dem europäischen Kontext. Der Talmonschen These folgend, daß vor allem das Ende des 18. Jahrhunderts den Ursprung der totalitären Demokratie markiert,[9] haben wir mit Holberg *den* Repräsentanten skandinavischen Denkens vor uns, der, inspiriert von den Impulsen der „Krise des europäischen Geistes",[10] ganz wesentlich den skandinavischen Typus einer Ziviltheologie beeinflußt. Mit seiner überragenden Figur steht schon der Beginn der dänisch-norwegischen Literatur an einer europäischen Wendemarke, von der mit Talmon die Genesis der uns heute geläufigen „unterschiedlichen Einstellung zu Politik" ausgeht. Demnach wäre Holberg auch als Ziehvater des skandinavischen Politikverständnisses aufzufassen, das zu jenem liberalen Demokratiebild tendiert und das „politische Systeme als pragmatische Einrichtungen menschlicher Schöpfungskraft und Freiwilligkeit" deutet.[11]

Um die Holbergsche Ordnungsinterpretation kritisch beleuchten zu können, werde ich zunächst historisch-biographisch sein Leben und seine Zeit skizzieren und dann einige wesentliche Charakteristika seines philosophischen Werkes analysieren.

2. Der biographische und soziale Hintergrund

a. Aus der hanseschen Provinz in die Zentren des Geistes

Ludvig Holberg wurde am 3. Dezember 1684 im norwegischen Bergen geboren,[12] jener internationalen Handelsstadt, die ihren Ruf als bedeutendsten Umschlagplatz von Waren und Menschen aus der Blütezeit der Hanse herübergerettet hatte. „Der

---

7 Von den neun verbreitetsten Büchern im Norwegen des 18. Jahrhunderts sind sieben von H. verfaßt. Die beiden anderen sind von Snorri und Saxo. Ebenda, S. 55.

8 Interessanterweise kannte man H. in Deutschland zunächst als „Historiker und Populärphilosoph". Sein Wirken als Komödiendichter wurde erst später publik. Roos, S. 133.

9 Talmon: Die Ursprünge der totalitären Demokratie, S. 1.

10 So der deutsche Titel der Untersuchung über das europäische Bewußtsein in den Jahren 1680–1715 von Paul Hazard.

11 Talmon, S. 1. Vgl. hierzu auch Voegelin: Die neue Wissenschaft der Politik, S. 224ff.

12 Als wesentliche Quelle zu H.s Vita dienen hier seine Memoiren, die in drei Teilen 1728, 1737 und 1743 als lateinische „Briefe an einen hohen Herren" (Epistola ad virum perillustrem) erschienen und bald in andere Sprachen übersetzt wurden. Für die Zeit nach 1747 wird Epistola 447 als der vierte Teil der Memoiren angesehen. Weiter stütze ich mich auf: Jansen, F. J. B.: 1700-Tallet. Da ein Großteil des Holbergschen Œuvre ursprünglich lateinisch abgefaßt, jedoch nicht alle Übersetzungen von ihm vorgenommen oder autorisiert wurden, überließ er damit der akademischen Nachwelt einen fruchtbaren Acker. Mit der Begründung, daß diese Arbeit kein exercitium philologicum ist, verzichte ich auf eigene

Ort, an dem ich geboren bin — Bergen in Norwegen — ist fast wie die Arche Noah ein Sammelplatz für alles Fleisch, das Geist hat."[13] Der freiheitliche Charakter dieser Stadt und ihrer Menschen war geprägt durch die wirtschaftlich bedingten Kontakte zu Europa und der Welt, wie sie wohl nur Amsterdam und Venedig zu der Zeit noch aufzeigen konnten. So schreibt Holberg selber: „Daß hier überhaupt die Jugend so lebendig ist, wird dadurch verursacht, daß viele halbwüchsige Jungen in fremden Städten gewesen sind, besonders in England und Holland, wo die freien Lebensarten sind."[14]

Der Vater, Christian Nielsen (geboren um 1620), der vermutlich als erster den Namen Holberg nach dem Ursprungshof der Familie führte,[15] entstammte einer Bauernfamilie und diente sich vom gemeinen Soldaten bis zum Oberstleutnant in diversen Armeen empor.[16] Er starb 1686, als das jüngste seiner zwölf Kinder, nämlich Ludvig, gerade eineinhalb Jahre alt war. Die Mutter, Karen Lem war geistlicher Herkunft, ihre Familie wohlhabend und angesehen im damaligen Norwegen; auch sie verstarb sehr früh 1695. Der junge Holberg besuchte zunächst die deutsche Vorschule in Bergen, später die deutsche Lateinschule, an denen er keineswegs die dänische Muttersprache zu schreiben lernte, sondern Latein und Deutsch.[17] Dänisch lernte er auf der Straße, wie denn überhaupt die dänische Sprache dem gemeinen Volk — vor allem zum Fluchen — vorbehalten war; wer etwas auf sich hielt, sprach Deutsch, allenfalls Französisch.[18] Nach dem Tod seiner Mutter kam er für eine Zeit zu einem Vetter ins Gudbrandstal, doch kehrte er um 1698 wieder nach Bergen zurück, wo er von seinem Onkel, dem Kaufmann Peder Lem, versorgt wurde und wohl unter dessen Einfluß seine Bestimmung im Kaufmannsberuf finden zu können glaubte. Als dann allerdings am 19. Mai 1702 ein Großfeuer Bergen verwüstete, wurde nicht allein das Vermögen der Familie zum größten Teil vernichtet, es brannte auch die Lateinschule ab. Aus dem Grunde wurden die Eleven einem Notabitur unterzogen, Ludvig Holberg konnte sich so bereits am 20. Juli 1702 an den Kopenhagener Universität immatrikulieren.

Ebenso schnell wie die Schule absolviert Holberg die Universität. Schon im Herbst desselben Jahres geht er nach Norwegen zurück und tritt die Stelle eines Hauslehrers an; gleichzeitig wurde er, dieses Recht stand den Studenten seit

---

textkritische Untersuchungen und stütze mich auf die gängigen dänischen Holberg-Ausgaben, wenn sie auch in einzelnen Formulierungen voneinander abweichen. In Zweifelsfällen wurden die dänischen Texte mit den lateinischen verglichen. Zur Frage der ältesten, anonymen Übersetzung der Memoiren verweise ich auf die überzeugende Untersuchung von F. J. B. Jansen: Den anonyme Oversættelse (1745) af Holbergs tre Levnedsbreve.

13 LHV 12, S. 28. Die Abkürzung LHV bezeichnet im Folgenden: Ludvig Holberg værker i tolv bind.
14 LHV 1, S. 21. Eine exzellente Analyse der Lebensumstände und der Stadt Bergen findet sich bei Brandes: Ludvig Holberg, S. 5ff.
15 Becker: Baron Holberg og lenet Holberg, S. 28.
16 Noch kurz vor seinem Tode wurde er zum Oberst ernannt. Ebenda.
17 Bull, F.: Ludvig Holberg som Historiker, S. 168.
18 Brandes, S. 13 und S. 30f.

1697 zu, Hilfspastor der Gemeinde,[19] als welcher er die Kirchenbesucher durch die Kürze seiner Predigten überraschte und erfreute.[20] Die Rückkehr nach Kopenhagen ist nicht gesichert. Auf jeden Fall aber absolviert er im März 1704 das philosophische Examen, im April das theologische, aufgrund dessen ihm eine Karriere innerhalb der Lateinschule oder der Kirche offenstand. Holberg jedoch widerstrebt beides; als Hilfsprädikant wie als Schüler der Lateinschule hat er mit beiden Einrichtungen zu schlechte Erfahrungen gemacht.[21] Auch die dritte Möglichkeit, seine Erbschaft als materiellen Grundstock für den weiteren universitären Werdegang zu nutzen, schlägt er aus. Statt dessen − und dies zeigt ihn als Kind seiner Zeit − wird der 19jährige durch die neue Hauslehrerstelle, die er beim Vizebischof von Bergen nach dem Studium angetreten hatte, zum Reisen inspiriert. Holberg verkauft seinen Grundbesitz und macht sich mit baren 60 Reichstalern in der Tasche auf den Weg nach Holland, in jenes Land, das enge Beziehungen zu Dänemark-Norwegen unterhielt und das „von dem Respekt umgeben war, der einer Großmacht zukommt."[22] Seine Geburtsstadt Bergen hat er seitdem nie wieder gesehen.

Bis zum Jahre 1726 unternahm Holberg fünf große Auslandsreisen: 1704−05 besucht er Holland, 1706−08 reist er nach London und Oxford, 1708−09 kommt er nach Leipzig und Dresden, 1714−16 gelangt er über Holland und Paris bis Rom und schließlich zieht es ihn 1725−26 als 40jährigen noch einmal nach Paris. Mit Ausnahme der letzten Reise ist Holberg als fast mitteloser Student unterwegs: seine Abenteuer sind entsprechend. Der Ausweg aus der permanenten Finanznot ist für ihn meist die Variation der Reisevehikel, wobei er immer wieder auf das billigste zurückkommt: die eigenen Füße. Nach groben Schätzungen muß er mindestens 2000 Kilometer quer durch Europa zu Fuß zurückgelegt haben.[23] Diese Reiselust, die mit ungeheuren Strapazen verbunden gewesen ist, war für die damalige Zeit keineswegs ungewöhnlich. Vielmehr muß man aus Holbergs Memoiren und aus der zeitgenössischen Literatur den Eindruck gewinnen, als ob halb Europa sich wie selbstverständlich auf Reisen befand. Weder Geldmangel noch Krankheiten − von beidem war Holberg reichlich geplagt −, weder langweilige Reisegenossen noch die obligatorischen Überfälle durch Seeräuber und Gepäckdiebe scheinen die Europäer sonderlich abgeschreckt zu haben. Verwunderlicher noch wird die Reiselust bei einem Blick in das Geschichtsbuch, tobten doch zu der Zeit zwei ausgedehnte Flächenkriege über den Kontinent: der Spanische Erbfolgekrieg (1701−1714) und der Nordische Krieg (1700−1721), die beide das politische Kräfteverhältnis der europäischen Staaten entscheidend verändern sollten. (So war mit dem Ende des Nordischen Krieges die schwedische Großmacht zerschlagen, und „die Relationen der nordischen Reiche (richteten sich)

---

19 Jansen, F. J. B.: 1700-Tallet, S. 243.
20 LHV 11, S. 90ff.
21 In seinen Erinnerungen macht H. manch eine Anspielung auf die miserablen Schulverhältnisse. Vgl. LHV 12, S. 30 und S. 35.
22 Jansen, F. J. B.: 1700-Tallet, S. 246.
23 Ebenda, S. 267.

in Zukunft nicht mehr nach dem Maßstab der Vorherrschaft, sondern des Gleich-
gewichts."[24]) Diese kriegerischen Ereignisse scheinen niemanden sonderlich beein-
druckt zu haben. Selbst bei Holberg, der ein aufmerksamer Beobachter seiner
Zeitläufte war, finden sich nur ganz wenige Stellen, die auf die aktuellen Kriege
Bezug nehmen.[25]

Paul Hazard hat auf den Zusammenhang der europäischen Reiselust mit der Bewegung, die in das Weltbild gekommen war, aufmerksam gemacht.[26] Die Aben-
teuer- und Entdeckerfreude war im Ausgang des 17. Jahrhunderts auf das allgemeine Bewußtsein übergegangen, als nicht nur neue Welten, sondern auch in den
Wissenschaften neue Methoden entdeckt wurden. Durch Hobbes und Locke,
Grotius und Pufendorf, Galilei, Kepler und Newton, um nur diese zu nennen,
war das statisch-orthodoxe Weltbild in Bewegung geraten und der „europäische
Geist" im Umbruch. Mit der Entdeckung der Vernunft im 17. Jahrhundert ist das
Mittelalter überwunden, nicht mehr der *spiritus sanctus*, sondern die säkulare *ratio*
wird zum Ordnungsfaktor. Ein neuer Geist weht in Europa, und Holberg ist sein
skandinavischer Wegbereiter: Metaphysik wird durch Empirie, Intoleranz durch Religionsfreiheit, Orthodoxie durch persönlichen Glauben, Autoritätsglauben durch
die fragende Vernunft ersetzt.[27] Kennzeichen der Epoche ist die endgültige Ablösung der klassischen und christlichen Ethik zugunsten einer auf der *libido dominan-
di* fußenden Psychologie der Leidenschaften, die von der augustinischen Begriffs-
einheit des *amor sui* und *amor Dei* nichts mehr weiß, sondern allein dem *amor sui*
verpflichtet ist. Aus der Säkularisierung des klassisch-christlichen, transzendenten
Eschaton kulminiert dann mit der Hobbesischen Anthropologie die Interpretation
von Mensch, Gesellschaft und Geschichte in einer exzessiven Reduktionsspekulation
über die „Natur des Menschen", die nun allein unter dem Aspekt des Vermeidungs-
verhaltens konstituiert wird. Die Spekulation verzichtet — unter den Zeitumstän-
den durchaus verständlich — in ihrer Existenzauslegung auf die Ausrichtung der
Seele auf das *summum bonum* und gründet ihre Ordnungsvorstellung auf die
Furcht vor dem *summum malum*, mit Eric Voegelins Worten: „Da der ‚Verfalls-
typ' wegen seiner empirischen Häufigkeit als der ‚Normaltyp' verstanden wurde,
entwickelte sich eine philosophische Anthropologie, in welcher die Krankheit als
die ‚Natur des Menschen' interpretiert wurde."[28]

Holberg berichtet in seinen Memoiren recht anschaulich von den in dieser Krise
des Geistes auftretenden Schwierigkeiten. Im wirtschaftlich blühenden und daher
säkularen Holland, wo sich nach der Aufhebung des Edikts von Nantes 1685 die
französischen Protestanten versammelten,[29] und in England, wo man der „freien

---

24 Imhof: Grundzüge der nordischen Geschichte, S. 123f.
25 So einmal als er in Ostfriesland mit einer privat gemieteten Kutsche zwischen die Fronten
   der Regierungs- und der Rebellenarmee gerät. LHV 12, S. 160f.
26 Hazard: Die Krise des europäischen Geistes.
27 Vgl. Højby: Indledning, S. 7.
28 Voegelin: Die neue Wissenschaft der Politik, S. 255; siehe auch S. 249f.
29 Zum Refugium Holland, der liberalen Buchdruckerwerkstatt für die von heimischer Zensur
   unterdrückten Geister siehe Brøndsted: Danmarks litteratur fra oldtiden til 1870, S. 59;
   sowie Labrousse: Bayle und Jurieu.

Lebensart" frönte, gelingt es ihm ohne Mühe, sich den neuen Wissensstand anzu-
eignen. In Frankreich und vor allen Dingen in Italien hat er es dagegen entschie-
den schwerer. Einerseits stehen immerhin in Paris die Studenten und Interessierten
vor den Bibliotheken Schlange, um Pierre Bayles Schriften zumindest in die Hand
zu bekommen. Andererseits hat er gegen die massiven Bekehrungsversuche seiner
„römischen" Gastgeber zu kämpfen. In Rom dagegen wird das Geistesleben absolut von der Kurie kontrolliert – nur als Mönch hat man Zutritt zu den indizier-
ten Werken der Neuerer, selbst Ketzern, wie ja der protestantische Holberg einer
war, war diese Lektüre verboten.

Eine Konsequenz jedoch haben die unter massenhaftem Andrang stattfindenden
Dispute zwischen „Papisten" und „Ketzern", haben die privaten „Versuchungen"
durch die Katholiken: Im Gegensatz zu vielen anderen, die aus dem hohen
Norden angereist kamen, bleibt Holberg seinem protestantischen Glauben treu,
ja fühlt sich durch die aberwitzige Logik seiner „gelehrten" Kontrahenten in seiner Abneigung alles Katholischen, alles Römischen bestärkt.[30]

Für Holberg wie für die meisten seiner Zeitgenossen waren diese Reisen Exkursio-
nen in die Gelehrsamkeit, er spricht selbst von seiner „peregrinatio academica".
Man pilgerte zu berühmten Universitäten, zu den großen Bibliotheken und zu
den gelehrten Männern, insofern war damals Reisen das bewährteste Kommunika-
tionsmittel, denn Zeitungen und Zeitschriften waren noch nicht sonderlich in
Mode gekommen und ersetzten erst im Laufe des 18. Jahrhunderts die persönliche Inaugenscheinnahme und das persönliche Gespräch.[31] So besucht Holberg in
Oxford *The Bodleian Library,* in Paris *La Bibliothèque Mazarine* und *La Bibliothèque de Saint-Victor,* in Rom die Minerva Bibliothek (*Biblioteca Casanatense*)
und die Universitätsbibliothek.

Wenn er den Kontakt mit den berühmten Personen der wissenschaftlichen Welt
geknüpft hat, so erwähnt er vor allen Dingen auf seiner kurzen Deutschlandreise
1708–09 einige Namen. Neben einem höchst lächerlichen und merkwürdigen Magister Stivelius, den er in Leipzig dozieren hörte, besuchte er, bzw. sieht er Ernst
Salomon Cyprian (1673–1745), Adam Rechenberg (1642–1721), Christian Friedrich Börner (1663–1753) und Johan Burkhard Mencke (1674–1732). Von allen
diesen, die im Universitätsleben Leipzigs als orthodoxe Lutheraner eine Rolle
spielten, hatte einzig Mencke dadurch einen spürbaren Einfluß auf Holberg, daß
dessen Zeitschrift „Acta Eruditorum" – das erste literaturkritische Blatt in Deutschland – von ihm gelesen wurde, wie auch „De Charlataneria Eruditorum", jene
1715 herausgekommenen witzigen Reden über den Schwachsinn der Hochgelehr-
ten.

Bedeutsamer aber als Mencke nahm das literarische Werk Christian Thomasius'
(1655–1728) Holberg in den Bann, den er in Halle aufsuchte, jedoch ohne nen-
nenswerte persönliche Impressionen mit nach Hause nehmen zu können:

---

30 Jansen, F. J. B.: 1700-Tallet, S. 262.
31 Der englische „Spectator" wurde 1711 zum ersten Mal von Addison und Steele herausgegeben; die erste moderne dänische Zeitung wurde 1749 von E. H. Berling gegründet.

Ich reiste von Leipzig nach Halle, wo ich nicht die Zeit fand, andere Professoren zu besuchen als den berühmten Thomasius; und obendrein war ich in ziemlich schlechtem Humor, als ich sein gelehrtes Studierzimmer verließ, denn er kam nur mit ein paar Bemerkungen über die Jahreszeit, über das schlechte Wetter und andere Gleichgültigkeiten; er scheint es nicht der Mühe wert zu befinden, sich mit einem Grünschnabel über Philosophie zu unterhalten.[32]

b. Lehrjahre

Von seinen europäischen Streifzügen kommt Holberg reich inspiriert nach Kopenhagen zurück, wo er noch auf die „lange Nacht des dänischen 16. Jahrhunderts"[33] traf. Bereits als 27jähriger gibt er 1711 sein erstes Buch heraus: „Introduction zur Geschichte der vornehmsten europäischen Reiche". Es folgt zwei Jahre später: „Ludvig Holbergs Anhang zu seiner historischen Introduction", und 1716 lässt er ein Werk drucken, dessen Titel eine Programmerklärung ist: „Ludvig Holbergs Moralischer Kern oder Introduction in die Kenntnis des Natur- und Völkerrechts". Dieses für die damalige Zeit bahnbrechende Werk, dessen Originalität jedoch äußerst gering anzusetzen ist,[34] vermittelt den Skandinaviern zum ersten Male in *ihrer* Sprache und aus den Quellen *ihrer* Geschichte die Grundzüge des Naturrechts.[35] Trotz der mangelnden Originalität bleibt es über Jahrzehnte ein Standardwerk für die dänisch-norwegische Jurisprudenz und Politik; es kann sogar als Inspirationsquelle für das naturrechtlich orientierte norwegische Grundgesetz von 1814 (Eidsvold) angesehen werden,[36] wie denn überhaupt das Vernunftdenken des Aufklärungszeitalters und die Naturrechtstradition sich in Norwegen länger halten als in anderen Ländern.[37] Auch wenn mit heutigen Maßstäben diesem Werk wenig Bedeutung beizumessen ist, insofern sich Holberg ausführlich auf die gängigen Naturrechtsvorstellungen von Hobbes, Grotius, Pufendorf und Thomasius stützt, hat es im Kanon der Holbergschen Werke einen hervorragenden Platz und begründet, neben den beiden historischen Büchern, seine universitäre Karriere.

Schon im Januar 1714 war Holberg kraft königlichen Wohlwollens die Anwartschaft auf ein Professorat zugesichert worden, doch gingen fast vier Jahre ins Land, bis er in die Universität einrückt. Davon hält er sich zwei Jahre mit einem Stipendium über Wasser (Rom-Reise) und zwei weitere schlägt er sich kümmerlich als freischaffender Intellektueller durch, ja lebte für einige Zeit von der Armenkasse. „Da ich auf diese Weise mich zwei Jahre hingeschleppt hatte, in de-

---

32 LHV 12, S. 54.
33 Brandes: Ludvig Holberg, S. 22.
34 Jansen, F. J. B.: Ludvig Holberg and some French Thinkers. Eine gediegene Materialanalyse des „Juristen" H. liefert Solem: Holberg som Jurist. Die große Untersuchung von Foss (Ludvig Holbergs naturrett) gibt darüber hinaus einen gründlichen Einblick in das Naturrechtsdenken und seine abendländische Tradition.
35 Bull, F.: Ludvig Holberg som Historiker, S. 38f.
36 Solem, S. 55.
37 Foss, S. 178. Dabei bahnt sich im norwegischen Naturrecht schon bald die Abhängigkeit von Christian Wolff an, die die von Pufendorf, dessen Fürsprecher H. war, ablöst. Ebenda, S. 345ff.

nen ich die Stunden und Minuten an den Fingern abzählte, hatte ich endlich das Glück, eine bezahlte Stellung zu bekommen. Das half etwas bei meiner elendigen Ökonomie."[38] Im Dezember 1717 erhält er dann die Ernennung zum Professor für Metaphysik und Logik: Ein harter Schlag für Holberg und die Metaphysik; denn nichts war ihm verhaßter als die durch die Epigonen der Scholastik zu einer akklamativen Ergo-Wissenschaft herabgewirtschaftete Metaphysik.

Spätestens in seiner Vorrede zum „Naturrecht" hatte Holberg eine Hierarchie der Wissenschaften gefunden: An erster Stelle steht die Moralphilosophie, es folgen die Medizin, die Mathematik und die Geschichte; über allem rangiert – noch vergangenheitsorientiert – die Theologie als ordnendes Bezugssystem.[39] Daneben aber gibt es einige pervertierte Wissenschaften wie die Philologie und die Metaphysik:

Ich will nicht von den Studiis reden, die seit den barbarischen Zeiten alle Schulen ausgefüllt haben und jetzt noch von vielen mit großer Hitzigkeit (*Hidsighed*) verteidigt werden, und das, wie Hobbesius sagt, entweder weil sie es nicht besser wissen oder weil sie sich schämen, das zu vergessen, was sie mit viel Mühe gelernt haben, und man sieht, daß solches alleine für Gelehrsamkeit auf verschiedenen Universitäten gehalten wird, so daß kaum einer für einen guten Academicus gehalten wird, ohne daß er den sogenannten Ergotismus gelernt hat oder die Methode schwarz weiß und weiß schwarz zu machen, und (sie) haben große Magazine von barbarischen Worten und Terminis, worin junge Menschen einen besonderen Geschmack finden, dieweil sie damit bisweilen einen braven Mann foppen (*drille*) können und eine Sache verdrehen. Turpe est, sagt ein gewisser Autor, difficiles habere nugas, et stultus est labor ineptiarum.[40]

Kurz nachdem ihm 1714 die Anwartschaft auf die Professur zugesichert war, charakterisiert er die Reaktion seiner Kommilitonen darauf und damit den Zustand der Universität wie folgt:

Den meisten von ihnen, schien es komisch, mich als Professor zu sehen. Ich habe ja noch nie auf einem Katheder gestanden (was zu seinen Vorbereitungspflichten gehört hätte, B.H.) und konnte also mit keinem Recht zu dem Teil der Menschheit gerechnet werden, den man auf den Universitäten Akademiker nennt ... Ich konnte zwar einen Syllogismus aufstellen, aber ich hatte keine Ahnung, welcher Type er zugehörte. Ganz bestimmt hatte ich gehört, daß es da etwas gibt, das Instrumentalphilosophie heißt und daß Logik und Metaphysik dort als Schutzgöttinnen der Pedanten regieren ... Ich muß ehrlich zugeben, daß ich bis heute noch nicht weiß, wieviele Prädikamente und wieviele Prädikabilien Frau Logica im Kriegsfalle ins Feld führen kann, welcher Art Kriegslist und Maschinen man braucht, um ein Katheder niederzukämpfen, und welches Geschütz man braucht, um einen Präses umzulegen ... Ich kenne nicht das geringste von der Instrumentalphilosophie, abgesehen davon, daß ich ganz gut in Instrumentalmusik bin ... Meinetwegen darf es gerne eine Frage sein, ob einer, der von diesem Fach nichts versteht, zum Professor berufen werden darf oder nicht. Aber es ist doch über eine jede Diskussion erhaben, daß ich Professor *bin* ... [41]

Da die Holbergsche Kritik der Metaphysik und der scholastischen Logik konstituierend für seine Ordnungsinterpretation ist, werde ich darauf noch zu sprechen kommen. Es sei hier nur noch mit Holbergs eigenen Worten angemerkt,

---

38 LHV 12, S. 110.
39 LHV 1, S. 51f.
40 Ebenda, S. 53f. (Der Zitierte ist Martial.)
41 LHV 12, S. 61f.

daß seine obligatorische Einführungsrede als Professor der Metaphysik, den Unmut seiner Kollegen hervorrief:

> Diejenigen, die meine Einstellung kannten, gingen stracks dazu über auszurufen, daß es nun um diese Königin der Wissenschaften geschehen sei, und da kann schon was dran gewesen sein; denn ich muß offen bekennen, daß ich nicht in der Fußspur meiner Vorgänger ging und daß das Fach unter meinem Regimente am Schwimmen war wie nie zuvor. Ich tat inzwischen so, als ob nichts wäre, und hielt kurz darauf eine Lobrede über die Metaphysik – eine Rede, die die Verehrer dieser Wissenschaft schockierte. Ihnen schien das eher eine Leichenrede, denn eine Lobrede zu sein. Aber nach zweijähriger Sklaverei wurde die Metaphysik wieder auf freien Fuß gesetzt.[42]

Holberg rückte in der akademischen Stufenleiter auf und erklomm das Professorat für „Eloquentia", d.h. für lateinische Literatur, der er zehn Jahre lang treu ergeben diente. Für den Rest seines Lebens blieb er dann professionell der Universität verbunden: 1730 wurde er Professor für Geschichte und Geographie und im Studienjahr 1735/36 war er der Rektor der Kopenhagener Universität. 1737 avancierte er 53jährig zu deren Quästor, also dem Schatzmeister, und war somit von den Vorlesungspflichten entbunden. Von diesem Amt ließ er sich 1751 aus Altersgründen freisagen.

c. Das Perückenzeitalter

Es ist vielleicht jetzt der Ort, etwas über die politischen Verhältnisse im allgemeinen und über die Universität im besonderen zu sagen. Nach ihrem Aufstieg im 17. Jahrhundert verfiel insbesondere die Universität Kopenhagen als einzige des Reiches zu Anfang des 18. Jahrhunderts immer mehr. „Viel alter Schlendrian und Formalismus"[43] waren nicht nur die Ansatzpunkte der Holbergschen Gelehrtenkritik, sie sind auch dafür verantwortlich, daß die Attraktivität der akademischen Laufbahn immer mehr nachließ und daß eigentlich nur mehr drei Namen dieser Zeit aus dem Umfeld der Universität noch heute Klang haben, bezeichnenderweise nur Historiker: Hans Gram (1685–1748), Arni Magnússon (1663–1730) und Ludvig Holberg. Rein äußerlich war es mit der Universität dann zuende, als sie zusammen mit weiten Teilen der Stadt bei der großen Feuersbrunst vom 20.–22. Oktober 1728 in Schutt und Asche gelegt wurde. Eine neue Stiftungsurkunde, neue Examensordnungen und neue Gebäude ließen dann in den dreißiger und folgenden Jahren wieder neue, erfreulichere Verhältnisse einkehren.

Die Universität wurde von einem Rektor geleitet, dem die Dekane der Fakultäten sowie der Quästor unterstanden. Mit der neuen Universitätsordnung von 1732 wurde auch bis zu einem gewissen Grad die Hierarchisierung der Professorate abgelöst. Bis zu dem Datum konnten die Professoren von einem Fach zum anderen aufrücken, was streng nach Liste und Ancienität gehandhabt wurde und für sie geradezu lebensnotwendig war, verdiente der unterste Dienstgrad (Metaphysik) doch nur ein Drittel von dem, was dem obersten Dienstgrad (Theologie) zustand.

---

42 Ebenda, S. 110f.
43 Højby, S. 11.

Der *Baccalaureatus artium* war der unterste zu erwerbende akademische Grad, nach Prüfungen in Grammatik, Dialektik und Rhetorik. Innerhalb der Philosophischen Fakultät war der *Magister*grad der höchste, entsprechend dem *Doktor*grad in den anderen Fakultäten. Seit 1629 gab es das theologische Staatsexamen, erst über einhundert Jahre später wurde 1736 das juristische Staatsexamen eingeführt, ein Umstand, der ein bezeichnendes Licht auf die universitären Verhältnisse und auch die gesellschaftlichen wirft: War es doch vornehmste Aufgabe der Universität, Theologen auszubilden, von denen, waren sie einmal in Amt und Würden, eine Universitätssteuer abverlangt wurde. Erst als der absolutistische Staat für seine Verwaltung befähigte Juristen und Beamte benötigte, werden auch auf andere als die theologische Ausbildung Wert gelegt. Ab 1775 gibt es das philologische, ab 1788 das medizinische Staatsexamen.[44]

Das Universitätsleben steht in engem Zusammenhang mit den politischen Verhältnissen des Landes; besonders deutlich wird dies mit dem Tod des aufgeklärt absolutistischen Frederik IV. 1730 und der Thronbesteigung des orthodox-pietistischen Christian VI. (1730–1746). Dänemark, zu dem seit einer Verfassungsänderung von 1536 als dänische Provinz das aus der Kalmarer Union (1397–1523) verbliebene Norwegen gehörte, war das einzige europäische Land, in dem durch eine Abstimmung und ein schriftliches Verfassungsgesetz der Absolutismus, die de facto Erbmonarchie auch de jure eingeführt wurde. Diese Souveränitätsabgabe an den König 1660 auf den Kopenhagener Ständeversammlung gegen den Willen des Adels durchgesetzt mündete 1665 in die *Lex Regia*, die im wesentlichen bis 1849 in Kraft blieb; sie ist a) durch die ausdrückliche Übertragung der Gewalt an den König durch das Volk und b) durch die Spezifizierung und Kodifizierung der königlichen Gewalt charakterisiert.[45] Gleichzeitig wurde der Vorgang für die weitere dänische (und norwegische) Geschichte dadurch von so „fundamentaler Bedeutung", daß er „die Unabhängigkeit und politische Vormachtstellung des Adels" vollständig unterminierte und „jegliche feudalistische Wiederbelebung im ältesten Königreich Europas unmöglich" machte.[46]

Bei der Beurteilung des dänischen Absolutismus und seiner fast 200jährigen unangefochtenen Stellung ist es wichtig zu wissen, daß er sich auf die moderne Lehre vom Naturrecht gründete, wobei der „Begriff des Gottesgnadentums" nur noch abgeschwächt eine Rolle spielte, „und die Idee der königlichen Souveränität, die auf dem Gemeinwohl des gesamten Volkes basierte, in den Vordergrund stellte"[47] – im Gegensatz etwa zur theokratischen Begründung in Schweden. Zwar haben weder Frederik IV. noch Christian VI. dies jemals anerkannt, auch sind die Vorgänge auf der Kopenhagener Ständeversammlung strittig (historisch ist es sicher nicht exakt, von einer „Abstimmung" zu sprechen), zwar wurden bezeichnenderweise von den rechtsgelehrten Professoren Huldigungsadressen an die Monarchen ge-

---

44 Ebenda, S. 12 und Bruun: Ludvig Holberg som Lærer i Historie, S. 63.
45 Imhof, S. 127.
46 Ekman: Das dänische Königsgesetz von 1665, S. 226.
47 Ebenda, S. 227.

sandt, in denen diese sie als gottgleich, als Vollstrecker göttlichen Willens sahen,[48]
doch durchgesetzt hat sich in der offiziellen Lehre, wie sie in den Lehrbüchern
gepredigt und vom Katheder verkündigt wurde – und nur das ist in diesem Zusammenhang wichtig –, die Übertragung der Souveränitätsrechte auf den König durch
das Volk. Spätestens als sich die Naturrechtslehre 1736 an der Universität durchgesetzt hatte, galt dies.[49] Auch Holberg hat nie etwas anderes geglaubt, wenngleich
es zu seiner Zeit gefährlich war, sich über Andeutungen hinaus festzulegen. Bequemer und risikoloser war es, in die Litaneien der göttlichen Monarchenverehrung
mit einzustimmen, die ein Kennzeichen des europäischen Absolutismus waren. Es
muß jedoch erwähnt werden, daß sich die skandinavischen Herrscher selten anders
verhalten haben denn als Sachverwalter der allgemeinen Interessen, also im Sinne
der Gesellschaftsvertragstheorie – allerdings nicht mit heutigen Maßstäben gemessen.[50]

Die Doppelzüngigkeit als Grundstimmung des Zeitalters – einerseits göttlicher Herrschaftsanspruch, andererseits die wissenschaftliche Beharrung auf dem Naturrecht – ist meisterhaft von Georg Brandes in seiner immer noch aktuellen Festschrift zum 200jährigen Geburtstag Ludvig Holbergs analysiert worden, eine Doppelzüngigkeit, die nach Brandes für Holbergs Berufung zum Dichterphilosophen bedeutsam war. Zwei Vorfälle aus dem Leben Frederiks IV. mögen die herrschende
Moral illustrieren: Unter dem Gemunkel halb Europas ließ sich der Monarch – als
offizielles Haupt der Staatskirche dem Pietismus verschrieben – 1703 unter pasto-
raler Assistenz mit der jüngsten Tochter des preußischen Gesandten Graf Viereggs
zur linken Hand vermählen. Dieser Graf, der sich von den Sophismen der Herrschenden einnehmen ließ, schrieb an seinen Minister in Berlin: „... da sich in der
Heiligen Schrift nicht ein einziges Wort darüber findet, daß ein König oder souveräner Fürst nicht die Freiheit haben sollte, in einer ehelichen Freundschaft mit mehr
als einer Person zu leben, besonders wenn er wichtige Gründe dafür hat, und da
die Geistlichen ihre Sache eher mit Sturheit und mit gezwungenen Erklärungen
als mit klaren und sachlichen Beweisen verteidigen usw. ...“ Er schließt seinen
Brief: „Eure Exzellenz wollen gnädigst Seine Majestät den König (s.c. von Preußen)
dazu stimmen, diese Begebenheit mit meiner Tochter gut zu befinden; sie ist geschehen ohne gleiches Exempel und mit Gottes wunderlicher und ersichtlicher
Vorsehung und Fügung.“[51] Die andere Begebenheit liegt auf dem gleichen Sektor:
Als am 2. April 1721 Königin Louise in Roskilde begraben worden war, heiratete der König bereits am 4. April seine Mätresse, Anna Sophie Reventlow. Der
Trauergemeinde war befohlen worden, unter der Trauerkleidung die Hochzeits-
kleidung parat zu haben, damit nicht zu viel Zeit zum Umkleiden vertrödelt wür-

---

48 Holm, E.: Holbergs statsretlige og politiske Synsmaade, S. 12f.
49 Ebenda, S. 20.
50 Die drei skandinavischen Sprachen haben für „Absolutismus“ ein eigenes Wort: *enevælde*
   (dän.), enevelde (norw.), *envälde* (schw.), jedesmal zu übersetzen mit: „Alleinherrschaft“.
   Während es sich eingebürgert hat, „Absolutismus“ pejorativ mit „Willkür“- oder „Gewaltherrschaft“ zu übersetzen, ist das im skandinavischen Raum nicht unbedingt angezeigt.
51 Brandes: Ludvig Holberg, S. 165f.

de.[52] Die Beköstigung der Gäste, kann man sich vorstellen, muß dann nach dem gleichen Rotationsverfahren abgelaufen sein.

Derlei Anekdoten lassen sich noch eine Unzahl anfügen, die alle nicht nur charakteristisch für das Hofleben sind, auch das Kopenhagener Bürgertum umgibt sich mit einer zweiten Moral, so daß mir Brandes' Bezeichnung der Epoche als „Perückenzeitalter"[53] in jedem Falle treffend zu sein scheint. Die Maskerade, die Pietismus und Absolutismus veranstalteten, war auffallendstes Kennzeichen von Adel und Bürgertum und für jemanden, der sich gegenüber sozialdominanten Konventionen ein kritisches Gespür erhält, leicht durchschaubar, manifestierte sie sich doch nicht allein im äußeren Habitus — der Perücke, dem Puder, der Seide —, sie war genauso im Geistesleben gängige Mode.

d. Der Polyhistor

Ludvig Holberg hat dieses Perückenzeitalter von Anfang an attackiert, sei es, daß er gegen die Putz- und Prunksucht polemisierte, sei es, daß er den Geistesverfall der Universität ins Visier nahm, dabei in allen seinen Werken durch eine raffinierte Sprachfertigkeit seinen Sätzen eine respektlose Kritik unterlegte.[54] Jedoch war Holberg nie Philosoph, Satiriker oder Komödiant von Natur, sondern eher Gelegenheitsschreiber. Seine Berufung als Satiriker und Komödiant zum Beispiel entdeckte er anläßlich einer akademischen Fehde. Des Plagiats bezichtigt, schrieb er zwei fingierte polemische Dispute gegen den Juristen und Historiker Andreas Hojer (1690–1739) und fand Spaß an dieser Literaturgattung und dem gefundenen Stil, die ihn darüber hinaus bekannter werden ließ als akademische Abhandlungen. Bereits 1719–20 gab er dann sein großes „Poema Heroico-Comicum Peder Paars" unter dem Pseudonym *Hans Michelsen* heraus,[55] das eine burleske Parodie auf Vergils „Äneis" darstellt. Bei der Abfassung dieses Epos' hatte Holberg sich reichlich umgesehen. Er verwendet Ovid, Vergil und Homer, Curtius und Cervantes, Pufendorf und Mencke, vor allen Dingen aber Nicolas Boileau (1636–1711), dessen „Le Lutrin" ihm Inspirationen genug für diese „Akademiker-Satire" gab. Doch Holberg ist kein Plagiator, er schreibt nicht nur ab. „Wie später in seiner Dichtung macht er dasselbe wie sein Vorbild, bloß auf eine andere Weise ... Als Holberg das vierte Buch geschrieben hatte und damit die Paarsiade beendet, fühlt er sich wie der dänische Boileau ... Dem Dichter Ludvig Holberg sind die Fittiche ganz entwachsen, und er weiß das."[56]

In Alexandrinern auf Dänisch abgefaßt, riefen die Abenteuer des tumpen *Peder Paars* — ein Nachfolger *Don Quijotes* und ein Vorgänger *Peer Gynts* — begeister-

---

52 Ebenda, S. 166f.
53 Ebenda, S. 27.
54 Vgl. Bull, F.: Ludvig Holberg som Historiker, S. 171.
55 Auch die Komödien erscheinen unter diesem Pseudonym (wobei die Schreibweise des Nachnamens variieren kann), bis H.s eigener Name zum ersten Mal auf einer deutschen Komödienausgabe von 1745 auftaucht. Dancke: Holbergs Komedier og Boktrykkeren Phønixberg, S. 14.
56 Jansen, F. J. B.: Studier i Peder Paars' Tilblivelseshistorie, S. 233 und S. 260.

ten Zuspruch hervor, aber auch wütenden Protest; stellte dieser Holbergsche Ge-
niestreich doch nicht allein einen Angriff auf die geheiligten Güter der klassischen
Bildung dar, sondern überzog sowohl die Gelehrtenwelt als auch die derb-naiven
Bauernnaturen mit Ironie und Spott. „Ich habe vor nicht langer Zeit die Geschichte von Peder Paars in vier Büchern geschrieben. Die Satire in diesem Gedicht ist gegen diejenigen gerichtet, die sehr geschäftig über die Nichtigkeiten
dieser Welt (*om ingen Verdens Ting*) schreiben und die versuchen, die Kenntnis
von den Gleichgültigkeiten zu verbreiten, die man viel lieber übergehen sollte."[57]
Mit seinen 6 249 Versen in 14 Gesängen ist „Peder Paars" der „Weltliteratur um-
fangreichster Versuch literarischer und komischer Moral."[58]

Als dann 1722 eine dänische Bühne in Kopenhagen gegründet werden soll und
man aufgrund seiner satirischen Produktion an ihn herantritt, wird Holberg die
treibende Kraft für dieses gewagte Unternehmen und der produktivste Stückeschreiber überhaupt: bis zum Juni 1723 hatte er wahrscheinlich 15 Komödien
abgeliefert, d.h. mindestens eine pro Monat.[59] Insgesamt umfaßt die Holbergsche Komödienproduktion mehr als 30 Stücke, die mit mehr oder minderem
Erfolg im In- und Ausland gespielt werden — bis heute.[60] Das Theater eröffnete
am 23. September 1722 mit Molières „Geizhals" und drei Tage später wurde
Holbergs „Der politische Kannengießer" uraufgeführt. Es folgten von ihm „Jean
de France", „Jeppe vom Berge" und „Meister Gert Westphaler".

Widmet sich Holberg in den zwanziger Jahren hauptsächlich der Schauspielkunst,
so ist er bald wieder durch äußere Anlässe gezwungen, dies Metier zu verlassen. Das marode Unternehmen der dänischen Bühne geht endgültig 1727
bankrott und bleibt bis 1747 geschlossen — die Zeiten für ein lustiges Schau-
spielervolk sind auch schwieriger geworden. Je mehr sich die Regierungszeit
Frederiks IV. ihrem Ende nähert, desto geringer wird die Protektion durch die
hohen Herren: So wird der Brand Kopenhagens als Gottesstrafe für den allgemeinen Sittenverfall angesehen, in spezielleren Fällen als Bestrafungsaktion wegen eben dieser Bühne herausgestellt.[61] Als der bigotte Christian VI. 1730 den
Thron besteigt, bedeutet das den Triumph für die eifernden Pietisten, denen die
Schauspieler und Stückeschreiber schon lange ein Dorn im Auge waren.

Holbergs erste Reaktion auf den sich ankündigenden Niedergang der schönen
Künste ist eine überstürzt angetretene Reise ins Ausland. Sodann gibt er 1728 den
ersten Teil seiner umfangreichen Memoiren heraus, wohlweislich auf Latein,
worin er nicht allein von seinen durchaus erzählenswerten Erlebnissen berichtet,
sondern auch vom Inhalt seiner bisher erschienenen Werke. Die Absicht, die hin-

---

57 LHV 12, S. 28.
58 Jansen, F. J. B.: 1700-Tallet, S. 280.
59 Kristensen: Efterskrift, S. 364.
60 Allein in den Jahren von 1722—27 und 1747—1800 gehörten im Durchschnitt jährlich
   elf Holberg-Komödien zum Repertoire des Kopenhagener Theaters. Nie wurden weniger als
   fünf Stücke von ihm pro Jahr gespielt, die höchste Zahl mit 25 erreichte sein Todesjahr
   1754. Bull, F.: Fra Holberg til Nordal Brun, S. 46.
61 Brandes: Ludvig Holberg, S. 164f.

ter dieser Eigenwerbung lag, ist die Suche nach einer weiteren, europäisch-gebildeten Leserschaft,[62] wie denn überhaupt seine Eitelkeit, die ihre Befriedigung in den vielen Übersetzungen seiner Werke findet, ein durchgängiges Charakteristikum bleibt.[63] Der zweite Teil der Erinnerungen erscheint 1737, der dritte 1743.

Doch beschäftigt Holberg sich nicht allein mit sich selbst in dieser Zeit, es beginnt vielmehr die historische und philosophische Produktion. 1729 – ein Jahr vor seiner Berufung zum Geschichtsprofessor – kommt die „Beschreibung Dänemarks und Norwegens" heraus,[64] 1732–35 „Die Geschichte des Reiches Dänemark". Da ich auf einzelne Züge seines Schaffens noch eingehen werde, sei hier nur kurz skizziert, was Holberg weiterhin erarbeitet und erscheinen läßt: 1737 die „Beschreibung Bergens"; 1738 eine „Allgemeine Kirchengeschichte"; 1739 „Vergleichende Helden-Geschichten"; 1741 „Niels Klims unterirdische Reise"; 1742 eine „Jüdische Geschichte"; 1744 „Moralische Gedanken"; 1745 „Vergleichende Heldinnen-Geschichten"; und von 1748–54 sein eigentlich philosophisches Werk in fünf Bänden „Episteln". Daneben umfaßt das Holbergsche Œuvre sieben Bände seiner Lustspiele (1731: Bd. 1–5, 1753/54: Bd. 6–7), sowie etliche Kuriosa wie zum Beispiel: 1728 „Zwei Gespräche über die ostindische Kompagnie", 1746 eine „Denkschrift über die jetzt regierende Viehseuche". Es gibt kaum einen Wissensbereich, zu dem er sich nicht geäußert hat; darüber hinaus hinterließ der Polyhistor Holberg auch ein sehr umfangreiches Œuvre, auf das sich der Natur der Sache nach eine voluminöse und zum Teil kuriose Sekundärliteratur aufbaut, an der er sicherlicher seine Freude gehabt hätte.[65]

Um das Bild dieses Mannes abzurunden, sei noch folgendes angemerkt: Holberg, der nie verheiratet gewesen ist und der – im Gegensatz zum Zeitgeschmack – immer bescheiden und zurückgezogen gelebt hat, starb reich begütert. Als immens produktiver Verfasser, als eigener Verleger und Buchhändler, was zu damaliger Zeit die Regel war, wie als Professor und Verwalter der Universität erwirtschaftet er sich ein Vermögen, das er zunächst in Kopenhagener Haus- und Grundbesitz an-

---

62 Im ersten Teil seiner Memoiren klagt H. darüber, als provinzieller Däne geboren zu sein: „Möglicherweise hätte ich auch auf die eine oder andere Weise international berühmt werden können, wenn ich nicht die dänische Sprache benutzt hätte, deren Ausbreitungsbereich so klein ist, daß es schwer genug ist, selbst in Dänemark jemanden zu finden, der sie versteht." LHV 12, S. 175 (mit Memoirer, S. 147).

63 Bereits 1716 wird H. in „Neue Zeitungen von gelehrten Sachen", Leipzig (S. 536) als Historiker erwähnt, von dem man sich etwas erwarten könne. Als die „Hamburgische Berichte von gelehrten Sachen" 1737 eine Rezension der Holbergschen (lateinischen) Erinnerungen brachte, wurde das deutsche Publikum auf die darin erwähnten Komödien aufmerksam gemacht (S. 453–456). Die danophilen Hamburger apostrophierten ihn als einen „so scharfsinnigen, klugen, schertz- und stachelhaften Tichter und Comicus als ausnehmend geschickten Geschichtsschreiber". Zit. n. Roos, S. 133.

64 Dieses historisch topographische Werk ist das im Norwegen des 18. Jahrhunderts verbreitetste Buch (die Bibel ausgenommen), als sich auch die niederen Schichten für „Literatur" zu interessieren beginnen. Vgl. Bull, F.: Fra Holberg til Nordal Brun, S. 12 und S. 54.

65 Soweit nicht unbedingt notwendig, wurde für diese Studie auf die eher kriminalistische denn philologische oder philosophische Literatur verzichtet.

legt, dann aber zum Erwerb ländlicher Besitzungen verwendet. Im Jahre 1740 kauft er seinen ersten Gutshof, 1745 den zweiten.

Nach meiner Meinung gibt es nichts Amüsanteres, nichts Achtenswerteres und nicht Passenderes für einen Intellektuellen als die Landwirtschaft. Und außerdem kann ich die Witze der Bauern und ihr unverstelltes Schwatzen (*Snakkeri*) besser leiden als die wohlfrisierten Reden der Gelehrten.[66]

Seinen Pachtbauern war Holberg ein „ungewöhnlich humaner und fürsorglicher Dienstherr", der es innerhalb kurzer Zeit verstand, die herabgewirtschafteten und ausgepowerten Höfe seines Gutes für sich und seine Bauern wieder zu rentablen Betrieben zu machen, dabei sich gleichzeitig das Vertrauen der Bauern erwerbend.[67] Letzteres verdient hervorgehoben zu werden, da das durch den Absolutismus eingeführte System der Gutshörigkeit viele Großgrundbesitzer und Gutsverwalter dazu verleitete, sich als Sklavenhalter aufzuspielen, so daß es zu gerichtlichen Schritten kam, aber auch zu blutigen Ausschreitungen.[68] Holberg kalkulierte mit viel Geschick, seine kaufmännische Abstammung konnte er nie verleugnen: Durch den Erwerb der beiden großen Güter und angrenzenden Ländereien sicherte er sich schließlich die Anwartschaft auf den Freiherrntitel, der ihm dann am 6. März 1747 zugesprochen wurde. Diese Erhebung in den Adelsstand ist jedoch auch durch sein Testament motiviert. Seine sämtlichen Besitzungen vermachte er nämlich der neugegründeten Akademie in Sorø, der durch diese Donation die materiellen Grundlagen zum Schulbetrieb gegeben wurden.[69] Der „Baron" Ludvig von Holberg dürfte somit ein königlicher Dank für seine Verdienste um diese Beamtenschule darstellen.[70]

Ludvig Holberg starb am 28. Januar 1754, 69 Jahre alt.

3. Zwischen Aufklärung und Common Sense

Ludvig Holberg war ein *hommes de lettres*, sein Wirkungsfeld die Literatur, und wie seine übrigen zeitgenössischen Gelehrten besaß er einen immensen Einblick in die abendländische Philosophie und Literatur, die er nach Art der Zeit wie selbstverständlich verwendete (und nicht immer belegt);[71] weder dürfte er einen Freundeskreis gehabt haben — von intimen Bekanntschaften ganz zu schweigen — noch ergab sich aus seiner Dozenten- und Lehrtätigkeit soziale Kontaktpflege irgendwelcher Art. Nur zur Musik und ihren Vertretern hatte er ein ausgesprochen

---

66 LHV 12, S. 230.
67 Vgl. hierzu: Müller: Ærefuld Karakteristik af Holberg fra hans Fæstebønder.
68 Becker, S. 10.
69 Auch die Holbergsche Bibliothek ging in den Besitz der Akademie über. Allein durch den Verkauf der sich dadurch für die Sorø-Akademie ergebenden Dubletten wurden die Mittel für eine eigene Buchdruckerwerkstatt beschafft. Ebenda, S. 55.
70 Zu den akademischen Auseinandersetzungen über die Gründe für H.s Erhebung in den Adelsstand, sowie die Hintergründe seiner ökonomischen Transaktionen siehe Bruun: Et par Ord om „Baron" Ludvig Holberg; sowie Becker; weitere Literaturangaben dort.
71 Foss, S. 208.

gutes Verhältnis.[72] Holberg war ein Einzelgänger, ein verschlossener, ernster und nervöser Hypochonder,[73] von dem charismatische Fähigkeiten nicht überliefert sind.[74] Dennoch ist er einer der charmantesten und spritzigsten Schriftsteller der Weltliteratur. Er hat das Lachen bühnenreif gemacht, das Lachen als befreiende Reaktion auf Dummheit und Ignoranz, auf die Heuchelei des Perückenzeitalters. Selten sind Humor oder Ironie seine Stilmittel, es überwiegt der Witz und die Situationskomik; dabei ist dies ein Verfahren, das Holberg nicht allein in seinen Komödien anwendet, auch seine wissenschaftlichen Abhandlungen sind durchsetzt vom offenen Spott, der allenfalls zur Satire verfeinert werden kann. Vor allem seine Memoiren leben von diesem Witz, der durchaus auch selbstkritisch angewendet wird und durch den sie noch heute überaus lesenswert sind. Stolz zitiert er dort die „Neue Hamburgische Berichte von gelehrten Sachen" des Jahres 1732: „Die Laster, Mißbräuche und üble Gewohnheiten lässet er so wenig an sich selbst als an andere ungestraft ... Wann er seinen eigenen Character entwirft, macht er sich kein Bedencken sich selbst zuweilen durchzunehmen."[75]

Holbergs fortschreitendes Alter macht seinen Witz dann immer beißender, immer höhnischer. Dies aus der resignierenden Erkenntnis, daß ein Mannesalter nicht ausreicht, um die Vorurteile und die Heuchelei aus der Welt zu schaffen, aber wohl auch aus der intellektuellen Entwicklungslinie, die Holberg in 69 Jahren durchmaß: War er anfänglich bemüht, Historiker und Naturrechtslehrer zu sein, so unterbricht sein „Poetischer Raptus" diese Periode. Aus der Komik des Zeitalters wird er zum Satiriker und Komödiendichter. Als dann die Komik in Form der pietistischen Frömmelei zur institutionalisierten Staatsreligion erhoben wird, hält es der Poet nicht mehr aus und wird wieder zum Wissenschaftler, um auf der Höhe seines Lebens schließlich in der philosophischen Essayistik das Mosaikbild seiner Erfahrungen und seines Denkens zu zeichnen.

Im Folgenden sollen die drei Lebensstadien betrachtet werden, der Poet, der Historiker und Jurist, der philosophische Essayist, um den politisch-theoretischen Stellenwert dieses Patriarchen der dänisch-norwegischen Literatur analysieren zu können.

a. Der Komödiant als Gesellschaftskritiker

MONTANUS: ... Hört, Väterchen, wollt Ihr glauben, daß ein Säufer glückselig ist?
JEPPE: Ich glaube eher, daß er un-glückselig ist, denn man kann sich um Geld und Verstand saufen.
MONTANUS: Ich will beweisen, daß er glückselig ist. Quicumque bene bibit, bene dormit ... nein, richtig, Ihr versteht kein Latein, ich muß es auf Dänisch sagen: Wer viel trinkt, schläft meistens viel. Stimmt das nicht?
JEPPE: Ja, das ist wohl wahr. Wenn ich einen Rausch habe, schlaf' ich wie ein Pferd.

---

72 Vgl. Elling: Koncertmester Iversens Portræt. In seinen Memoiren kommen immer wieder Stellen, die seine Affinität zur Musik belegen, durch die er u.a. von einer langwierigen Fieberkrankheit „geheilt" wurde. LHV 12, S. 108f.
73 LHV 12, S. 79.
74 Bing: Holbergs Livsanskuelse og Personlighed, S. 687ff.
75 Ebenda, S. 200.

MONTANUS: Wer viel schläft, sündigt nicht. Stimmt das nicht auch?
JEPPE: Ja, das ist wohl wahr! Solange man schläft, sündigt man nicht.
MONTANUS: Wer nicht sündigt, ist glückselig.
JEPPE: Das ist auch wahr.
MONTANUS: Ergo, ist ein Säufer glückselig.[76]

Mit diesem verblüffend gelehrten Unfung brilliert Rasmus Berg, jener aufgeblase-
ne Jung-Akademiker, der nach Humanistenart seinen Namen in *Erasmus Montanus* geändert hat, in seinem heimatlichen Dorf, wo er immerhin noch die Geister
verwirren kann; denn so wie Holberg es schildert und auf die Bühne stellt, unterscheidet das ländliche Milieu — im Gegensatz zum städtischen — noch intuitiv
zwischen Sinn und Unsinn, zwischen Sein und Schein. Was „Erasmus Montanus"
somit repräsentiert, ist die gängige *philosophia instrumentalis,* die die inhaltsleere
Methode eines verfallenen Humanismus zum wissenschaftlichen Prinzip erklärt
hat und die Holberg in seiner Komödie mit dem Naturrecht und der induktiven
Erfahrung konfrontiert.[77] Die eigentlichen Widerparts sind für den geistesgeschicht-
lich gebildeten Komödiendichter damit René Descartes, der an der Kopenhagener
Universität durch Holbergs Kollegen Peder Horrebow vertreten ist, und der Pro-
tagonist des Empirismus, Francis Bacon.[78] *Erasmus Montanus,* der mit seinen logischen Deduktionen in der irdischen Welt nicht zurechtkommt — „der sicher ein
kluger Mann im Himmel ist, aber ein Narr auf der Erde"[79] —, ist in seinem Bruder Jacob das auf der Induktion beruhende Realitätsprinzip gegenübergestellt. Der
mit der Landwirtschaft verbundene Jacob weiß seinen „gelehrten" Bruder allemal zu schlagen, denn er schert sich nicht um die Methoden, sondern um die Le-
bensinhalte und beruft sich dabei auf seinen „einfältigen Verstand",[80] der ihm
anscheinend gewichtigere Kriterien der Realitätsbewältigung an die Hand gibt als
die, die sein Bruder zu bieten hat.

In enger Anlehnung an das große Vorbild Molière, zu dessen „orthodoxer Sekte"
er sich zählt[81] und dem er in Form und Inhalt nacheifert, attackiert Holberg
die Heuchelei seines Zeitalters. Schauplatz seiner Komödie ist zumeist Kopenhagen, die aufstrebende Hauptstadt[82] des skandinavischen Doppelreiches, der
bisweilen kontrastierend das Dorfleben und -denken gegenübergestellt ist. Das aufstrebende Bürgertum, die Hauptstütze des Absolutismus, stellt somit nicht allein
das Publikum — dies unterscheidet Holberg von Molière —, sondern sieht sich mit
seiner Wirklichkeit konfrontiert. „Das dänische Publikum sollte sich selbst in einem Spiegel sehen. Seine Komödien sollten von der dänischen Wirklichkeit handeln und solche Personen und Bräuche und Sitten darstellen, wie sie in Dänemark bekannt waren."[83] Durchaus zutreffend zeichnet Holberg dann auch in das

76 LHV 6, S. 160 (Erasmus Montanus).
77 Ebenda, S. 192ff.
78 Jansen, F. J. B.: Indledning. In: Ebenda, S. 139f.
79 LHV 6, S. 152.
80 Ebenda, S. 189.
81 Rubow, S. 146.
82 Die Einwohnerzahl Kopenhagens stieg zwischen 1670 und 1700 von 40000 auf 70000.
   Kristensen: Efterskrift, S. 363.
83 Ebenda, S. 366.

ländliche Milieukolorit die Grundsubstanz der Religions- und Welterfahrung der unteren Schichten: den überlieferten Aberglauben. Aus dem reichen Erlebnisschatz seiner eigenen Jugend[84] berichtet er von der Wissenschaftsungläubigkeit der Landbevölkerung, von den Gespenstern und Geistern, die in ihrer Realität herumspuken.[85] Ist die Sophistik der Gelehrten der eine Angelpunkt seiner Kritik, dann ist der Aberglaube der Bauern der andere; so wird z.B. *Erasmus Montanus* in seinem dörflichen Zuhause nicht wegen seines Syllogismenunsinns bestraft, sondern muß dem einzig wahren Satz, den er spricht, abschwören: daß die Erde rund sei.[86]

Waren für den kulturellen Bereich im 17. Jahrhundert noch der Adel und der Hof maßgebend, so macht sich im 18. Jahrhundert das Bürgertum immer mehr geltend, dessen städtische Ansprüche, wenn sie auch am Hofleben orientiert bleiben, nach Befriedigung verlangen. Neben Theater, Konzert und Maskerade kamen Dîner in Mode, Schokoladen-, Kaffee- und Teegesellschaften veränderten das gesellschaftliche Leben, die Männer rauchten lange Tonpfeifen oder schnupften.[87] Holberg schreibt für diese neue Mentalität des aufgeklärten Absolutismus, ja er ist gleichzeitig ihr beherrschender und souveräner Repräsentant.[88] „Das 18. Jahrhundert sollte eine Zeit werden, in der sich der Bürgerstand geltend machte, mit seinem Sinn für das Praktische, Nützliche, Vernünftige und Ordentliche, sowohl im Gesellschaftsleben (*samfundslivet*) wie in der Kunst.“[89]

Wenn Holberg auch über Theatererlebnisse auf seinen Reisen so gut wie gar nichts berichtet, so weisen ihn seine Komödien als einen Kenner der französischen und italienischen Bühne aus. Die *commedia dell'arte* des Klassizismus findet Eingang in seinen Stil, vor allem aber die Vorlagen Aristophanes', Terenz' und besonders des lateinischen Plautus'. Dies auf eine Weise, daß ihm die böswilligen Kritiker des „La Spectatrice Danoise“ den Beinamen „Plautiberg“ gaben.[90]

Holbergs Hauptanliegen war es jedoch nicht zu amüsieren, das tat er nebenbei auch. In erster Linie wollte er erziehen. In dem festen Glauben an die menschliche Vernunft war ihm die Bühne eine Bildungsinstitution zur Verbesserung von Moral und Sitte. Die gängigen „Haupt- und Staatsactionen“ und den ach so beliebten Hans Wurst verabscheute er zutiefst, weshalb es nicht wunder nimmt, daß

---

84 Vgl. LHV 12, S. 32.
85 Zur nordischen Gespensterwelt des 18. Jahrhunderts siehe Müller: Noget om Holbergs Berømmelse, S. 46ff.
86 LHV 6, S. 200.
87 Højby, S. 16.
88 Vgl. Müller: Noget om Holbergs Berømmelse, S. 42, S. 46 und S. 50f. Dank der vereinten Bemühungen der staatlichen und geistlichen Obrigkeit breiteten sich Bildungs- und Kulturgüter auch in den unteren Schichten der entlegenen Gegenden Norwegens aus. So entsteht eine wechselseitige, sich befruchtende Beziehung zwischen der wachsenden Lese- und Schreibkundigkeit und dem Literaturangebot. H. hat dadurch auch aus dem Bauernstand eine wachsende Leserschaft. Als selbstverlegerischer Schriftsteller kann er davon nur profitieren. Vgl. Bull, F.: Fra Holberg til Nordal Brun, S. 19 und S. 58.
89 Kristensen: Efterskrift, S. 363.
90 Vgl. Brandes: S. 52f.

– einmal auf ihn aufmerksam geworden – Johann Christoph Gottsched (1700–
1766), der deutsche Literaturpapst, zusammen mit Karoline Neuber (1697–1760)
ab 1741 für Übersetzung, Aufführung und Rezension der Holbergschen Komödi-
en sorgte.[91] In seiner Vorrede zum zweiten Band der Schaubühne apostrophiert
er Holberg wie folgt:

Dieser berühmte und sinnreiche Mann hat in Dänemark dasjenige geleistet, was Moliere, oder
Herr Destouches in Frankreich gethan haben. Er hat nämlich, außer vielen anderen, historischen, philosophischen und poetischen Werken fünf und zwanzig dänische Lustspiele verfer-
tiget, und ans Licht gestellet, die als Muster der Schaubühne anzusehen sind. Ohngeachtet
wir in Deutschland, einen so fruchtbaren und regelmäßigen Dichter, in dieser Art, noch nicht
aufzuweisen haben: so machen wir uns doch eine Ehre daraus, auch diesen unseren Nachbarn, aus einem mit uns verschwisterten Volke, den südlichen und westlichen Völkern Euro-
pens zum Beweise darzustellen: daß die nordischen Geister der Gelehrten eben so träge nicht
sind, als sie zu glauben pflegen."[92]

Dieses positive Urteil über die „nordischen Geister" wird Holberg keineswegs ge-
teilt haben, denn von einem Plural kann keine Rede sein. Der von Gottsched an-
gesprochene gesamteuropäische Rahmen ist jedoch insofern von Interesse, als er
tatsächlich einer der bedeutendsten neben Molière ist, und dies nicht allein quantitativ gemessen; schon mit seinen Bühnenattacken auf die sinnentleerte Wissenschaft, auf die Scheinwelt des putz- und prunksüchtigen Adels und Bürgerstandes
und auf die Wahnlogik pietistischer Frömmelei trifft er die Thematik der europäischen Aufklärung; mit Rubows Worten: „Holbergs Komödien sind die reich-
haltigste existierende Sammlung von Bildern des in Dänemark populärsten Fehlers:
der Wichtigtuerei. Es ist die Wichtigtuerei, der Hang sich geltend zu machen,
ohne innen etwas zu haben, die den Kannengießer und den Barbier, die schwarzen Pedanten (die Gelehrten, die Ärzte) und die roten (v. Thyboer) vereint."[93]

Mit seiner gesamten – populären wie wissenschaftlichen – literarischen Produktion
reiht sich Holberg in den Kreis der europäischen Kritiker der Heuchelei und des
Selbstbetruges ein und ist damit ein sehr früher skandinavischer Parallelfall zu jener aufgeklärten Geistesrichtung, die später dann u.a. durch Voltaire, Diderot
und Rousseau repräsentiert ist.[94] Das Zeitalter Ludwigs XIV., das weiterreicht
als dessen Lebensdaten, läßt die Heuchelei manifest werden: in der Kunst, in
der Mode, vor allem aber in den Konventionen. Es ist eine Epoche, „in der die
würdevollen Riten der allerhöchsten Gewalt durch ihr Trugbild verdrängt werden";[95] die Kunst der Verstellung – deutlich werdend in der aufkommenden Mode der Maskenbälle –, das illusionäre Vorzeigen einer „parallelen Welt"[96] rituali-
sieren die Welt des Hofes und färben auf das aufsteigende Bürgertum ab. Es kann
somit nicht verwundern, wenn in dieser Zeit das Theater erfunden wird – und
die Langeweile.

---

91 Roos, S. 133ff.
92 Gottsched: Die deutsche Schaubühne, Bd. 2, S. 40f.
93 Rubow, S. 149.
94 Vgl. dazu Schabert: Natur und Revolution; Baruzzi (Hrsg.): Aufklärung und Materialismus
   im Frankreich des 18. Jahrhunderts.
95 Starobinski: Die Entdeckung der Freiheit, S. 14.
96 Ebenda, S. 56.

Schon in seinen Anfängen läßt sich Holberg mit einem La Rochefoucauld vergleichen.[97] Ausgangspunkt der Kritik der Gegenwart ist nicht der denkerische Anstoß einer präformierten Ordnungsvorstellung, sondern die Empörung über die
Heuchelei seiner Zeitgenossen und seines Zeitalters.[98] Die Selbstverliebtheit
des Heuchlers, der in seiner Verlogenheit nicht nur die anderen betrügt,
sondern auch sich selbst, war im Zeitalter des Absolutismus zu einem „allgemein-
gesellschaftlichen Phänomen" geworden,[99] gegen das Holberg in erzieherischer
Absicht zu Felde zog. Er demaskiert die Heuchler jedoch deskriptiv. Seine Analyse erschöpft sich in der Darstellung. Er läßt sie ihren Unfug reden und entwickelt in der Handlung die Gefahren, die entstehen, wenn die Heuchelei zu einem sozialdominanten Zug wird. Wenn Holberg gleichsam kontrastierend das Gute und Wahre in die naiven Personen des vierten Standes legt — die Bauernbur-
schen und Dienstmädchen —, so manifestiert sich damit ein bleibendes Merkmal
seiner Schriftstellerei: Zwar entlarvt er die Unwahrheit und die Lüge, indem er
sie lächerlich macht, doch fehlt der Bezugspunkt der positiven Ordnungsvorstellung.

Holberg bleibt im wesentlichen der deskriptive Kritiker des Negativen. Erst sein
Charakterzwilling, Poul Martin Møller analysiert hundert Jahre später apropos
der Affectationsproblematik die psychologische Seite der Heuchelei und liefert
damit der von Holberg gegebenen Darstellung die expressive Interpretation individuellen, gesellschaftlichen und temporären Identifikationsverlustes.[100]

b. Der Historiker als Sozialpädagoge

Auch der Historiker und Jurist Ludvig Holberg erlangt bei einer ideengeschichtli-
chen Analyse skandinavischen Geisteslebens seine Bedeutung viel eher aus dem, was
er nicht sagt, als aus dem, was er sagt. Bezeichnenderweise nämlich findet sich
bei ihm keinerlei Anzeichen einer geschichtsspekulativen Interpretation menschlicher oder gesellschaftlicher Realität; sein Geschichtsbewußtsein ist nicht durch
eine spekulativ metaphysische Obsession geprägt, sondern a) durch die vorfind-
baren Fakten und b) durch sein Motiv, in kritischer Absicht erziehen zu wollen.

Den Beginn der Geschichtswissenschaft an den dänischen Schulen und der Universität markiert das Jahr 1602 mit der Ernennung eines Professors „Eloquentiae et
Historiarum",[101] ein Titel der darauf verweist, daß mindestens die Gleichwertigkeit
von lateinischer Sprache und historischen Fakten apperzipiert wurde; die Eigenständigkeit von Geschichte als Wissenschaft und Unterrichtsfach setzte sich erst
im Laufe des folgenden Jahrhunderts durch, als durch die fortschreitende Säkularisierung und Aufklärung die *nouvelle bourgeoisie* die Forderung nach exak-

---

97 Zur Thematik des La Rochefoucauld siehe Schabert: La Rochefoucauld, ders.: Natur und
   Revolution, S. 49ff. und auch Lepenies: Melancholie und Gesellschaft, bes. S. 196ff.
98 Eine Analyse der Heuchelei findet sich bei Arendt: Über die Revolution, S. 125ff.
99 Ebenda, S. 133.
100 Zu P. M. Møller siehe Henningsen, B.: Poul Martin Møller, bes. S. 98ff.
101 Im Folgenden stütze ich mich wesentlich auf Bruun: Ludvig Holberg som Lærer i Histo-
    rie und F. Bull: Ludvig Holberg som Historiker.

tem Wissen auf weitere Bereiche als die naturwissenschaftlichen ausdehnte.[102] So war dann in der neuen Satzung der Universität Kopenhagen vom 11. März 1732 vorgesehen, daß sieben Professoren das Fach Philosophie zu bestreiten hatten, von denen der erste für Geschichte und Geographie zuständig war.[103] Nach Paragraph 28 mußte der Studierwillige sich vor Aufnahme in die Universität von einem „Theologo, sowie allen Professoribus Philosophiae streng und geflissentlich (*med Fliid*) examinieren lassen, auf daß gewußt werden kann (*paa det viides kand*), was er gelernt hat, und ob erwartet werden kann, daß er in seiner Zeit der Universität zur Ehre wird."[104] Der 37. Paragraph schrieb für die Benotung des (obligatorischen) philosophischen Examens vor, daß der Kandidat für die Note *laudabilis* „in Historia und Geographia versiert" sein müsse; um *haud illaudabilem* zu erlangen, mußte er „wohl auf die Fragen geantwortet haben, die ihm aus einem Compendio Historiae und Geographiae gestellt wurden."[105]

Schon während seiner Zeit als Metaphysikprofessor las Holberg 1718–20 über historische Themen (*statum publicum praecipuorum regnorum idque eum praesertim in finem, ut ad audiendas lectiones alliciat juventutem Patriciam*). Als er dann nach Arni Magnússons Tod 1730 Professor für Geschichte und Geographie wurde, las er von 1732–37 jeden Tag über Universalgeschichte und jede andere Woche über Geographie.[106] Holbergs Einfluß auf die junge Studentengeneration und auf die späterer Zeiten resultiert jedoch nicht allein aus seiner Dozententätigkeit, darüber hinaus hat er hunderte von Seiten zur Geschichte veröffentlicht und – wohl als bedeutendste Einflußmöglichkeit – ein kleines Geschichtsbuch verfaßt, das bis ins 19. Jahrhundert hinein an der Universität und den Schulen als Unterrichtsbuch verwendet wurde und das als dänisches Schulbuch die weiteste Verbreitung in Europa fand.[107]

Es soll an dieser Stelle nicht interessieren, was Holberg, der kein originärer Quellenforscher wie sein Kollege Hans Gram war,[108] im Einzelnen in seinen historischen Werken schreibt. Der Hinweis auf die „nüchterne Intelligenz Holbergs",[109] die zumeist vorurteilsfrei, objektiv und in ihrer Darstellung „fast überall bewun-

---

102 Vgl. Jansen, F. J. B.: Ludvig Holberg and some French Thinkers. S. 154. Kann man für die Universität und die Akademie in Sorø von einer allmählichen Ausweitung und Eigenständigkeit des Faches zwischen 1602 und 1732 sprechen, so wurde es durch Verordnung vom 17. April 1739 als „dänisches" Unterrichtsfach an den Gelehrten Schulen (*Lærde Skoler*) eingeführt. Bruun: Ludvig Holberg, S. 236.
103 Bruun: Ludvig Holberg, S. 28.
104 Zit. n. Bruun, S. 28f.
105 Ebenda.
106 Ebenda, S. 20.
107 Ebenda, S. 4 und S. 25. Es handelt sich um seine 1733 in lateinischer Sprache herausgekommene „Synopsis Historiae universalis Methodo erotematica exposita." Von 1733 bis 1771 erschienen zehn lateinische Ausgaben, davon drei in Deutschland, eine in Holland. Eine dänische Bearbeitung kommt 1758 heraus. Auf Englisch erscheinen drei, auf Holländisch eine, auf Russisch drei und auf Deutsch vier Ausgaben. Vgl. Bruun: Ludvig Holberg, S. 52.
108 Vgl. Rubow, S. 146, auch Jansen, F. J. B.: 1700-Tallet, S. 317f.
109 Bull, F.: Ludvig Holberg som Historiker, S. 77.

dernswert klar ist", muß hier genügen.[110] Vielmehr entzündet sich das Interesse
an seiner Auffassung von Geschichte und der Kritik, die er am gängigen Geschichtsbegriff übt. In der Einleitung zum dritten Band seiner „Geschichte des Reiches
Dänemark" von 1735 gibt Holberg beredt zu dem Komplex Auskunft.

War es gemeinhin üblich, daß Geschichtswerke sich in der Hauptsache mit Irrele-
vantem beschäftigten, wie Tauf- und Beerdigungszeremonien der Herrscher,
Schlachtenverläufen und Kriegsgeschäften, für die der Offizierssohn Holberg sich
überhaupt nicht erwärmen konnte,[111] oder in einer Anhäufung von Zahlen bestan-
den, so unterzieht er solches Vorgehen einer herben Kritik:

> Obwohl in keiner Profession mehr und öfter gearbeitet wird als in der historischen, so gibt
> es doch fast keine Wissenschaft, worin seltener Meisterstücke ans Licht kommen, da gegen-
> über zehn anderen guten Schreibern kaum ein guter Geschichtsschreiber gefunden wird ...
> Im nördlichen Teil Europas werden gewöhnlich Diaria geschrieben und trockene Annales,
> von denen wohl ein Teil den Titel Historie führen, obwohl sie diesen Namen nicht verdie-
> nen ... Verschiedene füllen auch ihre Geschichtsbücher mit unwillkommenen Dingen, wie mit
> weitläufigen Huldigungs- und Krönungsakten, Gelagezeremonien (*Bilagers Ceremonier*), Be-
> gräbnissen und dergleichen anderen Dingen, und das in einer solchen Menge, daß, wenn man
> sie nebst den Kriegsgeschäften herausnimmt, fast nichts übrigbleibt.[112]

Später in seiner 162. Epistel nimmt Holberg diese Kritik wieder auf und verweist
auf die Antike:

> Man sieht doch, daß die meisten neuen Geschichtsschreiber sich hierin nach dem verderbten
> Geschmack der Leser richten, so daß Begräbnisse, Krönungen, Karusselle (*Carouseller*), Ein-
> züge, Kapitulationen von Festungen und derlei anderes mit allen Begleitumständen angeführt
> werden; und es ist daher kein Wunder, daß Geschichte, die auf einigen wenigen Blättern ab-
> gegeben werden kann, ganze dicke Folianten einnimmt. In den alten griechischen und latei-
> nischen Geschichtsbüchern und Biographien findet man derlei Füllkalk (*Fylde-Kalk*) nicht.
> Die alten Geschichtsschreiber haben es als unanständig gehalten, ihre Geschichtsbücher
> mit solch unnützen Dingen aufzufüllen, die man in unseren neuen Schriften findet.[113]

Nach Holberg ist die Geschichtswissenschaft mehr als Chronologie oder das Aus-
wendigkönnen von Zahlen, bedarf sie doch wie kaum eine andere der Geistesgaben[114]: „Und genauso wie ein Geschichtswerk nicht aus simplem Recit vergange-
ner Dinge besteht, so darf oder kann auch derjenige nicht den Namen eines Histo-
rico führen, der ohne Verständigkeit (*Skiønsomhed*) und Reflexion alleine liest,
um auswendig zu lernen."[115] – „Geschichte ist ein ganz anderes Ding als die Leute
sich gemeinhin einbilden, nämlich solches, das man zum Zeitvertreib schreibt ...,
sondern um zu unterweisen und ein Spiegel zu sein, aus dem man von vergangenen Dingen sehen und über zukünftige urteilen kann, sich selbst sowie die anderen erkennen und sich die solideste Kenntnis in Moral, Jure publico und Staats-
sachen erwerben (kann)."[116] Schon in seiner Vorrede an den Leser in der „In-

---

110 Ebenda, S. 17, siehe auch S. 70ff.
111 Ebenda, S. 130ff.
112 LHV 8, S. 81 und S. 85.
113 LHS 15, S. 639. Die Abkürzung LHS bezeichnet im Folgenden: Ludvig Holberg. Samlede
    Skrifter Bd. 1–18.
114 LHV 8, S. 82.
115 Ebenda, S. 81.
116 Ebenda, S. 100f.

troduction zum Naturrecht" schreibt Holberg 1716 über den Nutzen der Geschichte: „... aus dem richtigen (*sunde*) Lesen der Geschichte lernt man außer
Geographie und Sprache auch Jus publicum und Politica: nicht zu reden von den
vielen herrlichen Exempeln, die sich darin finden, womit ein Mensch so sehr er-
baut wird (*oppbygges*), so daß das Studium nicht minder nützlich ist als behag-
lich, besonders wenn man den richtigen Weg geht."[117] Wiederum in der Epistel
162, wo Holberg wesentlich präziser in seinen Definitionen und Meinungen ist,
rückt er auch von der ursprünglichen Rangliste der Wissenschaften ab, in der Geschichte noch den vierten Platz einnahm.

Ich halte die historische Wissenschaft nächst Gottes Wort für die nützlichste und wichtigste von allen, wenn sie mit rechten Augen gelesen wird. Ich lerne daraus Länder kennen:
Ich lerne Menschen kennen: Ich lerne mich selbst kennen: Ja ich lerne vorherzusagen: Denn
man kann aus vergangenen Dingen über zukünftige urteilen und darum in gewisser Weise
jeden gründlichen Historicum für einen Propheten halten. Moralische Überlegungen sind
wohl von großem Nutzen; aber die Geschichte hat größere Wirkung, wenn sie mit Verständigkeit gelesen wird und wenn sie in der rechten Gestalt ist.[118]

Auf die Frage „Quid est Historia?" gibt Holberg in seinem Lehrbuch „Synopsis
Historiae universalis" folgende Antwort: „Geschichte ist die Erzählung von der
Vergangenheit, die den Zweck hat, daß die Erinnerung bewahrt wird, aus welcher
wir für ein gutes und glückliches Leben unterrichtet werden."[119] Mit dieser mora-
lisierend erbaulichen Richtschnur bleibt Holberg Zeit seines Lebens verbunden,
nach ihr arbeitet er an seinen eigenen Werken und beurteilt die übrigen Schriften.[120]

Ohne daß Holberg die seit der Renaissance überlieferte Funktion der historischen
Wissenschaft schmälert, den Staatsmännern von Nutzen zu sein und der Allgemeinheit zur Erbauung zu dienen, verstärkt er die Wirkungsweise des Erziehungseffektes
durch die Betonung der Stilfrage. Geschichte als Erziehungswissenschaft muß den
Leser in ihren Bann nehmen können, muß unterhalten und fesseln, soll der ange-
strebte pädagogische Nutzen realisiert werden; dabei kann Holberg — zwanzig
Jahre vor Voltaire[121] — den Anspruch erheben, von der reinen Personalhistorie
abrückend eine Kultur- und Sittengeschichte geschrieben zu haben:

Während ich in diesem meinem Werk mehr danach gestrebt habe zu unterweisen als zu be-
hagen, so bin ich am weitläufigsten in den Sachen gewesen, die über des Landes inneren Zustand Kenntnis geben, habe dabei nicht vergessen, die Materie zu egayieren, um des Lesers
Attention auch in den Dingen zu wecken, die sonst einzuschläfern pflegen, denn darauf
muß ein Geschichtsschreiber am meisten seine Feder schärfen und seine Kräfte exerzieren,

---

117 LHV 1, S. 52.
118 LHS 15, S. 638f.
119 „Historia est rerum praeteritarum narratio, eum in finem suscepta, ut earum memoria
     conservetur, quibus ad bene beateque vivendum instruamur." LHS 9, S. 13.
120 Vgl. Bull, F.: Ludvig Holberg som Historiker, S. 122.
121 Bei Voltaire heißt es: „Ce n'est pas seulement la vie de Louis XIV qu'on prétend écrire;
     on se propose un plus grand objet. On veut essayer de peindre à la prostérité, non les
     actions d'un seul homme, mais l'esprit des hommes dans le siècle le plus éclairé qui fut
     jamais." Le siècle de Louis XIV, S. 616. Vgl. hierzu Bull, F.: Ludvig Holberg som Histo-
     riker S. 133 und Jansen, F. J. B.: Indledning. In: LHV 8, S. 6.

wie will er anders reüssieren in den sogenannten trockenen und weniger behaglichen, obgleich wichtigsten Materien (;) und (es) besteht vornehmlich die Kunst darin, daß er mit einem munteren Stil die seriösen Dinge erklärt, die er anführt, und nicht anführt, die es nicht
meritieren, erklärt zu werden, d.h. nicht außen herum zu reden um die Verordnungen, die
über den Staat, die Religion, den Handel, die Lebensweise der Zeit und dergleichen anderes.[122]

Was die Abkehr von der nur an den Herrscherpersonen bezogenen Geschichte betrifft, so heißt es bei Holberg unter Hinweis auf Jacques Auguste de Thou (1553—
1617) lapidar: „... von Thuani Historie lerne ich dagegen außer den Kriegsgeschäften Frankreichs zivilen und militärischen Etat, die Gesetze des Landes, den
Zustand der Religion und das Naturell der Einwohner, welches wenn es just
auch nicht der behaglichste so doch der nützlichste Teil von Geschichte ist."[123]
In dem Sinne, daß Holberg das Hauptgewicht seiner Historiographie von der „äußeren auf die innere Geschichte" verlegt, gibt er seinen Werken einen Reiz, der
für die Zeit neu war.[124]

Sein Anspruch, Geschichte als Erziehungsvehikel zu nutzen, wird verständlich
unter Berücksichtigung des Realitäts- und Vernunftsverständnisses; denn Geschichte ist ihm keine bloß verflossene Wirklichkeit, die für den Menschen nur-
mehr wissenschaftlich von Interesse sein könnte. In ihrem Stellenwert rangieren
erlebte Wirklichkeit wie historische Fakten gleichwertig, aus beiden kann das Ver-
nunftwesen Mensch gleichviel nützliche Handlungsanweisungen für die Gestaltung
des Lebens ziehen. „Als echter Humanist erlebte Holberg die Geschichte als die
vergangene, aber gleichwohl lehrreiche Wirklichkeit, historische Begebenheiten,
die er sich anlas, machten auf ihn den gleichen Eindruck wie selbst erlebte."[125]

Nach Saxo Grammaticus (um 1150—1220) und Arild Huitfeldt (1546—1609) war
Holberg der erste, der nach den Quellen der nordischen Geschichte arbeitete, zudem seine Werke in der dänischen Sprache herausbrachte. Vor allen Dingen letzteres stellt die Relevanz Holbergs als Geschichtsschreiber heraus, weisen doch weder seine juristischen noch seine historischen Bücher ihn als einen überragenden
Autor aus.[126] Mit Solidarität dürfte treffend bezeichnet sein, was Holberg im Felde dieser Wissenschaften geleistet hat; er arbeitete gründlich und gewissenhaft
mit dem ihm zur Verfügung stehenden Material, so daß hier resümierend das prosaische Urteil Francis Bulls zu dem dreibändigen Mammutwerk der dänischen Geschichte zitiert werden kann: „Eine leserliche Geschichte bekam das dänische
Volk erst durch Holbergs Werk, in der Forschung hat es größere Verdienste als
manche einräumen wollen, in der Sprache ist es, wie alle Schriften Holbergs vor-
trefflich. Es kam in manch einem dänischen Heim ins Bücherbord, aber erreichte
noch mehr: es führte die Geschichte vom Bücherbord in das Herz des Volkes."[127]

---

122 LHV 8, S. 101.
123 Ebenda, S. 83.
124 Vgl. F. Bull: Ludvig Holberg som Historiker, S. 133.
125 Jansen, F. J. B.: Indledning. In: LHV 8, S. 6.
126 Bull, F.: Ludvig Holberg som Historiker, S. 21.
127 Ebenda, S. 100.

c. Der Naturrechtler als aufgeklärter Aufklärer

Versteht man Holberg richtig, so scheint es ihm bei seiner Arbeit nicht so sehr um die Originalität gegangen zu sein; denn wenn es seine Absicht war, via Geschichtsschreibung zu erziehen, so hat die Darstellungsweise und -methode zweifellos das größere Gewicht, dies unter besonderer Berücksichtigung der rechten Auswahlkriterien für die Fakten. Wenn er dafür an den Historiker einen strengen Maßstab anlegt, was die geistigen Fähigkeiten anbelangt („das geringste Geschichtswerk erfordert einen ganzen und vollkommenen Menschen"[128]), so gilt das auch für den Leser. Der Historiker muß die großen Zusammenhänge erkennen können: „Ein Geschichtsschreiber muß ... sich soweit wie möglich befleißigen, daß die Geschichte an einer Kette zusammenhängt, auf die Art daß er bisweilen die Geschichte des vorangegangenen oder nachfolgenden Jahres zu Hilfe nimmt, um an einer Stelle die Beschreibung eines wichtigen Dinges auszuführen."[129] Dies habe jedoch nicht wertend zu geschehen, sondern faktenbezogen.

Was ... die Reflexionen angeht, die über die Geschichte angestellt werden, so gebieten die Regeln, daß man dem Leser selbst sich seine Gedanken darüber machen läßt, was er liest; wohl ist wahr, daß die besten Geschichtsschreiber oft Reflexionen über die eine oder andere Sache anstellen, aber solches geschehe mit Maßen und wird damit entschuldigt, daß sie mit Judicio und Unparteilichkeit angeführt werden, so daß die Irregularitäten (sich) selbst rekommendieren können und zu einem Zierrat (*Zirath*) werden.[130]

Logischerweise kommt Holberg, wenn er den Erziehungswert der Geschichtswissenschaft als *ultima ratio* ansetzt und das Raisonnement über die historischen Realitäten dem Leser überlassen will, zu einem für das 18. Jahrhundert kritischen Wahrheitsbegriff:

Wenn ich gegen Adel und Ritterschaft schreibe, geschieht das nicht, weil ich selbst Bürger bin, sondern weil die Billigkeit es von mir gebietet, Partei für das gemeine Volk (*Almue*) zu ergreifen, und, wenn ich wiederum mich unter dem Standard des Adels rangiere, so nicht aus Reue über das, was ich vorher geschrieben habe, sondern weil mir die Wahrheit befahl, in einem anderen Ton zu reden ... wenn ein Geschichtsschreiber diesen Regeln folgt, braucht niemand deswegen sauer zu schauen, wenn er auch bisweilen etwas schreibt, das unbehaglich sein kann. Eines ist es zu tadeln und zu zensurieren, ein anderes aus Affecten zu zensurieren ... Ein guter Zensor tadelt Dinge nicht, weil er zornig (*vred*) ist, und ein Heuchler lobt nicht allein, weil er besorgt und diskret ist, sondern der erste tadelt oft, weil der die Wahrheit mehr liebt als sich selbst, und letzterer lobt gemeinhin, weil er niemanden liebt außer sich selbst und nichts außer eigenem Nutzen vor Augen hat. In der Hinsicht sieht man wenige Geschichte schreiben, um andere zu instruieren, aber viele, um sich selbst zu insinuieren."[131]

Dieser vor dem Hintergrund des heuchlerischen pietistischen Zeitalters gefundene Wahrheitsbegriff durchzieht das Holbergsche Œuvre. Im festen Glauben an die menschliche Ratio insistiert er immer wieder auf den Verstandesgaben, die an der Empirie – hier den historischen Fakten – zu wecken und zu schärfen sind. Auf dem Wege zu dieser Anschauung war wohl sein Studium des modernen Naturrechts

---

128 LHV 8, S. 81.
129 Ebenda, S. 91.
130 Ebenda, S. 93.
131 Ebenda, S. 98f.

die wichtigste Etappe, eines Naturrechts, das sich weitgehend von der spirituellen Ordnungskonzeption der Klassik und des Mittelalters gelöst hatte und der menschlichen Vernunft die zentrale Stelle der neuen Weltanschauung zuwies; gleichwohl steht es für Holberg als Sinnersatz für ein geordnetes Verständnis von Welt, das für ihn in einer verhärteten Theologie und einer sinnlos gewordenen Metaphysik verloren gegangen war. "Natural Law was the kind of nonspeculative philosophy that he could make use of."[132]

Im ersten Kapitel seiner „Introduction zum Naturrecht" heißt es: „Des Menschen Herrlichkeit gegenüber den sprachlosen (*umælende*) Tieren kann vornehmlich daraus gesehen werden, daß er mit einer vernünftigen Seele begabt ist, aus welcher ein herrliches Licht zum Erkennen und Urteilen (strahlt)."[133] Jedoch, ist der Mensch bei Holberg vor allen Dingen ein Verstandeswesen und durch diese Begabung definiert, und ist ihm Geschichte vor allen Dingen Menschheitsgeschichte, so finden sich bei ihm rudimentäre Spuren einer längst verschütteten spirituellen Ordnungsvorstellung.

Da ist einmal die übermächtige Herrschaft der Theologie, die er insofern apperzipiert hat, als die Menschen, so sie der Verstandeslogik entraten, der Sünde verfallen.[134] Seine Naturrechtskonzeption — wiewohl auch sie sich von der mittelalterlichen Vorherrschaft der Theologie gelöst hat — ordnet sich diesbezüglich auf göttliche Gesetze, zu deren Verstehen der Mensch mit Vernunft begabt ist.

Grundlage des natürlichen Gesetzes ist, daß ein jeder Mensch, soweit es ihm zusteht, sich an den gleichen Umgang und Verkehr (*Samqvem og Forening*) hält ... Das natürliche Gesetz verpflichtet einen Menschen nicht eigentlich, weil es nützlich ist, denn wenn wir einzig in Hinsicht auf den Nutzen das Gesetz beachten sollen, dann würde es uns nicht mehr verpflichten als gute und nützliche Ratschläge ..., sondern es verpflichtet uns, weil Gott dem menschlichen Geschlecht solche Gesetze gegeben und dem Menschen befohlen hat, kraft dessen eingeborenem Licht dem hörig zu sein.[135]

Desweiteren — nachzulesen in seiner Kirchengeschichte[136] — besteht für Holberg kein Zweifel an der Lebens- und Wirkgeschichte Jesu Christi, über dessen Wundertätigkeit, wie er schreibt, immer schon argwöhnisch räsonniert wurde, die er aber gleichwohl als historische Wahrheit nimmt, obschon sie über die Fassungskraft der menschlichen Ratio hinausgeht.

Andererseits aber klingt, losgelöst von jedweder theologischen Dogmatik, eine Spur von Partizipationswissen durch, wenn Holberg in Epistel 467, die gegen La Mettrie's „L'Homme Machine" gerichtet ist, von dem „Streit zwischen Fleisch und Geist" berichtet,[137] wobei ihm „Fleisch" offenkundig als sprachliches Symbol für die Kreatürlichkeit des vernünftigen Menschen steht und „Geist" für die

---

132 Jansen, F. J. B.: Ludvig Holberg and some French Thinkers. S. 155; siehe auch ders.: 1700-Tallet, S. 254f.
133 LHV 1, S. 59.
134 Ebenda, S. 60f. und S. 86f.
135 Ebenda, S. 80.
136 LHV 8, S. 113ff.
137 LHV 11, S. 250.

im Menschen wirkende göttliche Ratio. Ausgeführt wird dieses Argument jedoch nicht.

Wenn Holberg den vorgeschriebenen Weg der Interpretation von Geschichte als Wirkungsfeld und Manifestation der menschlichen Vernunft verläßt, was nur sehr vereinzelt geschieht, dann scheint göttliches Eingreifen sich zu offenbaren, wo menschliche Vernunft zur Erklärung nicht mehr ausreicht. Einige sporadische Stellen, an denen das geschieht, seien hier zitiert. Über Luther heißt es in seiner Kirchengeschichte von 1738: „Man muß daher vornehmlich Gott die Ehre geben, aber daneben Lutherum als das bequemste Instrument unter den Menschen der Zeit ansehen, dessen Gott sich bediente, um seine Herrschaft zu stürzen, die in der Macht seit Beginn der Welt gewesen ist."[138] Zu Peter dem Großen fällt ihm in seiner „Vergleichenden Heldengeschichte" von 1739 ein: „(Ja man kann) ihn als einen ansehen, den Gott auf eine unmittelbare Weise erweckte (*opvakte*), um einen großen Teil der Welt zu erleuchten."[139] In seiner „Jüdischen Geschichte" von 1742 schreibt Holberg, „daß die Jüdische Nation als Spiegel für Gottes verwunderliche Vorsehung geschaffen ist und uns Materie für die fruchtbarste Moral gibt."[140] Zum Abschluß seiner „Reflexion über diese verwunderliche Nation" heißt es:

Ein verstreutes, verhöhntes und mit Feuer und Schwert verfolgtes Volk zu sehen, das jetzt noch eine Anzahl von einigen Millionen Menschen ausmacht, die ihre alte Sprache, Gesetze, Gebräuche, Religion und Zeremonien konserviert haben, ist ein Paradox, das nicht begriffen werden kann, und ein Knoten, der mit menschlicher Raison und historischen Exempeln nicht gelöst werden kann, so daß man sich hieraus nicht retten kann, ohne Gottes Finger zu erkennen.[141]

Diese Hinweise, so sie auch einen Verweis auf Holbergs Auffassung von einer *ultima ratio* in der Geschichte darstellen können, sind nicht als Ersatz für eine Geschichtsspekulation zu nehmen; dazu treten sie auch allzu spärlich auf, dazu ist ihr marginaler Charakter zu offenkundig. Allerdings können sie in die Interpretation als Beleg dafür eingehen, daß Holberg eben kein dogmatischer Naturrechtsdenker war, der in spekulativer Absicht im Geschichtsablauf entweder das reine Prinzip des Waltens göttlicher Offenbarung oder aber das der menschlichen Vernunft sich realisieren sah. Um als Dogmatiker oder als Prinzipienreiter auftreten zu können, war Holberg ein zu kritischer Kopf.

Im Grenzbereich — der bei Holberg allemal fließend ist — zwischen Geschichtswissenschaft und moralisierender Essayistik, liegen zwei Veröffentlichungen; die eine zählt zu seinen meist gelesenen Werken, nämlich der Roman „Niels Klim", die andere ist der bescheidene und verborgene „Discours sur l'entousiasme". Der Roman, dessen vollständiger Titel lautet: „Nicolai Klimii Iter subterraneum novam telluris

---

138 LHV 8, S. 133.
139 Ebenda, S. 259.
140 Ebenda, S. 285.
141 Ebenda, S. 292. H.s Verständnis von Religion, Theologie und Kirche kann hier nur gestreift werden. Vgl. dazu die frühe Untersuchung Rasmus Nielsens: Om Holbergs Kirkehistorie og Theologie.

theoriam ac Historiam Quintae Monarchiae adhuc nobis incognitae exhibens",
kam 1741 anonym in Kopenhagen und Leipzig – um der dänischen Zensur zu
entgehen – im kosmopolitischen Latein heraus, wurde als Sensationserfolg wie
„Peder Paars" bald darauf in viele Sprachen übersetzt, erlebte durch die Jahrhunderte hinweg Auflage um Auflage[142] und zählt nach Andersens Märchen zu dem
verbreitetsten dänischen Buch.[143] In Anlehnung an Jonathan Swifts „Gullivers Reisen" (1726) nimmt Holberg jedoch nicht allein literargeschichtliche Impulse der
Vergangenheit auf – wieder einmal, sondern versteht sich auf Ideen, die erst
später bei anderen Autoren Aufsehen erregen, etwa Rousseaus „Emile" oder
die Romane Jules Vernes.

Ist der äußere Rahmen des Romans, wie es im Aufklärungszeitalter Mode war, ein
utopisch-fiktiver,[144] nämlich die zehnjährige Entdeckungsreise *Niels Klims* durch
das unterirdische Sonnensystem mit seinen diversen Nationen, so fällt das Werk
nach seiner inneren Beschaffenheit nicht aus dem Kontext des Holbergschen
Œuvre. Zum Teil versteckt, zum Teil aber ganz offen nimmt er mit der Schilderung der unterirdischen Verhältnisse seine spöttische Kritik an der Verkommen-
heit der Welt und ihrer Menschen, ihrem Aberglauben und ihrer Heuchelei wieder auf. Unter dem Horizont des aufgeklärten Rationalisten ist „Niels Klim"
Holbergs deutlichste Antwort auf den Pietismus und sein offenstes Bekenntnis
zur Vernunft, zur Toleranz und zum Naturrecht, exemplifiziert an den Erlebnissen seines Helden in dem unterirdischen Idealstaat Potu (= Utop-ia). Der besondere Reiz dieses Erfahrungsberichts liegt vor allen Dingen in der Betrachtung der
tatsächlichen Welt – die ja die beste aller möglichen sein soll – aus der relativie-
renden Sicht anderer Bezugssysteme, aus denen *Niels Klim* lernt, daß selbst die
Erkenntnis dessen, was vernünftig ist, zumeist nicht eine Frage von logischen Deduktionen ist, sondern eine von Setzungen. Weit entfernt davon, in spekulativer
Absicht politischen Anschauungsunterricht über die wahre Einrichtung weltlicher
Institutionen abzugeben, belegt Holberg mit seinem „Nils Klim" – und die Ab-
satzerfolge über den Sensationswert hinaus geben ihm recht – wie schon mit seinen Komödien und seinen historischen Werken, daß man mit Fakten oder auch
fingierten Fakten erzieherisch hantieren kann. Moral ohne Exempel ist ihm lee-
re Moral, insofern wird auch die Romanform bei Holberg in moralisch erzieherischer Absicht genutzt.

Die zweite hier zu behandelnde Schrift, der „Discours sur l'entousiasme" verdient
schon aufgrund ihrer Entstehungsgeschichte einige Aufmerksamkeit. Im Jahre
1746 veröffentlicht Holberg seine Übersetzung der Geschichte Herodians. Dem
setzt er ein eigenes überlanges Vorwort voran, betitelt: „Über die Ursachen des

---

142 Schon 1741 kamen eine deutsche, eine holländische und eine französische Übersetzung
   heraus, 1742 die englische und die dänische, 1746 die schwedische, 1762 die russische
   und schließlich 1783 die ungarische. Vgl. Jansen: 1700-Tallet, S. 327. Es folgten weitere
   Ausgaben, wobei die Übersetzungen sich keineswegs getreu an die Vorlage hielten. Die
   letzte deutsche Ausgabe erschien 1971 bei Reclam in Leipzig.
143 Vgl. Jansen, F. J. B.: Indledning. In: LHV 9, S. 12.
144 Zum literargeschichtlichen Hintergrund siehe Paludan: Om Holbergs Niels Klim.

unermeßlichen Zuwachs' Roms". Das Thema gehörte zu den Preisfragen der Aufklärung, Montesquieu hatte sich dazu geäußert, Charles Rollin und viele andere,[145] und so darf auch Holbergs Stimme in diesem Chor nicht fehlen, die natürlich eine oppositionelle ist. 1752 übersetzt er Herodians Geschichte mitsamt dem
Vorwort weiter ins Französische und fügt dem Vorspann einen „Discours sur
l'entousiasme" an, in dem die Gründungsgeschichte Roms und andere Denkwürdigkeiten unter dem von ihm gefundenen Blickwinkel des Enthusiasmus analysiert
werden.[146] Ins Dänische ist der Discours nie übertragen worden. (Es korrespondieren allerdings die Epistel 84 und andere marginale Schriften zu dem Thema).

Hatte Holberg sich über einige „unerklärliche" Phänomene im Geschichtsablauf
bisland nur sehr vage und sehr knapp geäußert, so gibt er im Discours über einen
längeren Abschnitt einen Erklärungsversuch zum Geschichtsablauf, der ihn von
seinen Mitkombattanten abhebt und der zu einem der originellsten bei ihm zählt.[147]
Apropos der Deutung der römischen Geschichte hatte man bislang versucht, die
Genesis des römischen Imperiums durch das besondere Klima, durch die besonderen Gesetze oder durch die Liebe zur Freiheit zu erklären; Holberg verwirft diese
Deutungen, erklärt sie allenfalls zu Nebenursachen[148] und führt den „Enthusiasmus" in die Debatte ein: „L'entousiasme est donc la vrai & unique source de la
grandeur de Rome;"[149] aber auch der rasante militärische Erfolg der Sarazenen
und der Inkas ist auf den Enthusiasmus zurückzuführen, wie denn auch Cromwell
ein enthusiastischer Mensch war, Peter der Große und noch einige wenige mehr.
Zur Entstehung des Enthusiasmus definiert Holberg: „L'entousiasme est une ardeur,
qui transporte l'esprit, & éleve l'imagination, faisant faire & dire à celui, qui en
est épris, des choses surprenantes & extraordinaires." Der Enthusiasmus ist, und
damit verweist ihn Holberg in den Bereich einer Individualpsychologie, „un
feu réel, dont on voit des grandes hommes, des poétes & des orateurs être saisis."

Zu unterscheiden ist der Enthusiasmus vom Fanatismus, der eine betrügerische
Geistesverwirrung ist: „Les faux prophétes & imposteurs s'en servent pour accre-
diter leurs impostures."[150] Seine Durchschlagskraft und sein Schrecken lassen den
Schreibtischmenschen Holberg erzittern: „Ces sortes de fanatiques sont ainsi de
terrible phénomenes."[151] Aus diesen Gründen spricht er auch dem Fanatismus
eine ausschlaggebende politische Relevanz zu: „Nichts kann daher in meinen
Gedanken gefährlicher sein als die Gründung eines Reiches oder einer Republik,
die aus lauter fanatischen Bürgern oder Chiliasten besteht, welche auf eine neue
Herrschaft warten und sich selbst als Instrumente dazu ansehen."[152] So unver-

---

145 Vgl. Bull, F.: Ludvig Holberg som Historiker, S. 145f.
146 Conjectures sur les causes de la grandeur des Romains. Nouvelle Hipothese, opposée
    à quelques autres ci-devant publiées sur le même sujet. Avec un Discours sur l'entousiasme.
    LHS 17, S. 167–240.
147 Vgl. Bull, F.: Ludvig Holberg som Historiker, S. 148.
148 Vgl. LHV 8, S. 302f.
149 LHS 17, S. 234.
150 Ebenda, S. 235.
151 Ebenda, S. 237.
152 LHV 8, S. 313.

mittelt dieser Satz in Holbergs Vorwort steht, so bezeichnend ist er, spricht hieraus doch die intuitive Abneigung gegen spekulative und ideologische Obsessionen, die er schon im Bereich seiner historischen Wissenschaft vermeidet und nun auf den Bereich des Politischen ausdehnt.

In einer kleinen Abhandlung „Über Fanatismus" von 1749 ist Holberg präziser in der theoretischen Explikation dieses Themas, das er in den Umkreis der Religion stellt, das aber durchaus von politischem Interesse ist. „Fanatismus, den man auf Dänisch Schwärmerei nennen kann, ist eine der gefährlichsten ... Religionssekten ..., weil er sowohl gegen die Schrift als auch die Regierung streitet; denn ein Schwärmer setzt nichts zur Grundlage außer einem Affect, den er Gewissen (*Samvittighed*) nennt; das ist das Rad, das alleine ihn antreibt wie eine Maschine, so daß das gründlichste Wissen (*Lœrdom*) und die klarsten Argumente ... ihn überhaupt nicht bewegen können". Vergeblich diskutiert man mit ihnen, denn „sie halten nichts für die Wahrheit als das, was sie für die Wahrheit halten *wollen.*"[153]

Allerdings ist Holberg grenzenlos optimistisch, was die Beständigkeit des Fanatismus und auch des impulsiven Enthusiasmus angeht. Daß das römische Reich sich länger als andere, bei denen er auch Enthusiasmus diagnostizieren konnte, gehalten hat, liegt nach seiner Auffassung an seiner Intensität.

Daß der Römische Heroismus beständiger war und länger dauerte als der Sarazenische kann zwei Ursachen zugeschrieben werden; erstens weil der Fanatische Affect bei den ersten nicht so stark raste als bei den letzteren, bei welchen er wie ein heftig siedendes Wasser kochte und über alle Ufer schäumte und darum hastiger aufhören mußte: Der Römische Enthusiasmus war dagegen wie Wasser, das bei mäßigem Feuer kochte und darum nicht so bald evaporierte.[154]

Verallgemeinernd läßt sich Holberg zu der psychologischen Erkenntnis herbei: „Denn es ist mit allen Passionen so beschaffen, daß, je stärker sie rasen, desto hastiger finden sie ein Ende."[155] Der vernunftorientierte Holberg mußte diesen Optimismus noch haben, ihm fehlte auch die Erfahrung politischer Passionen.

Nun ist der Enthusiasmus keine partikuläre Kraft. Zunächst tritt er in einer Person auf oder seltener in einer ganzen Nation: „L'entousiasme frappe tantôt un homme en particulier, tantôt (ce qui est pourtant plus rare) un peuple entier," der dann aber auf andere übergreift und zu einer Massenbewegung wird.[156] Holberg führt dabei eine weitere Differenzierung ein, die den Enthusiasmus nicht nur vom Fanatismus abhebt, sondern auch in sich konsistenter macht, den „l'entousiasme raisonnable, (qui est) guidé par l'intelligence,"[157] so daß, so muß man ihn interpretieren, aus der Verbindung des in den Bereich des Spontanen und Kreativen gehörenden Enthusiasmus mit der regulierenden Vernunft sich Großes gestalten kann. Es sind nicht politische, gesellschaftliche oder sonstige äußere Ursachen, die bestimmend auf den Geschichtsablauf in entscheidenden Situationen einwirken,[158]

---

153 Holberg: Om Fanatisme, S. 122.
154 LHS 15, S. 492, vgl. auch LHS 17, S. 236.
155 LHS 15, S. 491.
156 LHS 17, S. 235.
157 Ebenda, S. 237.
158 LHV 8, S. 301 und S. 304.

sondern Faktoren, die an den Intellekt und die Spontaneität Einzelner geknüpft sind. „Ein einziger Regent, ein Gesetzgeber kann ein Volk ganz umwandeln (*omstøbe*)"[159].

Aus den ihm vorliegenden Fakten leitet Holberg die These ab, daß in der Geschichte immer wieder Männer auftraten, die von diesem „vernünftigen Enthusiasmus" ergriffen waren (wie z.B. Romulus), wobei er in unterschiedlicher Akzentuierung − vernünftiger, echter Enthusiasmus oder zum Fanatismus neigender − sich auf die übrigen Zeitgenossen übertrug und an die nachfolgenden Generationen weitergegeben wurde (l'entousiasme héréditaire). Ausgangspunkt ist jedoch jedesmal eine Art Religionsschöpfung, indem der Enthusiast (Mohammed, Romulus) eine göttliche Abkunft behauptet oder eine göttliche Vision gehabt haben will, die mit der Verheißung „d'une future prosperité" verbunden ist.[160] Die religionsähnliche Ausstattung des Enthusiasmus, die sie mit dem Fanatismus gemein hat, dient zur Bekräftigung und zur Gewährleistung des Weiterlebens des Enthusiasmus; „wenn man den Menschen erst einmal eingebildet hat, daß man ein Prophet und daß die Lehre göttlich ist, dann bestärkt man sie eher durch unglaubliche (*vanskabte*) und ungereimte (*u-rimelige*) Revelationen, als daß man sie schwächt, so wie das gemeine Volk (*Almue*) sich gemeinhin eine Merite daraus macht, unbegreifliche Dinge zu glauben, denen man den Namen von Mysterien gibt."[161]

In seiner Argumentationskette ist Holberg überaus vorsichtig und differenziert immer wieder, nie jedoch gibt er eine Wertung oder eine Meinung zu dem Komplex ab, vielmehr sichtet er die historischen Fakten, die bisweilen auch psychologische sind, überprüft daran die bisher von anderen aufgestellten Thesen und leitet daraus logisch seine eigenen Einsichten ab. Was den Discours und die verwandten Texte so interessant werden lassen, ist Holbergs im Alter gemachte Entdeckung einer Wirkkraft, die den Verstandesgaben nicht unbedingt zugänglich ist, die Gegenposition − die Glaubenssätze einer dogmatischen Theologie − jedoch vermeidet. Er ist vorsichtig und offen genug, die Beziehung zum Göttlichen nicht in Abrede zu stellen: „Wenn einige hieraus (s.c. Roms Aufstieg) ein Wunder machen wollen und es Gottes beschlossenem Rat zuschreiben, dann unterschreibe ich dieses Urteil gerne."[162] Bei aller Affinität zum rationalistischen Zeitgeist, dessen skandinavischer Wegbereiter er war, verläßt ihn seine Skepsis nicht. Aufgeklärt bleibt er auch der „Aufklärung" gegenüber.

Im gesamteuropäischen Rahmen, in den Holberg sich selbst ja gerne stellt, ergeben sich darüber hinaus beziehungsreiche Aspekte, die anzudeuten wären und die ihn − wiederum − als den skandinavischen Wegbereiter des europäischen Denkens erscheinen lassen; denn die Enthusiasmusdebatte begann vor Holberg und führte nach ihm zur Neudefinition des Geniebegriffs.[163] Noch bei Platon wird als Urhe-

---

159 LHS 15, S. 486.
160 LHS 17, S. 238.
161 LHS 15, S. 491.
162 LHV 8, S. 306.
163 Vgl. zum Folgenden Zilsel: Die Entstehung des Geniebegriffes, und Rosenthal: Der Geniebegriff des Aufklärungszeitalters.

ber „der größten Güter" der Wahnsinn den Menschen von den Göttern verliehen.[164] Die dichterische Inspiration, so sagt Sokrates, entspringt einer Besessenheit, die von Vernunft nichts weiß, die bewußtlos ist; es ist eine göttliche Kraft, ein *ingenium*, das durch den Künstler spricht.[165] Der moderne Geniebegriff hingegen, wie er sich in der Zeit der Aufklärung entwickelt, kennt keine transzendente Komponente mehr, sondern verherrlicht das Genie kraft seiner Persönlichkeit und Größe. Personenkult und Heldenverehrung vermitteln eher seinen Wesensgehalt als der Wahnsinn. Und so empfiehlt schon Shaftesbury, der die Kritik an der später ausufernden Debatte vorwegnimmt, in seinem "Letter on Enthousiasm" 1708 als Heilmittel gegen „die Seuche des Enthusiasmus"[166] „die gute Laune."[167]

Shaftesbury ist es denn auch, dem Holberg am nächsten zu stehen scheint, wenn er vom „rasenden" Enthusiasmus spricht[168] und die Vokabel des „Fanatismus" verwendet. Gleichwohl wird „der inspirierende Gott des Sokrates durch einen Genius im Dichter selbst ersetzt," ja werden „Dichter und Genius identisch."[169] Eine abwägende Position zwischen der sokratischen Göttergabe und der aufklärerischen Säkularisation, wie sie z.B. bei Diderot[170] und Herder entwickelt wird, vertritt Holberg. Er liefert damit aus dem europäischen Kontext den literarischen Grundstein zur skandinavischen „Persönlichkeitsphilosophie", die dann deutlich im 19. Jahrhundert artikuliert wird.

d. Der Moralist als Apologet der Mitte

Ich habe bisher zu zeigen versucht, wie Holberg aus den scheinbar konträrsten Professionen heraus — ob als Komödiant und Satiriker, ob als Jurist und Historiker — vor allem zweierlei anstrebt: die Kritik an den bestehenden Verhältnissen in Wissenschaft und Religion, Gesellschaft und Individuum, sowie in erzieherischer Absicht an der Verfeinerung von Moral und Vernunft seiner Mitmenschen zu arbeiten. Wenn auch häufig der gegenteilige Eindruck entsteht, so ist die Kritik die eher untergeordnete Passion, er handelt sie — mit imponierender Sprachgewandtheit — en passant ab. Nun ist bislang jedoch noch wenig über den (oder die) kategorialen Bezugspunkt(e), die den Ursprung seiner Kritik und seiner Erziehung markieren, gesagt worden, was bei einer nachträglichen Systematisierung des Holbergschen Gedankenuniversums nicht von ungefähr kommt; zwar gibt es darin einige leuchtende Fixsterne — wie z.B. die Vernunft — doch läßt sich mit Sicherheit kein archimedischer Punkt ausmachen, an dem dieses Universum hängt. Es fehlt ihm die „logische Leidenschaft eines theoretischen Denkens."[171]

---

164 Platon: Phaidros 244aff. (Sämtliche Werke, Bd. 4, S. 25ff.).
165 Ders.: Ion 533dff. (Sämtliche Werke, Bd. 1, S. 102f.).
166 Shaftesbury: Philosophische Werke, Bd. 1, S. 63.
167 Ebenda, S. 28.
168 Ebenda, S. 60.
169 Schabert: Diderot, S. 120.
170 Diderot: Enzyklopädie, S. 175ff.
171 Nielsen, R., S. 60.

Gerade aber diese Bezugslosigkeit – im Sinne des Mangels stringenter Deduktion und interpretatorischer Tiefe – macht den besonderen Reiz des Holbergschen Denkens aus, berücksichtigt man dabei, daß er der erste in der Ahnengalerie der großen skandinavischen Autoren war. Seine Offenheit bietet die Chance der Weiterentwicklung und der theoretischen Durcharbeitung in den von ihm vorgezeichneten Bahnen, die es, wenn auch nicht in der Bedeutung systematischen Denkens, zweifellos gibt und die sich an den Begriffen der drei Ausgangspunkte kritischen theoretischen Denkens festmachen lassen. Es sind dies Begriffe, die sich nicht nur im Holbergschen Denken ausmachen lassen, sondern die die dänische Philosophie kennzeichnen und das skandinavische politische Denken bestimmen: 1) die Vernunft, zumeist im Sinne instrumenteller Verstandeslogik; 2) die Geschichte im weitesten Sinne, d.h. die zeitabhängige Realität; 3) die Erfahrung, die, da sie nur von Einzelnen gemacht werden kann, mit dem Begriff der Individualität[172] verknüpft ist. Keiner dieser Punkte steht für sich allein, vielmehr ergänzen und bedingen sie sich gegenseitig. Über Holbergs Verständnis von Vernunft und Geschichte habe ich gesprochen; allein der – ohne Zweifel zentrale – Erfahrungsbegriff wurde bislang vernachlässigt. Stereotyp taucht er immer wieder auf, von seinen frühesten Werken bis in die späte Essayistik. „Wie die Erfahrung zeigt," dürfte in den verschiedenen Variationen, der von Holberg am häufigsten gebrauchten Satz sein, ohne daß er an irgendeiner Stelle präzise sagt, was er unter Erfahrung versteht.

Etwa in den letzten zehn Lebensjahren, mit den „Moralischen Gedanken" und den „Episteln" wendet sich Holberg immer mehr von der Historiographie ab und philosophisch-ethischen Themen zu, ohne daß man ihn einen Philosophen im streng klassischen Sinne nennen könnte, der sich auf der Suche nach dem Grund der Seele, des Menschen, der Welt, dem *nous* befindet. Es waren bei ihm eher induktiv die Fragen der Zeit und die Probleme des Einzelnen, die ihm Anstoß zum Studium gaben und auf den Weg der erzieherischen Wirksamkeit brachten als die theoretische Erfassung von Existenz, Gesellschaft und Geschichte. Moralist wollte er sein und warf dabei einen Seitenblick auf Sokrates,[173] von dem er gelernt hatte, daß Tugend sich auf Erziehung und beispielhaftes Vorleben gründet.[174] Von Michel de Montaigne (1533–1592) inspiriert, legt er ab 1748 fünf Bände mit insgesamt 539 Episteln vor, die in mehr oder weniger kurzer Form aktuelle und philosophische Themen berühren. Aus ihnen erst kann man ersehen, welche Bedeutung „Erfahrung" für ihn hat, welche Bestimmungen dem Begriff zugrundeliegen.

„Baron Ludvig Holbergs Episteln, befassend manch historische, politische, metaphysische, moralische, philosophische item spaßhafte (*skiemtsomme*) Materien", so der programmatische Titel, umgreifen also die gesamte Palette des Wissens-

---

172 Vgl. zur Problematik H.s als erstem dänischen „Individualisten" Aall: Filosofien i Norden, S. 74ff.
173 Vgl. LHV 10, S. 48f.
174 Vgl. LHS 16, S. 620.

bereiches. Da sind Abschnitte zur Person Holbergs, zur Gleichberechtigung der Frauen, die er schon im „Niels Klim" in Richter- und Regierungsämter setzte;[175] er bespricht Bücher, gibt psychologische Kommentare; er äußert sich zu Religion, Theologie und Kirche, zu wirtschaftlichen Fragen, zur Haustierhaltung und natürlich zu dem weiten Bereich von Sitte, Ethik und Moral im gesellschaftlichen und persönlichen Leben. All diese Themen würzt Holberg mit Beispielen aus Geschichte und Literatur oder mit persönlichen Erlebnissen; man kann daraus schließen, daß Holberg seinen Erfahrungsbegriff im aristotelischen Sinne primär auf erinnerte Empirie gründet, die durch eine Vernunft vermittelt wird, der man das Beiwort „gesund" nicht absprechen kann.

Erfahrung ist ihm eine wesentliche Quelle der Moral, denn „man muß wohl zugeben, daß die Lehre, die sich auf Erfahrung gründet, die sicherste Richtschnur ist."[176] Aus der vorfindlichen Realität erhält er die Anstöße zum Philosophieren und gleichzeitig die Richt- und Wertmaßstäbe, nach denen diese Philosophie aufgebaut ist, wobei ihm das als richtig zu gelten hat, was evident erscheint. Es sind nicht die großen theoretischen Zusammenhänge, die ihn interessieren und die er analysiert, sondern die einzelnen Dinge, denen er seine Aufmerksamkeit widmet. So bricht die Argumentationskette immer dann ab, wenn er zu grundsätzlichen theoretischen Erwägungen und Konklusionen kommen müßte; an ihre Stelle setzt er konkrete Beispiele aus dem sogenannten täglichen Leben, aus der Geschichte.[177] „Wenn ich auf Irrtümer aufmerksam machen soll, folge ich Sokrates' Methode: ich unterminiere die Festungen, anstatt sie im Sturm zu nehmen. Mit Hilfe von Erzählungen, Fabeln und Gleichnissen zwinge ich die Leute zur Erkenntnis der Wahrheit."[178] Wer Holberg dieses nicht als Oberflächlichkeit auslegen will, muß hierin die eigentlich philosophische Leistung seines Wirkens sehen. Es ist dies die Philosophie des Konkreten und Einzelnen, die für den Einzelnen geschrieben ist, denn Wahrheit liegt niemals in einem System, sondern einzig in der durch die Primärsprache vermittelten Erfahrung, wobei der Terminus „Primärsprache" die Abwesenheit jeglichen theoretischen Raisonnements und die Erfahrungsgebundenheit meint.

Wenn er es verstanden hat, für sein schriftstellerisches Werk und für sein Denken fast die gesamte abendländische Literatur auszunutzen, so profitiert er, was seinen Erfahrungsbegriff betrifft, vor allem von John Locke (1632–1704), was seine Methodik betrifft von Thomas Hobbes (1588–1679)[179], nur daß er im Gegensatz zu Hobbes, der noch eine Gesamtsystematik vorlegt, diese dem Leser überläßt. „Als Dichter, Wissenschaftler und Essayist ist Holberg gleich frech und

---

175 In seinen Schriften vertritt H. einen aufgeklärt modernen Standpunkt in Bezug auf die Gleichstellung der Frau, in seinem persönlichen Leben war er wesentlich verschlossener. Vgl. Steenstrup: Den danske Kvindes Historie fra Holbergs Tid til vor.
176 LHV 11, S. 249.
177 Vgl. hierzu die einzelnen Nachweise bei Jansen, F. J. B.: Holberg ved Arbejdsbordet, bes. S. 22f.
178 LHV 12, S. 213.
179 Zu Locke und Hobbes siehe u.a.: Opitz: Thomas Hobbes, ders.: John Locke.

gleich genial. Er nimmt, was er brauchen kann, wo er es findet und macht damit, was er will. Alles, wie es für das Arbeitsgebiet notwendig ist."[180]

Der von Holberg gefundene Wahrheitsbegriff, den ich apropos seiner Historiographie erörtert habe, taucht in modifizierter Form besonders in den Episteln wieder auf. Er bemüht sich nämlich nicht allein um eine ausgewogene Darstellung
aufgrund seiner Wahrheitsliebe, sondern aus Abneigung vor einseitigen, extremen
Positionen. Als Holberg 1729 seine „Beschreibung Dänemarks und Norwegens"
herausgibt, handelt er darin auch den Nationalcharakter der Dänen ab, ein Abschnitt, der in seiner Aktualität unübertroffen ist:

> Die Dänen werden heutzutage für ein artiges und sehr zivilisiertes Volk gehalten ... Im übri-
> gen kann man über die dänische Nation sagen, daß sie gefügig (føyelig) ist, daß man mit ihr
> gut zurecht kommen kann und daß sie besonders gehorsam der Obrigkeit ist, denn es gibt
> fast kein Land, in dem Aufruhr weniger stattgefunden hat als in Dänemark, auch nicht in
> dem Diebstahl, Raub und Mord weniger im Schwange ist ..., welches dem guten Naturell
> sowohl der Regierung als der Einwohner zuzuschreiben ist ... Die Mediocrität oder Mittelmä-
> ßigkeit (middelmaadighed), die Mons. Mohlsworth der Nation zur Last legt, nämlich daß die
> Dänen nicht dumm (taabelig) aber auch nicht hochbegabt sind, hätte vielleicht ein anderer
> Schreiber als eine Tugend und einen Mittelweg ausgelegt, den diese Nation in vielen Dingen
> geht, so daß sie selten in Extremitäten verfällt.[181]

Seine Epistel 72 („Über verblüffende Änderungen im dänischen Volkscharakter")
leitet er mit den Worten ein: „Ich habe in meiner Beschreibung Dänemarks die
Dänen als ein Volk bezeichnet, das nicht leicht (letteligen) in Extremitäten verfällt, sondern in allem einen Mittelweg geht."[182] Er unterstreicht damit noch einmal seine Vorliebe für den „Mittelweg", um dann den beklagenswerten Abfall
der Dänen davon zu bedauern.

Der „Mittelweg", den er schon im ersten Teil seiner Memoiren den „goldenen"
nennt,[183] ist für Holberg die Straße zur Glückseligkeit. „Man muß einen Mittelweg gehen",[184] „alle Tugend besteht in Mediocrität",[185] ist sein stärkstes Argument, wenn er konträre Positionen verhandelt: Rechthaberei und Wankelmut,[186]
Religion und Vernunft,[187] Vernunft und Offenbarung[188] etc. Gegründet auf Erfahrung liefert er in seinen „Moralischen Gedanken" eine aristotelische Apologie der Mitte, wenn es um die Reformierung von Staaten und Gesellschaften
geht, die er – als Anhänger des Absolutismus – für notwendig erachtet:

> Die meisten Staaten und Gesellschaften, wie jeder Mensch insbesondere, haben Reformation
> nötig. Ich weise allein daraufhin, daß jeder mit dem Zügel in der Hand vorangehen muß
> und sich so reformieren, daß er nicht von einem Laster ins andere fällt. Derjenige, der
> langsam vorangeht, kommt schließlich zum Ziel; aber der, der dahin galoppiert, kann ent-

---

180 Jansen, F. J. B.: Holberg ved Arbejdsbordet, S. 22f.
181 LHV 1, S. 26ff.
182 LHV 11, S. 79.
183 LHV 12, S. 34.
184 LHV 10, S. 120.
185 Ebenda, S. 215.
186 Ebenda, S. 120f.
187 LHS 16, S. 342f.
188 LHV 11, S. 33ff., auch LHS 15, S. 320ff.

weder auf dem Weg stürzen oder in der Fahrt über das Ziel hinausschießen (*drives Maalet forbi*), so daß er auf der Seite genauso weit davon entfernt ist, wie auf der anderen.[189]

Unter Berufung auf Konfuzius plädiert er auch hier für den „großen Mittelweg" (Medium Magnum)[190] und fügt ein dänisches Sprichwort an: „Fürchte Gott und folge der Landstraße."[191]

Gibt Holberg auch selber an, daß ihm die „Mediocrität" für „Mittelmäßigkeit" steht, so erscheint der Übersetzungsvorschlag Harald Høffdings einleuchtend, der die „Mediocrität" als „Harmonie" gedeutet haben will.[192] In der Tat ist der ausgleichende Charakter der Holbergschen Ethik und Moral nicht zu übersehen. Sein Bestreben ist, an die je individuelle Harmonie des Einzelnen zu appellieren, wobei er allerdings weiß, daß die harmonisierende Mitte individuell verschieden ist. Die Tugend des Mittelweges, die auch charakterabhängig ist, wird an die je einzelne Persönlichkeit gebunden und macht die Selbsterkenntnis zu einem primären Ziel der Holbergschen Schriftstellerei;[193] damit aber wird er zum Wegbereiter des dänischen 19. Jahrhunderts. Was von Kierkegaard, Poul M. Møller, F. C. Sibbern, A. S. Ørsted u.a. unter dem Begriff der „Persönlichkeitsphilosophie" abgehandelt wird, hat bereits in Holberg seine Entsprechung,[194] und dies erklärt vielleicht auch, weshalb er gerade von diesen so gerne gelesen und zitiert wurde.

Im Kontext dänischer Philosophie bedeutet die Ausrichtung auf die Persönlichkeit auch immer die Einbeziehung der „sozialen Frage".[195] Berücksichtigt man nämlich, daß Holberg schreibt, um zu erziehen, so geht es letztlich um das Verstehen und Handhaben von Realität, einer Realität jedoch, aus der der Bereich des Nicht-Gegenständlichen weitgehend verdrängt wurde. Seinsbereiche, die über die gegenständliche Sphäre hinausgehen, kommen in der Regel nicht vor, werden aber auch nicht geleugnet; Holbergs Anliegen ist nicht die theoretische Stringenz, allenfalls eine Theorie der praktischen Anwendbarkeit, nicht mehr aber auch nicht weniger. Mit dieser Auffassung wurzelt er noch im 17. Jahrhundert, dem das Naturrecht — und daher bezieht er seine Grundüberzeugungen — „von der aristotelischen Tradition der praktischen Philosophie her im Bereich des sozialen Handelns, des Handelns des Menschen in Gemeinschaft mit den anderen angesiedelt ist." Es geht „um die Anleitung zum richtigen Handeln in konkreten Situationen im Gemeinschaftsleben" und nicht so sehr „um die Beherrschung und Normierung der Wirklichkeit durch ein aus einem obersten Prinzip logisch folgerichtig abgeleiteten Rechtssystem."[196]

Zwar macht Holberg zur Beschreitung seines „Mittelweges" die Vernunft zur Richtschnur („Die Vernunft muß daher der Steuermann sein"[197]), doch ist es

189 LHV 10, S. 214.
190 Ebenda, S. 215.
191 Ebenda, S. 216.
192 Høffding: Holberg som populær Filosof, S. 16.
193 Ebenda, S. 14.
194 Ebenda, S. 14ff.   195 Ebenda, S. 17.
196 Denzer: Moralphilosophie und Naturrecht bei Samuel Pufendorf, S. 5.
197 LHV 10, S. 215.

eine Vernunft, die nicht in reiner Prinzipientreue erstarrt ist, sondern getragen wird von dem Bewußtsein der Humanität.[198] Sie ist kompromißfähig, daher human und sozial. Der „verständige Mittelweg" ist der „Kulturweg",[199] auf den die „praktische Philosophie"[200] Holbergs gebracht wird. Das mündet dann in sehr konkreten und für die Zeit schockierenden Forderungen, die nicht allein aus der Kritik der Orthodoxie und der Scholastik resultieren, sondern seine Sensibilität für die Existenzprobleme des Menschen in Gesellschaft unter der notwendigen Voraussetzung der Humanität offenbaren: „Kinder müssen zu Menschen gemacht werden, bevor sie Christen werden ... Denn wenn einer Theologie lernt, bevor er lernt Mensch zu werden, wird er nie Mensch." Ja, aufgrund seiner eigenen akademischen Karriere kommt er sogar zu dem Schluß: „Man muß erst lernen zu zweifeln, bevor man lernen muß zu glauben."[201] Im dritten Teil seiner Memoiren von 1743 spricht er dann noch einmal den Begründungsfaktor seiner moralphilosophischen Betätigung deutlich aus:

Andere Wissenschaften machen uns zu Menschen; aber die Moralphilosophie macht uns menschlich und führt uns auf eine friedliche, ruhige, stille und glückliche Lebensbahn ... Denn die Moralphilosophie zeigt uns den Weg durch das Leben, lehrt uns, das Gute zu suchen und das Schlechte zu meiden; sie ist es, die die Städte schafft, die verstreuten Menschen in einer Lebensgemeinschaft sammelt ...; sie ist es, die die Gesetze stiftet und unser Verhalten und (unsere) Normen beherrscht.[202]

Wenn 100 Jahre später die romantischen Idealisten Holberg in pejorativer Absicht als einen hoffnungslosen Fall von subjektiver Individualität abtun,[203] so scheinen sie dabei übersehen zu wollen, daß sich bei ihm die Komponente der politischen Sozialfähigkeit des Menschen auf Humanität gründet, d.h. erst nach der Ausbildung individueller Moralvorstellungen kann Existenz in Gesellschaft thematisch werden. Holberg hatte dies erkannt und legt deshalb den größten Wert auf die Harmonisierung der Sphäre des Einzelnen. Sein durch den Verstand geleiteter Humanismus, der als „Neu-Humanismus" in die Literaturgeschichte einging,[204] vereinigt weltliche Bildung mit sozialer Verantwortlichkeit und stellt insofern die Vorschule der Moderne dar.

Bei Holberg sind Naturrecht und die daraus abgeleiteten Moralvorstellungen nicht apriorische Statik, wie es spätestens seit der Kantschen Philosophie gesehen wurde, als das Naturrecht zu einer statischen Grundnorm erstarrte, die apriorisch aus der Vernunft gewonnen wird und letztlich zum formalistischen Rechtspositivismus führt. Vielmehr erhält Holberg die Dynamik des originären Naturrechts[205]

---

198 Nicht unberechtigt stellt V. Andersen in einem analytischen Vergleich H. und Erasmus nebeneinander: Tider og Typer, Bd. 4 (Erasmus II.).
199 Nielsen, R., S. 46.
200 LHV 11, S. 69.
201 LHV 10, S. 61ff.
202 LHV 12, S. 212.
203 So der dänische Hegel-Apologet Johan Ludvig Heiberg in: Prosaiske Skrifter. Bd. 2, S. 89f.
204 Andersen, V., S. 152ff.
205 Zur Klärung von „Statik" und „Dynamik" um die Naturrechtsproblematik verweise ich auf Schmölz: Das Naturgesetz und seine dynamische Kraft.

durch die Einbeziehung eines freien Willens: „Der Wille ist der vernünftigen Seele Begabung, wodurch der Mensch ... bewegt wird, das zu tun und auszuwählen, was am behaglichsten erscheint, dagegen das zu verwerfen, was unbequem erscheint."[206] Er ist kein dogmatischer Vertreter des Naturrechts — auch nicht eines „dynamischen". Wie in seiner Lebensführung, wie in seinem übrigen Denken geht er einen Mittelweg zwischen dem optimistischen Glauben des aufgeklärten Zeitalters an die menschliche Vernunft und dem von Hobbes, dann auch von Pufendorf bestimmten Pessimismus die menschliche Natur betreffend. Seine von Grotius, Pufendorf, Thomasius und Hobbes entliehenen Vorstellungen führen ihn dann auch nicht zu der reinen Lehre der englischen Empiristen, deren Nachfolger im Utilitarismus erstarrten. Nützlichkeitserwägungen, so oft diese Vokabel bei Holberg auch auftaucht, lehnt er als letzten Grund von Moral und Ethik ab — und wie sollte es auch anders sein, meinte er doch schon 1722 in einem satirischen Gedicht über die Definition des Menschen: „Das ist ein Tier, das man nicht kann definieren."[207] Mit dieser Auffassung geht Holberg dann, was Edvard Holm gezeigt hat,[208] als Wegbereiter der aufgeklärt absolutistischen Reformpolitik zum Ende des Jahrhunderts in die Annalen ein.

Kehren wir zum Schluß noch einmal zur Holbergschen Vernunft zurück und fragen nach ihrer Spezifität. Als Korrekturelemente des Denkens treten bei ihm die Geschichte und im weiteren Sinne die Realität auf, damit die Erfahrung als prinzipieller Begründungsfaktor interpretatorischer Schriftstellerei. Sein Einsatz für die „Mediocrität" verlangt aber, auch den Vernunftbegriff hierunter zu subsumieren; schließlich steht „Mediocrität" für Praktikabilität. Die „praktische Philosophie" Holbergs — und daher verdient sie ihre Bedeutung — wird erst zu einer solchen durch ihre Brauchbarkeit in individueller Existenzausformung und durch ihre Humanität, wo sie über den Bereich des Individuellen hinausgeht. Nun läßt sich dieser dreifache Anspruch an eine Realitätsauslegung — Humanität, Praktikabilität und „Mediocrität" — in einem Wort zusammenfassen: *common sense*. In der Tat ist die Holbergsche Wirksamkeit nicht nur mit diesem Begriff am ehesten getroffen, die Vokabel taucht im Werk auch an vereinzelten Stellen als „gesunde Vernunft" auf, die unser „Lehrmeister" zu sein hat,[209] und an der er sein eigenes Schaffen überprüft haben will.[210] „Die Regel für unsere Gedanken und Handlungen, unsere Schriften und unser Leben muß die gesunde Vernunft sein."[211] Und wenn in „Erasmus Montanus" sich der Bruder Jacob auf seinen „einfältigen Verstand" beruft[212] oder der das Naturrecht repräsentierende Leutnant auf die „gesunde Philosophie",[213] so ist damit jene Grundkategorie gesellschaftlichen Zusammenseins angesprochen, ohne die in die Existenz der Menschen keine Ordnung zu bringen

---

206 LHV 1, S. 64.
207 LHV 2, S. 356.
208 Holm, E., S. 65.
209 LHV 11, S. 22.
210 LHV 10, S. 47.
211 LHV 12, S. 329.
212 LHV 6, S. 189.
213 Ebenda, S. 199.

ist – *Erasmus Montanus* besitzt nämlich keinen common sense und ist ebenda-
durch ein chaotischer Mensch, ja evoziert unter seinen Mitmenschen ein Chaos.

Die Bedeutsamkeit gerade dieser „gesunden Vernunft", die im Falle Holberg
nicht allein aus der „Mediocrität" entspringt, sondern genauso wechselseitig diese auch bewirkt, führt Georg Brandes aus, wenn er zu der sozialen Wirksamkeit
Holbergs resümiert:

Diese Vernunft-Moral oder moralisierende Vernunft lebt und atmet (*aander*), atmet gesund
und frei hier auf Erden; sie ist gemütlich (*hyggelig*) und bürgerlich, ernst ohne außerordent-
lich streng zu sein, spaßig und viele Male witzig in ihrem Ausdruck, wohl geschaffen, eine
Nation von schlichten (*jævne*) Bürgersleuten und Handwerkern Lebensweisheit zu lehren.
Sie gibt sich mit Mittelwahrheiten zufrieden und paßt besonders gut für den Mittelstand,
dessen Befreiung Holbergs Zeit vorausging und dessen Dichter und Lehrer er wurde.[214]

Übersetzt man die Leistung des Holbergschen Denkens in die Symbolsprache der
Poesie, so ist sicherlich nicht ganz zu Unrecht der deutschen Ausgabe des „Niels
Klim" von 1828 folgender euphemistischer Sinnspruch vorangestellt:

Hoch in den Wolken erhebt sich des Eichbaums schattige Krone,
   Weil er mit ringender Kraft wurzelt tief in dem Grund.
Also, o Holberg! dein Ruhm, hoch geht er von Ost bis nach Westen;
   Tief aus der Erde hervor hast du das Kleinod gebracht.

---

214 Brandes, S. 109.

III. Søren Kierkegaard: Sokrates in Kopenhagen

> Was für eine Philosophie man wähle, hängt sonach davon ab,
> was für ein Mensch man ist: denn ein philosophisches System
> ist nicht ein toter Hausrat, den man ablegen oder annehmen
> könnte, wie es uns beliebte, sondern es ist beseelt durch die
> Seele des Menschen, der es hat.
>
> Fichte: Erste Einleitung in die Wissenschaftslehre

> Im Verhältnis zu ihren Systemen geht es den meisten Syste-
> matikern so, wie wenn ein Mann ein riesiges Schloß baut und
> selbst in einer Scheune daneben wohnt: sie leben selbst nicht
> darin, dem riesigen systematischen Gebäude. Aber im Geist-
> Verhältnis ist und bleibt das ein entscheidender Einwand. Gei-
> stig verstanden müssen die Gedanken eines Mannes das Gebäu-
> de sein, worin er wohnt — sonst ist es verrückt.
>
> Kierkegaard: Pap. VII 1 A 82

1. Einschränkungen

a. Material und Methode

Das Werk Søren Kierkegaards umfaßt 36 Bände, davon 22 seiner nachgelassenen
Schriften: Tagebuchaufzeichnungen und Werkentwürfe. Grob gerechnet ergeben das
etwa 15000 Druckseiten, worin seine Briefe noch nicht enthalten sind. All dies ent-
stand vorwiegend während seiner Hauptschaffensperiode zwischen 1843 und 1855.
An diese Primärschriften schließt sich dann eine Sekundärliteratur, die heute von
kaum einem noch überschaut werden kann: Werke über Kierkegaard füllen Bibliotheken; allein eine vollständige Bibliographie, die es nicht gibt, würde Bände ergeben. Angesichts dieser Materialfülle sei daher einschränkend angemerkt, daß es
im Rahmen dieser Arbeit nicht darauf ankommen kann, eine Totalanalyse des
Kierkegaardschen Denkens zu liefern, geschweige denn eine neue. Wie unangemes-
sen es auch immer sein mag, Einzelaspekte herauszugreifen und ohne den Kierkegaardschen Gesamtrahmen zu analysieren, so sollen hier doch einige wenige Einzel-
probleme erörtert werden, die in unmittelbarem Zusammenhang mit dem Thema
der Arbeit stehen, wobei der Natur der Sache nach, die religiös theologischen Fragen allenfalls die Folie abgeben können. Der analytische Schwerpunkt wird, analog zum vorausgegangenen Abschnitt, bei den Ansätzen des Denkens liegen: bei
dem Verhältnis von Theorie und Praxis, bei der Stellung des Menschen zur Gesellschaft und zur Realität als innerer wie äußerer Bedingtheit seiner Existenz, bei
den Voraussetzungen von Denken überhaupt. Da es die These dieser Arbeit ist,
daß es eine Kontinuität, eine Tradition dänischen (und skandinavischen) Denkens

gibt, aus der sich die Besonderheit einer skandinavischen Ziviltheologie ableiten läßt, erscheint es notwendig wie vertretbar, den bedeutendsten nordeuropäischen Philosophen hier einzubeziehen, wenngleich damit seinem Denken keineswegs ausreichend genüge getan werden kann.

Gleichsam als gewichtige Randbemerkung, um Kierkegaards Relevanz für eine kritische Politikwissenschaft zu unterstreichen, sei hier erwähnt, daß sich seine europäische Entdeckung gerade in Krisenzeiten der westlichen Gesellschaften ereignete, zu Zeiten, deren sozialdominanter Bewußtseinszustand von „kosmischer Heimatlosigkeit" geprägt war — um einen Terminus Martin Bubers zu verwenden. Kurz vor dem Ersten, vor allem dann aber nach den beiden Weltkriegen — mit Karl Barth und Jean Paul Satre als Schrittmachern — wuchs das Interesse für ihn beträchtlich.[1] Karl Jaspers' „Psychologie der Weltanschauungen" von 1919 und Martin Heideggers „Sein und Zeit" von 1926, die zwei Schlüsselwerke des modernen Existentialismus, sind wesentlich von Kierkegaard beeinflußt. Aber auch für den skandinavischen Bereich hat er seine inspiratorische Bedeutung; so sind es vor allem die Dramen August Strindbergs und Henrik Ibsens, die von der Berührung mit ihm leben. Ibsen und auch sein Landsmann Bjørnstjerne Bjørnson sind auf eminente Weise dem Dänen verpflichtet, wie das auch für Georg Brandes gilt und einen anderen großen Philosophen, Harald Høffding. Für die politische Sphäre ist überliefert, daß mindestens ein Maßgeblicher, nämlich der liberale dänische Partei- und Zeitungsgründer Viggo Hørup, ihn „mit großem Enthusiasmus" las.[2]

Wenn Søren Kierkegaard hier unter dem Anspruch einer kritischen Politikwissenschaft abgehandelt werden soll, so muß dabei auf die äußeren Gegebenheiten seiner Existenz Rücksicht genommen werden; dies hat nicht allein zu geschehen, um der nordischen Forschung Referenz zu erweisen, die — im Gegensatz zur deutschen — auch den historischen Kierkegaard fruchtbar bearbeitet hat,[3] sondern weil gerade bei diesem Denker Leben und Werk in einem innigen Verhältnis zueinander stehen.[4] Allerdings will ich dabei nicht wie bei Holberg die Biographie vollständig referieren (auch dazu gibt es bereits Bibliotheken), vielmehr werde ich neben den politischen, literarischen wie religiösen Besonderheiten seiner Zeit nur auf einige wesentliche Punkte der Lebensdaten eingehen, die in der (insbesondere deutschen) Literatur bislang eher marginal abgehandelt wurden, gleichwohl ein erhellendes Licht auf die Persönlichkeit Kierkegaards und seine Denkmotive werfen; dies soll im zweiten Abschnitt dieses Kapitels erfolgen. Die kritische Analyse der Philosophie Kierkegaards wird sich dann im dritten Abschnitt anschließen, unter der Einschränkung allerdings, daß es maßgeblich um die Analyse und Interpretation des politischen Denkens geht.

---

1 Vgl. Søe, N. H.: Subjektiviteten er sandheden, S. 24; ebenso auch schon Thust: Das Marionettentheater Sören Kierkegaards, S. 18.
2 So Reich in seiner Einleitung zu Hørup: Retning til venstre, S. 10.
3 Thulstrup, N.: Beretning, S. 86 f.; siehe auch Henriksen: Methods and Results of Kierkegaard Studies in Scandinavia und Kabell: Kierkegaardstudiet i Norden.
4 Sløk (Søren Kierkegaard) meint gar, daß das Werk K.s nur von der Biographie her verständlich wird. S. 9.

Einschränkend muß noch auf das Problem der Hegelkritik eingegangen werden. Philosophiegeschichtlich ist für deutsche Autoren immer das Verhältnis Kierkegaard – Hegel von großem Interesse gewesen, ja hat geradezu forschungsgeschichtliche Alibifunktion erlangt. Darüber ist in den letzten einhundert Jahren viel geforscht und noch mehr phantasiert worden; seit den Arbeiten von Niels Thulstrup, die mittlerweile auch auf Deutsch vorliegen, bahnt sich jedoch ein grundlegendes Verständnis dieses Problems an, da er originäres (und das heißt hier erst recht dänisches) Quellenstudium betreibt und auch den Einfluß Hegels auf die Kopenhagener Kulturszene untersucht.[5] Es würde allerdings über den Rahmen dieser Arbeit hinausgehen – und ist auch schon anderweitig zur Genüge geschehen –, den originalen Hegel mit der Kierkegaardschen Kritik zu konfrontieren und sie auf ihre Stichhaltigkeit zu überprüfen.[6] Dies wäre von philosophiegeschichtlichem Belang, vermag für eine politikwissenschaftliche Untersuchung, deren Thema die geistige Tradition Skandinaviens ist, keinen zusätzlichen Gewinn bringen. Da Kierkegaard auch ohne Hegel der Existenzphilosoph geworden wäre (allerdings dann um seinen gewichtigsten polemischen Bezugspunkt ärmer) und da es im Folgenden um die Kierkegaardsche und nicht die Hegelsche Position geht, muß auf die Konfrontation verzichtet werden. Hegel erscheint daher hier zumeist in der kritischen Kierkegaardschen Präsentation.

b. Sprache und Stil

Bevor ich auf die Thematik kommen kann, gilt es, auf zwei scheinbar am Rande liegende Probleme aufmerksam zu machen, die schon an dieser Stelle von einem Kierkegaard-Vorurteil abrücken helfen sollen. Er ist, und das muß im Folgenden immer in Rechnung gestellt werden, nie ausschließlich Philosoph oder Theologe oder Dichter oder Journalist, er ist immer alles zugleich – seine Sprache und sein Stil reflektieren so auch diese Ebenen.[7] Kierkegaard ist ein Virtuose der dänischen Sprache,[8] dessen Anspielungen und assoziative Hintergedanken bisweilen mehr hergeben, als die mit Deutlichkeit gesprochenen Worte und Sätze. Dabei versteht

---

5 Thulstrup, N.: Kierkegaards forhold til Hegel.

6 Auf gewichtige Hegel-K.-Untersuchungen wird im weiteren verwiesen. Siehe auch Anm. 89 und 141.

7 Zuurdeeg (Some Aspects of Kierkegaard's Language Philosophy) betrachtet K. als einen Vorläufer der modernen Sprachphilosophie und des logischen Empirismus, mit denen er immerhin auch die radikale Kritik an spekulativer Philosophie und Metaphysik gemein hat.

8 „Ich bin stolz auf meine Muttersprache, deren Geheimnisse ich kenne, diese Muttersprache, die ich verliebter behandle als ein Flötenspieler sein Instrument!" Pap. IX A 298.

Aus begründetem Mißtrauen wird nur nach den dänischen Ausgaben zitiert, und zwar:

1. Søren Kierkegaards Samlede Værker (abgekürzt: SV),
2. Søren Kierkegaards Papirer (abgekürzt: Pap.) und
3. Breve og aktstykker vedrørende Søren Kierkegaard (abgekürzt: Breve).

Dem Leser zur Orientierungshilfe ist der im Deutschen gebräuchliche Titel des resp. Werkes im Text zumeist mitgeteilt. Bei der Übersetzung wurde darauf geachtet, die Bilder und den Sprachstil möglichst getreu wiederzugeben; dementsprechend wurden Fremdwörter nicht eingedeutscht.

er es — für einen Philosophen, dessen Thema die religiöse Erfahrung ist, durchaus unüblich —, sich mit Witz, Spott, Ironie, Humor aber auch Zynismus darzustellen, und es gehört seine Bewunderung für andere Humoristen (Sokrates, Holberg, Lichtenberg, Jean Paul) zu seinen sympathischsten Eigenschaften.[9] Seine Frechheiten gegenüber der etablierten Ordnung, gegenüber den anerkannten Werten, kurz dem Zeitgeist, sind von einer solchen Deutlichkeit, daß sich ein Vergleich mit dem Esprit eines Zeitgenossen anbietet, dem eines Karl Marx oder dem des späteren Karl Kraus.[10]

Nicht allein bei seinen Werken sondern erst recht bei seinen Tagebüchern und Papieren kommt es darauf an, auch aus den Nuancen und dem Klang — also nicht allein mit den Augen, sondern auch mit den Ohren — zu verstehen, die Tendenz herauszuhören. Sein Leser, so sagt er wiederholte Male, solle „langsam lesen, mehrfach lesen und laut lesen — um seiner selbst willen (*for sin egen Skyld*)."[11] Wollte man Kierkegaard also nur aus seinen Begriffen interpretieren, ginge eine wesentliche Seite seines Denkens verloren.

Dabei ist es durchaus legitim, ihn nicht allein wörtlich zu nehmen, sondern auch mit dem jeweils gegebenen Hintersinn wie Autor *und* Leser es vermögen. Erleichtert und gefördert wird dies dadurch, daß Kierkegaard kein Systematiker ist, der etwa eine geschlossene Theorie vorlegte, die man als Ganzes zu akzeptieren hätte, vielmehr gerade durch eine vielschichtige Mehrdeutigkeit[12] dem Leser einen existentiellen Nachvollzug erleichtern will. „Sobald er (sc. der Leser) es (sc. das Buch) nämlich entgegengenommen hat, da hat es für mich aufgehört zu sein: Es ist Nichts für sich selbst und bei sich selbst, aber Alles, was es ist, ist es nur für ihn und bei ihm."[13] Angelegt darauf, nicht etwa dem Leser etwas vorzumachen oder gar ihn zu indoktrinieren, ist Kierkegaard darauf aus, ihn aufzuwecken, und das vor dem Hintergrund der je eigenen Erfahrungen, des je eigenen Denkens: Er ist auf der Suche nach

jenem wohlwollenden Menschen, der laut für sich selbst liest, was ich in der Stille schreibe, der mit seiner Stimme die Verzauberung der Schriftzeichen löst, ... in seiner Stimmung die gefangenen Gedanken befreit, die sich nach Befreiung sehnen — jenem wohlwollenden Menschen, den ich mit Freude und Dankbarkeit meine Zuflucht nenne, der, indem er Meines zu Seinem macht, mehr für mich tut, als ich für ihn.[14]

---

9 „Jean Paul ist der größte humoristische Kapitalist." Pap. II A 108. Zur besonderen jütländischen Ironie K.s vgl. Kragh: Er jysk ironi en nøgle til Søren Kierkegaards forfatterskab?
10 Vgl. Haecker: Sören Kierkegaard und die Philosophie der Innerlichkeit, S. 57f.
11 SV VIII, S. 133.
12 Am Rande sei hier auf das Aphoristische vieler seiner Schriften, besonders aber des Journals verwiesen. Beabsichtigterweise erschwert gerade dies den Zugang zur Gesamtidee, worauf dann schon seine Zeitgenossen hereinfielen. Vgl. Malantschuk: Dialektik og eksistens, S. 10. Der zweifelsohne insgesamt überholte Rehm (Kierkegaard und der Verführer), da er K. nur von der Romantik her interpretiert, deutet den fragmentarischen Charakter sogar als einen wesentlichen „dämonischen" Zug, übersieht aber, daß das Dämonische bei K. eher klassisch-antik als romantisch ist.
13 SV V, S. 85.
14 SV III, S. 301.

Die „Verzauberung der Schriftzeichen" geht bei einer Übersetzung zu einem Gut-
teil verloren; der *wirkliche* Kierkegaard ist nur der *dänische* Kierkegaard, um ihn
zu goutieren, muß man, wie es nur Rilke uneigennützig tat,[15] Dänisch lernen.[16]
Sich dennoch an der Kärrnerarbeit beteiligend, kann mit einer Bemerkung gerechtfertigt werden, die er 1848 seinem christlichen Manifest „Der Liebe Tun" voraus-
schickte:

Was da in seinem ganzen Reichtum *wesentlich* unausschöpflich ist, das ist auch in seinem ge-
ringsten Tun *wesentlich* unbeschreiblich, just weil es wesentlich ganz zur Stelle ist überall, und
wesentlich nicht zu beschreiben.[17]

c. Die „bewaffnete Neutralität"

Das zweite Problem ergibt sich aus der pseudonymen Verfasserschaft, dem „Marionettentheater Søren Kierkegaards".[18] Zwischen den Jahren 1843 und 1846, als
er sich endlich als der Autor von acht pseudonymen Büchern und drei Artikeln
bekennt, hatte die Kopenhagener Öffentlichkeit an dieser ungeheuren Produktion
gerätselt, wenn man auch überzeugt war, daß sich nur er dahinter verbergen konnte. Die Rätselhaftigkeit wurde jedoch von ihm kultiviert und steht mit dem romantischen Zeitgeist in Zusammenhang; denn die Idee der pseudonymen Verfasserschaft, wie überhaupt manches Charakteristikum seines Denkens, geht natürlich
auf die deutschen Romantiker zurück. So hatte Kierkegaard 1835 Schleiermachers
Rezensionsbriefe zu Schlegels „Lucinde" gelesen und hielt diese „Menge Persönlichkeiten", die die „verschiedenen Standpunkte ... repräsentieren" für ein „wahres Kunstwerk."[19] Akademisch setzte er sich dann in seiner Dissertation („Über
den Begriff Ironie mit ständigem Bezug auf Sokrates"[20]) 1841 mit der ironi-
schen Verstellungskunst auseinander, in der er noch den sokratischen Begriff kri-
tisiert, die Methode wenig später gleichwohl perfektioniert.

Nachdem am 10. Februar 1843 „Entweder/Oder" erschienen war, kann man bereits eine Woche später in dem nationalliberalen Blatt „Fædrelandet" (*Das Vaterland*) einen polemischen Artikel über die Identität des Herausgebers *Victor Eremita* lesen, der sich über das Kopenhagener Gemunkel lustig macht. Wie hinter

---

15 Rilke: u.a. Briefe aus den Jahren 1902–1906 (Bd. 1), S. 143 und 201.
16 Bereits 1916 erhob Haecker (Sören Kierkegaard) diese Forderung, die angesichts der damals wie heute Langeweile verbreitenden Übersetzungen immer noch aktuell ist. Über den
   Hausgebrauch hinaus, muß dies aber natürlich für die Forschung gelten. So geht es einfach
   nicht an, für wissenschaftliche Untersuchungen, was immer noch geschieht, sich nur auf die
   deutschen Übersetzungen zu stützen, die z.T. mangelhaft, auf jeden Fall aber unvollständig
   sind: von den Tagebüchern ist erst ein Bruchteil übersetzt; gar nicht zu reden von der
   sprachimperialen Anmaßung, die dänische und skandinavische Sekundärliteratur nicht zur
   Kenntnis nehmen zu wollen. Die Qualität der deutschen Übersetzungen betreffend, gibt Deuser (Sören Kierkegaard) in denunziatorischer Absicht in seinem Anmerkungteil einen faszinierenden Einblick.
17 SV IX, S. 11 und S. 237.
18 Thust: Das Marionettentheater Søren Kierkegaards. Vgl. auch ders: Sören Kierkegaard,
   S. 23ff.
19 Pap. I C 69. Vgl. auch Hohlenberg: Søren Kierkegaard, S. 166f.
20 SV XIII, S. 101–428.

Victor Eremita, so verbarg sich auch hinter den Initialen *A. F.,* mit denen der „Fædrelandet"-Artikel gezeichnet war, Søren Kierkegaard. Wollte er mit diesem Schritt noch entschiedener zur allgemeinen Urheber-Verwirrung beitragen, so weist der Schlußabsatz auf einen tieferen Sinn, den er in den folgenden Jahren weiterverfolgte:

> Die meisten, unter ihnen auch der Verfasser dieses Artikels, meinen, daß es nicht der Mühe wert sei, sich darum zu bekümmern, wer der Verfasser ist; sie freuen sich darüber, daß der Verfasser verborgen ist, damit sie es allein mit dem Werk zu tun haben können, ohne daß sie durch seine Persönlichkeit geniert oder distrahiert werden.[21]

Die Tatsache, daß Kierkegaard unter jeweils wechselnden (insgesamt mehr als 15) Pseudonymen,[22] aber auch unter eigenem Namen veröffentlicht, steht in Beziehung zu seiner Lebensthematik: dem Christentum als Existenzauslegung des Einzelnen.[23] Die „Erbaulichen Reden", die er unter eigenem Namen herausgibt und deren Thematik das Religiöse ist, ergänzen die pseudonymen Schriften wie die rechte Hand die linke.[24] Jedes der Pseudonyme vertritt eine bestimmte Lebensauffassung, die sich schon im Namen anzeigt und die sich dialogisch zu einer anderen verhält. Aufgabe des Autors ist nur die imaginäre Vorstellung der respektiven Existenzhaltung, sei sie nun ästhetisch, ethisch oder religiös; Aufgabe des Lesers bleibt der Nachvollzug. „Nur in der durch die Verschiedenheit aller Aspekte erzeugten Spannung leuchtet indirekt die Wahrheit des Christentums auf, die sich einer objektiven, begrifflichen Fixierung entzieht und nur vom Leser in subjektiver innerer Entscheidung realisiert werden kann."[25]

Hinter dem Appell an den Leser zum Nachvollzug verbirgt sich die Malaise der kritischen Literatur, ja der Sekundärliteratur zu Kierkegaard überhaupt, denn ehrlichermaßen kann man *ihn* nicht kritisieren, allenfalls die *Pseudonyme* – und das auch erst nach der vollzogenen, gelebten Apperzeption. Insofern ist er der „Verführer", nicht der narzistisch-erotische des „Entweder/Oder", sondern der existentielle, der weitaus gefährlichere. Karl Jaspers, einer der wenigen „Existentialisten", die ihn begriffen haben,[26] formuliert daher folgerichtig für seine eigene „Psychologie": „Das Buch hat nur Sinn für Menschen, die beginnen, sich zu verwundern, auf sich selbst zu reflektieren, Fragwürdigkeiten des Daseins zu sehen, und auch nur Sinn für solche, die das Leben als persönliche, irrationale, durch

---

21 Ebenda, S. 447.
22 In „In vino veritas" (SV VI, S. 19–97) versammelt K. – einer seiner originellsten Regieeinfälle – fünf seiner Pseudonyme zu einem Symposion. Hohlenberg (Den ensomme vej) gibt eine verständliche Aufschlüsselung der jeweiligen Positionen, S. 18–48.
23 Vgl. SV XIII, S. 528f.: „Diese Bewegung (sc. der Verfasserschaft) ist *uno tenore* zurückgelegt oder beschrieben, in einem Atemzug, wenn ich so sagen darf, so ist die Verfasserschaft, *total* betrachtet, von Anfang bis Ende religiös, was ein jeder, der sehen kann, wenn er sehen will, auch sehen muß." Vgl. auch Pap. X 1 A 116, X 4 A 373.
24 „Sie werden mit der rechten Hand dargeboten – im Gegensatz zum Pseudonym, das mit der linken gereicht wurde und gereicht wird." SV IV, S. 81 und XI, S. 9.
25 Pieper: Geschichte und Ewigkeit bei Sören Kierkegaard, S. 6. Vgl. auch Deuser: Sören Kierkegaard, S. 24.
26 Vgl. bes. Jaspers: Psychologie der Weltanschauungen, S. 419ff.

nichts aufhebbare Verantwortung erfahren."[27] Auch Hermann Hesse stellt schon 1920 in einer Kierkegaard-Rezension sehr richtig fest, „daß dieser unangenehme Mensch Dinge zur Sprache bringt, die einen verflucht nahe angehen."[28] Die Kierkegaardsche Position kann daher auch niemals als Berufungsinstanz gelten. Da sein Werk dialektisch-reflexiv angelegt ist, muß es sich des appellativen Charakters entziehen und ist denkbar ungeeignet, darauf eine *Schule* zu gründen; wo dies dennoch geschieht, stellt das eine Mißachtung seiner „Taktik" dar.[29] Es muß daher im Folgenden immer beachtet werden, daß er in Bezug auf sein existentielles Christentumsverständnis „niemanden anklagt, niemanden richtet, sowenig wie ich eine Partei o.ä. gründe." Er will es jedem Einzelnen überlassen, welchen Gebrauch er von den Überlegungen machen will, mit einer ganz entscheidenden Ausnahme: „... wenn jemand sie benutzen wollen sollte, anstatt sich selbst, andere zu richten, daß sie keine wahren Christen seien o.ä.; denn in solch einem Falle gedenke ich ... Partei zu ergreifen mit den Angegriffenen."[30]

Neben der Ironie ist ihm die Pseudonymität das wichtigste methodische Mittel, um die Distanz zum Leser herzustellen, um deutlich zu machen, daß es nicht um Kierkegaard geht, sondern um den Leser. Das Werk Kierkegaards ist so an dem methodischen Prinzip des sokratischen Dialogs gebunden, dessen ironische Grundstimmung er in erbaulich-religiöser Absicht für sein „Vorhaben" nutzt.[31] Getreu dem platonischen Dialog-Prinzip, das die Wahrheit als konzentriertes Destillat des Dialogpersonals erscheinen läßt, etabliert er sich als Autor im Gewande dialektischer Pseudonyme. Dabei ist — als Gegenposition zur Hegelschen Systemphilosophie — Sokrates die gewichtigere Waffe, gewichtiger als das Christentum.[32] Genau wie der griechische Philosoph zieht er sich auf die fragende Gegenposition zurück, allerdings nicht auf die Position des historischen der Antike, sondern auf die eines getauften Sokrates. Indem er sich methodisch auf die klassische Philosophenexistenz besinnt und inhaltlich auf die Aussagen des Neuen Testamentes rekurriert, wird er zu einem Sokrates des Christentums. Dabei gewinnt er aus der „bewaffneten Neutralität"[33] seiner „Pseudonymität oder Polyonymität"[34] de-

---

27 Ebenda, S. VII.   28 Hesse: Neue Kierkegaard-Ausgabe, S. 658.
29 Dempf setzt sich mit den Implikationen der Rezeption und Nachfolge K.s auseinander: Kierkegaards Folgen.
30 Pap. X 5 B 291, S. 446.
31 Die Ironie als Kunst- und Daseinsform bei den Romantikern und bei K. ist untersucht von: Pivčevič: Ironie als Daseinsform bei Sören Kierkegaard; Strohschneider-Kohrs: Die romantische Ironie in Theorie und Gestaltung; vom Hofe: Die Romantikkritik Sören Kierkegaards; siehe auch die übergreifende Darstellung Holm, S.: Romantiken.
32 Die überzeugendste Analyse der Beziehung K.-Sokrates findet sich (unveröffentlicht) bei Harcourt: The Significance of Socrates for the Thought of Kierkegaard.
33 Dieser ursprünglich politische Terminus taucht an verschiedenen Stellen in den Papieren auf; zuerst 1838 in Pap. II A 770; dann wieder 1848 in X 5 B 106ff. als eine kleine Abhandlung. Aus Pap. IX A 212 von 1848 geht hervor, daß er mit dem Begriff an den Titel und/oder das Programm einer „Zeitschrift" gedacht hat; weiter unten A 390 vom gleichen Jahr, ist die „bewaffnete Neutralität" mit der „Krankheit zum Tode" (von 1849) zusammengestellt. Vgl. auch die von Malantschuk kommentierte Ausgabe: Søren Kierkegaard: Den bevæbnede Neutralitet.
34 SV VII, S. 617.

struktive Distanz zum etablierten Staatskirchentum, wie aber auch das maieuti-
sche Verhältnis zum Leser: „Es ist nämlich eine Wiedergabe der maieutischen
Kunst (des) Sokrates', welche den Leser oder Zuhörer selbsttätig macht und deshalb nicht im Resultat endet, sondern mit einem Stachel."[35] *Johannes Climacus,*
der Autor der „Abschließenden Unwissenschaftlichen Nachschrift", Kierkegaards
Hauptpseudonym, bekennt sich ebenfalls zu diesem souveränen Verwirrspiel:
„Es ist somit dem Leser selbst überlassen ..., wenn es ihm selbst so scheint, dies
bei sich selbst zusammenzusetzen, aber für eines Lesers Bequemlichkeit ist nichts
getan (worden)."[36] In der Tat auch hält es *Climacus,* seinem Namen alle Ehre
machend, für eine seiner wesentlichen „Aufgabe(n): überall Schwierigkeiten zu
machen."[37] Die Schwierigkeiten jedoch haben nur dann einen Sinn, wenn der
Leser sie zu seinen eigenen macht. Die paradigmatisch durch und mit den Pseudonymen vorgeführten Denk- und Existenzweisen haben den Zweck, dem Leser
eine Kritik abzuverlangen, eine Kritik jedoch, die immer auch eine Kritik der je
eigenen Existenz sein muß.[38]

Noch deutlicher wird die Absicht, die hinter diesem Vorgehen liegt, wenn Kierkegaard endlich 1846 in einer apodiktischen „Ersten und letzten Erklärung" im
Anschluß an die „Nachschrift" sein pseudonymes Geheimnis lüftet und begrün-
dend anführt:

Ich bin nämlich unpersönlich oder persönlich in der dritten Person ein Souffleur, der dich-
terisch *Verfasser* hervorgebracht hat, deren *Vorworte* wieder deren Hervorbringung sind, ja
deren *Namen* es sind. Es ist also in den pseudonymen Büchern nicht ein einziges Wort von
mir selbst; ich habe keine Meinung zu ihnen außer als Dritter, kein Wissen um ihre Bedeutung außer als Leser, nicht das entfernteste private Verhältnis zu ihnen, wie das ja unmöglich
zu einer doppelt-reflektierten Mitteilung zu haben ist ... mein Verhältnis (sc. zu den Pseudonymen) ist die Einheit, Sekretär zu sein, und ironisch genug, dialektisch redupliziter Verfasser des Verfassers oder der Verfasser.[39]

Der Vorsicht Platons folgend, wie sie im „siebten Brief"[40] formuliert ist, sind
die Pseudonyme Kierkegaards mehr als nur romantisch-ironische Schriftsteller-
technik; sie sind Ausdruck eines leidenschaftlichen Widerwillens gegen den sinn-
entleerenden Hypostasen- und Filiationsgebrauch epigonaler Philosophiererei.

Die Schlußfolgerung, die aus dem Anspruch der Pseudonymität für die Interpretation zu gelten hat und die Kierkegaard unmißverständlich formuliert, lautet
deshalb:

Mein Wunsch, meine Bitte ist es daher, wenn es jemandem einfallen sollte, eine einzelne
Äußerung aus den Büchern zitieren zu wollen, mir den Dienst zu erweisen, den Namen des

---

35 Pap. VII 1 A 74.
36 SV VII, S. 285.
37 Ebenda, S. 172.
38 Vgl. Pieper: Die Bedeutung des Begriffs „Existenzkategorie", S. 197. Es muß daher auch
   als fragwürdig erscheinen, wenn Schulz (Sören Kierkegaard) den Versuch für nötig hält,
   nachträglich das „System" K.s zu konstruieren. Da es sich nicht um eine Schul- oder
   Lehrphilosophie handelt, ist die Form gänzlich uninteressant, und man sollte belastete
   Begriffe meiden.
39 SV VII, S. 617f.
40 Platon: Briefe 341bff. (Sämtliche Werke, Bd. 1, S. 316ff.).

respektiven pseudonymen Verfassers zu zitieren, nicht meinen, d.h. so zwischen uns zu teilen, daß die Äußerung weiblich dem Pseudonym zugehört, die Verantwortung bürgerlich mir.[41]

Dieser Anweisung folgend, werde ich im weiteren die kontrapunktische Identität der Kierkegaardschen Pseudonyme mit in die Überlegungen einbeziehen und, wo dies nötig ist, eine Ortsbestimmung geben,[42] ohne allerdings, da auch die Pseudonyme Entwicklungsstadien durchlaufen, mich akribisch der Differenzierung hinzugeben.

2. Vom Peripatetiker zum Anachoreten

Wenn es um die Analyse einer *Existenz*philosophie, wie ja das Denken Kierkegaards zumeist etikettiert wird, gehen soll, so kommt man an der Analyse der Existenz des jeweiligen Autors nicht vorbei, kann doch schon aus ihr ein gewisser Wahrhaftigkeitsgrad abgelesen werden; zugleich lassen sich aber auch Motivindikatoren ausmachen, die Rückschlüsse auf die Plausibilität einer politischen Philosophie, einer spezifischen Ziviltheologie oder eines politischen, sozialen und psychologischen Habitus zulassen können. Die Verankerung einer Person in der politischen Realität der Zeit erhellt den politischen Stellenwert ihrer philosophisch-literarischen Produktion. Hiervon handelt dieser zweite Abschnitt.

a. Der Peripatetiker

Als die Kopenhagener Kulturszene 1843 durch das voluminöse „Entweder/Oder" eines bis dato unbekannten *Victor Eremita* belebt wurde, als dann in den weiteren Jahren von immer dubioser klingenden Autoren Veröffentlichungen erschienen, verdächtigte man sehr wohl auch Søren Kierkegaard als Urheber; doch gegen diese Annahme sprach ein sehr wesentlicher Faktor: die Zeit. Man konnte sich nämlich nicht vorstellen, woher dieser Mann die Muße und die Stunden nehmen sollte, um produktiv tätig zu sein, sah man ihn doch täglich stundenlang durch Kopenhagen und seine Umgebung spazierengehen, dabei lange Gespräche über alle erdenklichen Themen mit jedermann führend.[43] Daß Kierkegaard mit den diversen Pseudonymen nicht identisch sein konnte, diese Einschätzung war ihm bewußt, schreibt er doch in „Der Gesichtspunkt über meine Verfasserwirksamkeit":

Falls Kopenhagen jemals über jemanden einer Meinung gewesen ist, so wage ich zu sagen, daß es über mich einer Meinung war: ich war ein Tagedieb, ein Müßiggänger, ein Flaneur, ein leichtsinniger Vogel, ein guter vielleicht gar auch ein brillanter Kopf, witzig usw. – aber „Ernst" fehlte mir unbedingt. Ich repräsentierte die Ironie der Weltlichkeit (*Verdslighedens*

---

41 SV VII, S. 618.
42 Zur dialogischen Maieutik korrespondiert die „Dialektik", im platonischen Sinne als Denkmethode, nicht im Hegel-Marxschen Verständnis als objektives Naturgesetz. Über den Zusammenhang von Dialektik und Existenz im Werk K.s sei auf die Studie Malantschuks (Dialektik og eksistens hos Søren Kierkegaard) verwiesen, wie auf Bejerholm: „Meddelelsens Dialektik".
43 Zum Folgenden vgl. Christensen, V.: Peripatetikeren Søren Kierkegaard.

Ironie), Lebensgenuß, den raffiniertesten Lebensgenuß – aber von „Ernst und Positivität" war da keine Spur, dagegen war ich ungeheuer interessant und piquant.[44]

Nach einer langen und stürmischen Studentenzeit gehörte Kierkegaard in den vierziger Jahren auf eine Weise zum Kopenhagener Stadtbild, daß die Straßenjungen „Entweder/Oder" hinter ihm herriefen,[45] ja daß seine kleine und gebeugte Gestalt selbst auswärtigen Besuchern ins Auge fiel. So berichtet der Schotte Andrew Hamilton in seiner Reisebeschreibung von 1852 "Sixteen months in the Danish Isles" (dies ist der erste englische Bericht, in dem Kierkegaard erwähnt wird): „Es ist eine Tatsache, daß er jeden Tag in der Stadt herumspaziert und dabei gewöhnlich in Gesellschaft mit dem einen oder anderen ist. Nur am Abend schreibt und studiert er. Wenn er spazierengeht, ist er sehr einladend, sucht aber gleichzeitig aus seiner Begleitung etwas herauszulocken, was ihm in den Kram paßt. Ich sah ihn fast jeden Tag auf der Straße, und wenn er allein war, fühlte ich mich oft angetrieben, ihn anzusprechen, brachte das aber nie zur Ausführung. Man erzählte mir, daß er eine vornehme Konversation führte."[46] Den Eindruck, den Hamilton von der Arbeitsweise Kierkegaards gewinnt, finden wir bei anderen Zeitgenossen bestätigt, aber auch bei ihm selber, der in einem Brief an seine Schwägerin zwei Gründe nennt, weshalb er die Bewegung sucht:

Vergiß vor allen Dingen nicht die Lust zu gehen: ich ergehe mir jeden Tag das tägliche Wohlbefinden und gehe von jeder Krankheit; ich habe mir meine besten Gedanken ergangen, und ich kenne keinen so schweren Gedanken, als daß man nicht von ihm gehen kann … Wenn man so fortsetzt zu gehen, dann geht es noch.[47]

Mit seinen engen räumlichen Verhältnissen und nur etwas über 100000 Einwohnern, dafür aber umso ausgedehnteren militärischen Wallanlagen und Seen um die Stadt, war das Kopenhagen der Zeit seinem Lebensstil ideal und wie kaum einer kannte er sich darin aus. Daß es heute in Kopenhagen zwar eine „Grundtvig-Kirche" und einen „H. C. Andersens-Boulevard" gibt – beide Namensgeber waren im Gegensatz zu Kierkegaard keine Kopenhagener –, jedoch der Name Kierkegaards im Stadtplan nicht verzeichnet ist, gehört zu den Besonderheiten seiner Rezeptionsgeschichte, damals wie heute.[48]

Erwähnt Kierkegaard die gesundheitlichen Gründe, die ihn zum Spazierengehen veranlaßten, ja zwangen, so erscheinen sie gegenüber den an anderen Stellen vorgelegten Argumenten, wie auch aus dem Kontext seines Denkens eher vordergründig. In dem von seinem Bruder 1859 posthum herausgegebenen „Gesichtspunkt" liefert er gewichtigere Argumente: „Ich diente meiner Idee … mit dem persönlichen Existieren war ich bestrebt, die Pseudonyme zu unterstützen, die ganze ästhetische Produktivität."[49] Autorität wollte Kierkegaard, der nie einen Schüler hatte, nicht sein und auch nicht werden; er umgibt darum selbst seine

---

44 SV XIII, S. 586.
45 Brandes: Søren Kierkegaard, S. 10.
46 Zit. n. Christensen, V.: Peripatetikeren, S. 12.
47 Breve 1, Nr. 150, S. 169.
48 Vgl. Christensen, V.: Peripatetikeren, S. 36.
49 SV XIII, S. 587.

Person mit einer Pseudonymität. Vom Jahre 1846 findet sich eine Notiz, die das noch unterstreicht:

Im Maximum werden wohl selbst die Wohlmeinendsten mein vieles Gehen auf der Straße usw. als eine Sonderbarkeit verzeihlich finden; die meisten werden das als Eitelkeit erklären! Herr Gott, also so dumm sollte ich sein, daß ich nicht wüßte, daß viel Sich-Zeigen usw. gerade eines Bedeutung schwächt, daß die Menschen die Sinnestäuschung lieben, daß man sich verborgen hält – denn dann ist man sicherlich wer ... Mein Schaffen war maieutisch, meine Existenz ist dadurch unterstützend gewesen, daß sie der Anstoßstein war.[50]

Ja, es steht seine Lebensweise in unmittelbarem Zusammenhang mit seinem Denken: „Das ganze pseudonyme Schaffen und meine Existenz im Verhältnis dazu, standen in griechischer Tonart."[51]

Das Verbergen der eigenen Person war einer der Hauptgründe für Kierkegaards zweifelhaften Lebenswandel; darüberhinaus finden sich jedoch in den „Stadien auf dem Lebenswege" als auch besonders in den „Papieren" Fundstellen, die die Relevanz des Umherwandelns für den denkerischen Prozeß belegen. *Frater Taciturnus* spricht so z.B. von den Lehren und dem Unterricht, die

dem Reichsten und dem Ärmsten gleich wenig kosten, ... die sie nicht von bestimmten Lehrmeistern bekommen, sondern von jedem Menschen im Vorbeigehen, von einem Unbekannten bei einer Unterhaltung, von jedermann bei des Zufalls Berührung. Worüber man vergebens Aufklärung in Büchern gesucht hat, dazu geht (einem) plötzlich ein Licht auf, wenn man ein Dienstmädchen mit einem anderen Dienstmädchen sich unterhalten hört; einen Ausdruck, den man vergebens aus seinem eigenen Hirn quälen wollte, man vergebens selbst in den Wörterbüchern der Wissenschaften gesucht hat, den hört man im Vorbeigehen: ein Landsoldat sagt ihn, und er träumt nicht davon, welch reicher Mann er ist; ... so geht man in des Volkes Menge, verwundert über die wunderbare Gabe der Sprache, reißt jetzt im Vorbeigehen den einen, jetzt einen anderen Ausdruck heraus, freut sich dabei und wird nicht so undankbar zu vergessen, wem man ihn schuldet ... So läßt man sich nicht von Büchern betrügen, worin das Menschliche so selten vorkommt ...[52]

Das Dänemark der Kierkegaard-Zeit ist das Dänemark des „gemeinen Mannes".[53] Nicht allein die Ideen der französischen Revolution finden hier ihre Resonanz, es kommen, wie oben dargelegt, bäuerliche Freiheits- und religiöse Erweckungsbewegungen hinzu, die die unteren Schichten zu einem sozialen und politischen Faktor erster Güte machen und die religiöse, soziale und politische Grundlage des modernen Dänemarks darstellen. Deshalb auch verdient Kierkegaards Kontaktpflege mit dem „gemeinen Mann" (wie auch seine besondere Vorliebe für Märchen und Mythen[54]) an dieser Stelle besonders hervorgehoben zu werden. 1849 schreibt er in sein Journal: „Wahrlich, wahrlich, das habe ich auch immer gefühlt und erkannt; ... daß es vor Gott genauso wichtig ist, Dienstmädchen zu sein, wenn man es ist, wie das eminenteste Genie. Daher auch meine fast übertriebene Sympathie für die simple Klasse, den gemeinen Mann."[55] Später im gleichen Jahr formuliert er dann

50 Pap. VII 1 A 105.
51 Pap. VII 1 A 156.
52 SV VI, S. 511.
53 Vgl. Bukdahl: Søren Kierkegaard og den menige mand, S. 24f.
54 Ebenda, S. 88f.
55 Pap. X 1 A 135.

pathetischer: „Ich wünschte mit dem simplen Mann zu leben, das befriedigte mich so ungemein, freundlich und mild und aufmerksam und teilnehmend gerade gegen die Klasse der Gesellschaft zu sein, die nur allzu verlassen in dem sogenannten ‚christlichen Staat' ist, ... dessen Wirklichkeit (*Tilværelse*) ... ein himmelschreiendes Unrecht ist; ... wer kümmert sich denn um den gemeinen Mann im Volke ... Der gemeine Mann ist meine Aufgabe."[56] Feinsinnig hatte er bereits drei Jahre vorher niedergeschrieben: „Ja sicher bin ich Aristokrat ... aber ich will unten auf der Straße stehen, mitten unter (den) Menschen, wo die Gefahr ist und der Widerstand."[57]

Der „gemeine Mann", die Dienstmädchen, Kutscher, Boten, Armen und vor allem die Kinder, mit ihnen allen hatte Kierkegaard Kontakt, kannte ihre Nöte, unterhielt sich mit ihnen – und lernte von ihnen.

Doch Kierkegaard hat nicht nur Auge und Ohr für die am Wegesrand sich abspielenden Konversationen. Da er zu Hause niemanden empfängt und nur sehr selten Besuche macht,[58] benutzt er die täglichen Spaziergänge zur Kontaktpflege, sein Salon ist die Straße.[59]

... während ich voll und ganz mit meiner eigenen Produktivität zu tun habe und während ich unter all dem siebzehn andere Geschäfte habe und jeden Tag mit ca. 50 Menschen allen Alters spreche, verpflichte ich mich doch dazu, sogleich sagen zu können, was jeder, mit dem ich gesprochen habe, das letzte Mal sagte, das vorletzte Mal, noch viel mehr (*endsige*) wenn ein Mensch der Gegenstand meiner Aufmerksamkeit ist, seine Äußerungen, seine Gemütsbewegungen stehen augenblicklich lebendig vor mir, sobald ich ihn sehe, auch wenn es schon lange Zeit her ist, seitdem ich ihn sah.[60]

Später dann, als er zu einem isolierten „Märtyrer" geworden ist, blickt er noch einmal zurück:

Es ist mir eine Gabe vergönnt, und (das) in einem (solchen) Grad, daß ich sie eine Genialität nennen kann – diese Gabe ist, konversieren zu können, mit einem jeden Menschen reden zu können. Diese glückliche Gabe war mir vergönnt, um damit zu verbergen, daß ich unbedingt der schweigsamste Mensch in dieser Zeit (*Samtiden*) bin ... Schweigen, verborgen in dem ausgemachtesten Konversations-Talent, das ist – bei Gott (*sandt for Herren*)! – das ist Schweigen.[61]

Seine Meisterschaft in der Konversation und seine scharfe Beobachtungsgabe liefern ihm die Inspirationen für das abendliche und nächtliche Schreiben, aber wohl auch die Muße, Gedankengänge durchzuformulieren. So schreibt er 1848 in sein Journal, daß er von seinen Spaziergängen, „auf denen ich meditierend die Gedan-

---

56 Pap. X 2 A 48.
57 Pap. VII 1 A 155.
58 SV XIII, S. 586.
59 Mit und seit Brandes war es vor allem die ältere K.-Forschung, die ihn als den isolierten Einzelgänger gesehen hat, eine Auffassung, die sich im deutschsprachigen Raum gehalten zu haben scheint. Seit Brandt (Søren Kierkegaard) 1929 einige Studien vorgelegt hat, bedarf dieses Bild jedoch einer gründlichen Revision.
60 Pap. V B 72.
61 Pap. XI 1 A 383.

ken hole, heimkehre, überwältigt von Gedanken, jedes Wort fertig, um es niederzuschreiben."[62]

Ständig begleitet von seinem Regenschirm, den er bei jedem Wetter mit sich führte, den er selbst auf den Wanderungen durch sein weitläufiges Haus nicht aus der
Hand legte,[63] war er gleichwohl für seine Begleiter ein schwieriger Partner, dies
nicht allein wegen seiner „vornehmen Konversation":

Aufgrund des Unregelmäßigen in seinen Bewegungen, was gewiß mit seiner Schiefheit (*Skjæv-
hed*) zusammenhing, konnte man nie die gerade Linie halten, wenn man ihn begleitete; man
wurde immer sukzessiv gegen die Mauern und Kellerhälse gedrängt oder zum Kantstein hinaus. Wenn er dann obendrein mit den Armen und seinem spanischen Rohrstock gestikulierte,
wurde das noch mehr ein Marsch mit Hindernissen. Man mußte ab und zu eine Gelegenheit
nutzen, um auf seine andere Seite zu kommen, um den nötigen Platz zu erlangen.[64]

Mit Fug und Recht kann man Kierkegaard aufgrund des hier vorgelegten Materials
als einen modernen Vertreter jener dem Aristoteles verpflichteten peripatetischen
Schule bezeichnen, wenngleich er Verbundenheit eher mit Sokrates empfand. Die
sokratische Maieutik, zusammen mit dem aristotelischen *peripatein* wurden ihm
methodische Grundlagen, aus denen er als existentieller Philosoph erst zu verstehen ist. Sein meditatives Umherwandeln, seine nach außen gekehrte peripatetische
Natur, mit der er seine eigene Person zu einem Pseudonym macht, führt zu schrift-
stellerischen Ergebnissen, die man nicht genug herausstellen kann. Gleich Luther
sucht und findet er in der Alltagswelt, auch und besonders des niederen Volkes,
sprachliche und inhaltliche Anregungen, die in sein Werk einfließen. Immer wieder
kommt er expressis verbis auf die „Unterhaltung der Dienstmädchen", auf die kleinen Leute und ihr Leben zurück, worüber er dann paradigmatisch in seinen Abhandlungen berichtet. Selbst wenn der erste Eindruck auch täuschen mag, Kierkegaard schreibt und denkt aus den Erfahrungen und Beobachtungen der Alltagswelt;
daß er auch für eben diese Alltagswelt schreibt — oder zumindest schreiben will —,
darauf soll später noch eingegangen werden.

b. Der Stellvertreter

Søren Aabye Kierkegaard, der am 5. Mai 1813 in Kopenhagen geboren wurde, hat
immer ein inniges, aber ambivalentes Verhältnis zu seiner Familie gehabt, wobei
vor allem der Vater, das ist hinreichend bekannt, ihn prägte. Die Kierkegaards ent-
stammen der jütländischen Heide, einer kargen Landschaft,[65] in der beizeiten und

---

62 Pap. IX A 298.
63 Pap. III A 221.
64 Brøchner: Erindringer om Søren Kierkegaard, S. 25. Daß K. klein, schmächtig und mager,
   auch daß er mindestens schief gewachsen war, gehört bei allen Biographen zu den akzep-
   tierten Realitäten. Ob er aber humpelte oder gar einen Buckel hatte, zählt schon zu den
   Preisfragen der akademischen Kampfliteratur; siehe das ausführliche Referat bei Kabell,
   S. 289ff. Eine interpretierende Deutung des körperlichen Problems gibt Haecker: Der Buk-
   kel Kierkegaards.
65 Eine Reihe von biographischen und philologisch relevanten Dokumenten sind bei Ammundsen abgedruckt: Søren Kierkegaards Ungdom; zur Familiengeschichte siehe auch: Kierkegaard, O.: Om Søren Kierkegaard og hans slægt.

dauerhaft der Protestantismus zum Pietismus[66] mutierte, sicherlich auch zur Bigotterie. Fernab der Hauptstadt erlebte gerade hier der Herrenhutismus seine stärkste Ausbreitung, und noch heute zeugen die Telefonbücher und Geschäftsreklamen von dem Missionierungserfolg puritanischen Sendungsbewußtseins: was andernorts die *Larsens* und *Hansens* sind, sind hier die *Kirks;* die Namensverwandtschaften und -assoziationen zum christlichen Glauben und seinen Institutionen haben sich nachhaltig durchgesetzt. Leitet sich *Kierkegaard* auch von dem an der Kirche (*kirke*) gelegenen Bauernhof (*gaard*) ab, so steht der Name ebenso für Kirchhof, Friedhof. — Daß *Søren* im Dänischen zugleich die umgangssprachliche Bezeichnung für den Satan ist (besonders in Flüchen), verleiht seiner Autorschaft fast etwas Frivoles.

In diesem armen, moorigen, gottverlassenen Landstrich wuchs Michael Pedersen Kierkegaard, der Vater, auf. Wie in allen Familien dieser westjütischen Heidebauern teilte er, 1756 geboren, das Schicksal der übrigen Halbwüchsigen. Er war Hütejunge und hat als hungernder, verkommener Zwölfjähriger eine Verfehlung begangen, die Zeit seines Lebens auf ihm lastete, die er noch als 82jähriger nicht vergessen konnte und noch seine Söhne in Schuldbewußtsein verstrickte: er hatte Gott verflucht.[67] Bereits 1768, also kurz nach dem traumatischen Erlebnis kommt er nach Kopenhagen, dessen Bürgerschaft er 1780 erhält. Auf die Einzelheiten kann hier nicht eingegangen werden,[68] doch sei vermerkt, daß der Vater als „Wollwarenhausierer" (*Hosekræmmer*) — mit dieser degoutierlichen Berufsangabe versieht Kierkegaard penetrant die Widmungen seiner „erbaulichen Reden", die dem Vater zugeeignet sind — sich innerhalb verhältnismäßig kurzer Zeit ein Vermögen erarbeitet und sich bereits 1797, also als 41jähriger, aus dem Geschäft zurückzog.[69] Bis zu seinem Tod 1838 lebte er dann von seinem Vermögen, ja hinterließ noch soviel Kapital,[70] daß sein privatisierender Sohn Søren ein gesichertes und bisweilen aufwendiges Leben führen konnte.[71] (S. Kierkegaard ließ das geerbte Vermö-

---

66 Die Basis des Kierkegaardschen Protestantismus ist der Pietismus, den er auch aus der einschlägigen Literatur kannte; später jedoch geht er auf die Impulse des Mittelalters zurück und beschäftigt sich während der „Kirchenkampfzeit" vorwiegend mit den Kirchenvätern; vgl. Thulstrup, Marie M.: Kierkegaard og pietismen.

67 Vgl. das Porträt des Vaters bei Hohlenberg: Søren Kierkegaard, S. 26ff., und Ammundsen, S. 3ff.

68 Ausführliches zur Biographie des Vaters bei Kierkegaard, O., S. 69ff.

69 Es kann also keine Rede davon sein, daß er sich zurückzog, um sich „der Erziehung seines Lieblingssohnes (sc. Søren) zu widmen", wie Weigert (Sören Kierkegaards Gemütsschwankungen, S. 216) behauptet, da dieser erst 16 Jahre später geboren wird. Das Pensionsjahr ist vielmehr mit dem Hochzeitsjahr identisch.

70 S.K. erbte 30000,— Reichsbanktaler. Nach Gerdes (Sören Kierkegaard, S. 28) betrug die Monatsmiete einer 5-Zimmer-Wohnung damals 25 Rbt., das Jahresgehalt eines Professors 1200,— bis 2000,— Rbt.

71 Wenn sich Brandes an das K.-Domizil erinnert, so illustriert das den Luxus, den der einzige Bewohner dort sich leistete: „... ging man an einem Winterabend an seinem Hause vorbei und fiel der Blick auf die lange Reihe der erleuchteten Fenster, die dem Stockwerk, das er bewohnte, ein Aussehen gaben, als wäre es illuminiert, da ahnte oder sah man undeutlich (*skimtede*) eine Reihe hübsch moblierter, alle aufgewärmter Zimmer, in welchen der sonderbare (*sære*) Denker in einer Stille hin und her ging, die nur durch das Kratzen der Feder auf dem Papier unterbrochen wurde, wenn er anhielt, um einen Einfall in seine

gen, das er in bestimmte Portionen aufgeteilt hatte und die er in stoischer Ruhe nach und nach verbrauchte, verwaltete. Seine letzte Rate holte er sich zur rechten Zeit kurz vor seinem Tod gegen Ende 1855 [72]: als die väterliche, materielle Existenzgrundlage aufgezehrt war, hat er sich auch physisch erschöpft.) Natürlich war Geld in dem puritanischen Elternhaus ein wichtiges Thema. Søren, der im Gegensatz zu seinem Bruder, seit er 1830 an der Kopenhagener Universität immatrikuliert war, ein ausschweifendes und teures Leben führte, befand sich daher mit seinem peniblen Vater, der seine Schulden zu bezahlen hatte, häufig im Streit.

Michael Kierkegaard war zweimal verheiratet, von 1794–96 (die Ehe blieb kinderlos) und wiederum seit 1797 (mit Ane Sørensdatter Lund, 1768–1834); in dieser Ehe wurden sieben Kinder geboren, von denen nur zwei den Vater überlebten: Søren und sein acht Jahre älterer Bruder Peter Chistian (1805–88), der spätere, grundtvigianische Bischof und Kultusminister (1867–68). [73] Auch dieses belastete zumindest Søren traumatisch, da er beizeiten zu dem Schluß kommt, daß sie beide ein bestimmtes Alter nicht erreichen würden: Es war der Zwangsgedanke der Familie, daß keiner älter als 34 Jahre wird, das Alter Jesus Christus' [74], und als sein Bruder dieses kritische Datum dennoch erreicht, vergewissert er sich im Kirchenbuch, ob dort nicht etwa eine falsche Eintragung vorgenommen worden sei. [75] Seine erste Veröffentlichung, das Buch gegen Hans Christian Andersen, trägt aus dem Grunde auch den programmatischen Titel: „Aus den Papieren eines noch Lebenden."

Die Familienbande – die Abstammung aus einer pietistisch kargen Landschaft, die frühen Todesfälle, der Fluch des Vaters – hat aber noch eine weitere, pikante Relevanz für die Sozialisation und das Denken Kierkegaards; denn die Biographie des Vaters hat noch einen zusätzlichen dunklen Fleck: trotz strenggläubiger Verankerung (oder gerade deshalb) hat er eine sexuelle Verfehlung begangen, die daher nicht allein die Schuld auf ihn laden muß, sondern auch auf seinen phantasiebegabten Sohn. Nachdem seine erste Frau gestorben war, heiratete er nämlich noch im Trauerjahr sein Dienstmädchen, [76] das schon nach viereinhalb Monaten Ehe ein Kind zur Welt bringt. Der manisch-depressive Søren hat unter diesem „Fehltritt" des Vaters zeit seines Lebens gelitten, und wenn auch am Familientisch nie darüber gesprochen worden zu sein scheint, so war dieses Thema ihm doch

---

Handschrift oder eine Bemerkung in sein Tagebuch niederzuschreiben; denn in allen Zimmern lagen Feder, Papier und Tinte." (S. 10.)

72 Kierkegaard, O., S. 78.

73 Zu dem „Disputierteufel aus dem Norden", wie er in Göttingen, wo er promovierte, genannt wurde (Hohlenberg: Søren Kierkegaard, S. 47), bestand alles andere als ein brüderliches Verhältnis. In Sørens Augen war Peter Christian, der sich der Grundtvig-Partei angeschlossen hatte, feige und ängstlich. Noch auf dem Sterbebett weigerte er sich, den Renegaten vorzulassen. Vgl. zu den Geschwistern Weltzer: Peter og Søren Kierkegaard.

74 Vgl. Bukdahl: Søren Kierkegaard, S. 39.

75 Rohde: Sören Kierkegaard, S. 43.

76 Möglicherweise erklärt sich K.s Bewunderung gerade für den Humor und die Geistesgaben der „Dienstmädchen" daher, daß seine Mutter eben ein solches war.

immer präsent, wie man den Tagebüchern entnehmen kann, ja er machte diese
Sünde des Vaters zur eigenen.

Da war es, daß das große Erdbeben eintraf, die furchtbare Umwälzung, die mir plötzlich
ein neues unfehlbares Deutungsgesetz sämtlicher Phänomene aufzwang. Da ahnte ich, daß
das hohe Alter meines Vaters nicht eine göttliche Segnung war, sondern eher ein Fluch; daß
die ausgezeichneten Geistesgaben unserer Familie nur dazu da waren, sich gegenseitig zu
zerrütten ... Eine Schuld mußte auf der ganzen Familie ruhen, eine Gottesstrafe mußte über
ihr sein ...[77]

Der Vater, so schien ihm, wurde für seine Schuld durch ein langes Leben bestraft,
an dem er trotz seines Reichtums keine Freude haben konnte, und dem Sohn
war die alttestamentarisch anmutende, sühnende Stellvertreterfunktion zuge-
dacht. Das „große Erdbeben",[78] nämlich die Erkenntnis dieses Fluches, der auf
der Familie lastete, wird zum Jugendwahn und dann doppelt erschütternd, als
der Vater entgegen jeder Erwartung doch vor den Söhnen stirbt.[79]

Das Haus der Kierkegaards am Nytorv, direkt neben dem Rathaus, war eher eine Art offenes „Kulturzentrum",[80] als die von Brandes behauptete pietistische
„Tyrannei", in der Søren zu einem „protestantischen Jesuiten" erzogen wurde,
„der sein eigener Papst war."[81] Man führte ein kleinbürgerliches bis bürgerliches
Leben; der Alltag war spartanisch eingerichtet, nur zu feierlichen Anlässen gab
man sich großzügig. Kontakt wurde vornehmlich mit der engeren und weiterer
Verwandtschaft gepflegt; doch darüber hinaus waren es nicht nur die Kopenhagener Groß- und Kleinkaufleute, die am Nytorv hereinschauten, sondern durchaus auch die Intellektuellen von Kirche und Universität, besonders seit die beiden Söhne herangewachsen waren (der Lehrer P. M. Møller wohnte eine Zeit
lang in unmittelbarer Nachbarschaft). Ein häufiger Gast war der Bischof J. P.

---

77 Pap. II A 805; vgl. dazu auch Heiberg, P. A.: En Episode i Søren Kierkegaards Ungdomsliv,
   bes. S. 45ff. Über die „stille Verzweiflung" siehe auch Pap. V A 33.
78 Über die biographische Wurzel dieses „Erdbebens" streiten sich die Experten. So erntete
   z.B. Rohdes despektierliche Ableitung von einem Bordellbesuch (S. 36f.) wie auch schon
   Heibergs Episodendeutung nur Entrüstung in den Fachkreisen.
79 Dieser wahnhafte Zwangsgedanke, im Verein mit seiner depressiven Natur, seiner „Melancholie", machen K. zu einem geschätzten Objekt der klinischen Psychologie, die, da wo
   sie sich mit dem Werk beschäftigt, nützliche Anregungen produziert (z.B. Cole: The
   Problematic Self in Kierkegaard and Freud), jedoch mit dem „Patienten" K. nur allzuoft
   an der realen Person vorbeidiagnostiziert. So versteht es z.B. Künzli (Die Angst als abend-
   ländischen Krankheit) mit seinem orthodoxen Frühwerk, nicht allein K., sondern auch
   gleich die Psychoanalyse in Mißkredit zu bringen, wenn er aufgrund unhaltbarer Verall-
   gemeinerungen zu dem Schluß kommt, „daß von Kierkegaard eine gerade Linie bis zu
   Hitler führt." (S. 272) Weigert kommt mit ihrem lückenhaften und z.T. unrichtigen Material zu Person und Werk zu einem passablen, an Erikson orientierten Ergebnis; ebenso
   auch die frühe von Freud inspirierte medizinisch-psychologische Arbeit von Ostenfeld
   (Om Angst-Begrebet i Søren Kierkegaard). Helweg (Søren Kierkegaard), der von Kretsch-
   mers Konstitutionstypologie ausgeht und bereits 1918 für Grundtvig eine manisch-depressive Diagnose gestellt hatte, dann 1927 H. C. Andersen zum Psychopathen erklärte, diag-
   nostiziert auch bei K. eine manisch-depressive Psychose; im übrigen sei auf die grundlegende Untersuchung von Nordentoft verwiesen: Kierkegaards psykologi.
80 Bukdahl: Søren Kierkegaard, S. 32.
81 Brandes: Søren Kierkegaard, S. 21.

Mynster (1775–1854), der so etwas wie ein Beichtvater des Hauses war und darum sich für die religiöse Aufzucht der Söhne zuständig fühlen konnte; zudem aber, und das zeigt die dauerhafte Bindung an das pietistische Jütland, hatte man regelmäßigen Umgang mit dem religiösen Untergrund, den radikalen Erweckungsbewegungen.

Maßgeblich für die intellektuelle und religiöse Entwicklung war jedoch der Vater, der es nicht nur zu Reichtum gebracht hatte, sondern als Autodidakt ebenso zu philosophischem und theologischem Wissen und unter dessen strenger Zucht der Heranwachsende beizeiten seinen Intellekt und seine Phantasie schulte.[82] Daneben jedoch, und dies kommt in den Biographien leider immer zu kurz,[83] bestand eine enge und, wie es scheint, intime Beziehung zur Mutter, die er allerdings, im Gegensatz zur Person des Vaters, fast nie erwähnt; daraus allerdings zu schließen, er würde auf seine Mutter als das verführte Dienstmädchen herabschauen,[84] wäre ein arger Trugschluß. Kierkegaard, der mit seiner kantischen Gestalt von der Natur nicht gerade bevorzugt worden war, war nämlich nicht nur in seinen jungen Jahren ein rechtes Muttersöhnchen, er hat sie auch als Erwachsener noch verehrt[85] und ihr literarisch manches Denkmal gesetzt, ohne daß dies allerdings erkennbar werden könnte. Wie der Bruder am Grab bezeugte, ist der Umgangston, sind die Worte der Mutter in seinem Werk eingefangen[86] — Worte und Sätze, die man heute nicht mehr zuordnen kann.

Ane Sørensdatter jedenfalls, so kann man sich Bukdahl anschließen, die den Debatten der Söhne mit dem Vater folgte, ohne sich einzumischen, und die sich dieweil bereitwillig mit anderen Dingen beschäftigte, die lesen aber kaum schreiben konnte, ist die personifizierte Einfalt, die er später in Sokrates so bewundern sollte und die sich auf unschuldige Reinheit reimt, nicht auf intellektuelle Unbedarftheit. Sie verstand und wurde verstanden, ohne zu reden. Wenn immer daher in den Biographien die Person des Vaters als des Dominanten, Übermächtigen gesehen wird und der Mutter keine weitere Bedeutung beigemessen wird, wird eine sehr wesentliche Kategorie des Kierkegaardschen Denkens übersehen: die des *Schweigens*, des beredten Schweigens jedoch. In dem Sinne auch ist seine Apologie des Schweigens, wie er sie z.B. 1851 vorlegt, die keine der Sprachlosigkeit ist, zugleich eine Apologie der Mutter:

Laß mich Dir eine solche Frau beschreiben, ein Hörer des Wortes, der das Wort nicht vergißt ... Wie gesagt, sie spricht nicht in der Gemeinde, sie schweigt ... Sie ist auch nicht wie eine Geistesabwesende, weit entfernt in anderen Gegenden: Du sitzt und redest mit ihr; und wie Du so sitzt, sagst Du zu Dir selbst: sie schweigt — was bedeutet dieses Schweigen? Sie paßt ihr Haus, ist ganz gegenwärtig ... sie ist fröhlich ... sie ist, fast mehr wie die Kinder, die Freude im Hause ... Was bedeutet dieses Schweigen? ... Nein, laß uns nicht weiter danach forschen,

---

82 Vgl. die autobiographische Abhandlung „De omnibus dubitandum est“, Pap. IV B 1; auch Rohde, S. 8ff.
83 So schon bei Jensen, C.: Søren Kierkegaards religiøse Udvikling, S. 2f.
84 So Künzli, S. 37ff.
85 Dies wird von Martensen (Af mit Levnet, Bd. 1, S. 79) bezeugt.
86 Bukdahl: Søren Kierkegaard, S. 51.

sondern bedenken, daß dieses Schweigen gerade das ist, was wir brauchen, wenn Gottes Wort etwas Macht über die Menschen bekommen soll.[87]

Die schweigende Einfalt, die dennoch versteht und mit der geschwätzigen, unverständigen Gelehrsamkeit kontrastiert, gehört zu den Denkwürdigkeiten dieses Philosophen. Das verstehende, beredte Schweigen, das er von seiner Mutter gelernt hat, setzt allerdings ein Verständnis der Philosophie voraus, das sich nicht allein im manipulativen Gebrauch des Logos als instrumenteller Vernunft erschöpft, nicht allein erklären will, sondern verstehen. Insofern erscheint mir die Begegnung mit dem Schweigen der Mutter als ein sehr wesentliches Hintergrundmotiv der Kierkegaardschen Ratio (nicht umsonst nennt er eines seiner Pseudonym *Frater Taciturnus*).

Die Mutter ist also für die intellektuelle Entwicklung mindestens genauso von Bedeutung gewesen, wie der Vater; denn weder im Denken, noch im Reden haben wir es mit Selbstzwecken zu tun: „Nur der, der wesentlich schweigen kann, kann wesentlich reden, nur der, der wesentlich schweigen kann, kann wesentlich handeln."[88] Die Handlung ist der Zweck des Schweigens, sie ist der Zweck der Reflexion überhaupt.

c. Der Zeitgenosse

Kierkegaard, das dürfte aus dem Vorangegangenen bereits klar geworden sein, war ein sehr eigenwilliger Zeitgenosse. Mit den großen Gleichzeitigen in Kopenhagen verband ihn persönlich so gut wie gar nichts: Hans Christian Andersen hielt er für einen schwachbegabten Scharlatan, N. F. S. Grundtvig war ihm ein ewiger Querulant; und die übrigen anerkannten dänischen Geistesfürsten der Zeit – Heiberg, Martensen, Clausen und all die anderen – konnte er nicht leiden, da sie sich entweder einer dänischen Variante des Hegelianismus (bzw. dem was sie dafür hielten)[89] angeschlossen hatten oder zwischen rationaler Orthodoxie, nationalromantischem Idealismus und einer unprätentiösen Vermittlungstheologie wechselten.[90] Mit manchen verkehrte er immerhin, höflich aber distanziert, anderen ging er aus dem Wege.[91]

---

87 SV XII, S. 385f.
88 SV VIII, S. 105.
89 Zum dänischen Hegelianismus siehe Thulstrup, N.: Kierkegaards forhold til Hegel, S. 23ff. In Bezug auf K.s Kritik an Hegel und am Hegelianismus faßt Th. thetisch sein Ergebnis zusammen (S. 21f.): daß 1. es prinzipiell keine Übereinstimmung in Bezug auf Objekt, Ziel und Methode zwischen K. und Hegel gibt; 2. daß bereits um 1843 (also etwa mit „Entweder/Oder") der Kierkegaardsche Abklärungsprozeß abgeschlossen war; daß 3. bis zur „Nachschrift" (1846) die Verfasserschaft als gesundende Festigung der Spekulationskritik zu sehen ist; und daß 4. K. nur Interesse für das Denken Hegels und seiner Schüler hatte, soweit es für seine Angriffe von Relevanz war, was weder als eine umfassende, noch erschöpfende Kenntnis dieses Denkens zu bezeichnen wäre. Insbesondere aber war seine Kritik gegen den Hegelianismus gerichtet, wozu Th. das Bild einfällt, daß er „Hegel als Wolf im Schafspelz betrachtete, dagegen auf die Hegelianer als eine Herde von Schafen schlecht und recht sah."
90 Vgl. Thulstrups Kommentar zur „Nachschrift", Bd. 2, S. 79ff.
91 Aufschluß über K.s Umgang in Studenten-, Literaten- und Professorenkreisen gibt u.a. Nielsen, S. A.: Kierkegaard og Regensen.

Tonangebend im Kopenhagener Milieu um die Mitte des 19. Jahrhunderts waren drei Parteien: im Bereich von Theater und Literatur der ästhetisierende „Geschmackstyrann" und Hegelianer Johan Ludwig Heiberg, dessen Frau, Johanne Luise Heiberg, der schöne Liebling des Kopenhagener Theaterpublikums war; die zweite, klerikale wurde von dem bieder vornehmen Bischof Mynster (später seinem Nachfolger Martensen[92]) angeführt, und schließlich wären als dritte die universitären Geister um Clausen, Madvig und Martensen zu nennen. Diese drei Parteien, die „Sippschaft", wie Kierkegaard sie nennt,[93] bestimmten den Zeitgeist, waren die Tonangebenden des Bildungsbürgertums und seines Gefolges. Dabei ist es sicherlich kein Zufall, sondern illustriert die Potenzen der „Intelligenzaristokratie"[94] (die von Heiberg herausgegebene Zeitung hatte den beziehungsreichen Titel „Intelligenzblatt"), daß die wirklich Großen der Epoche, nämlich Kierkegaard, Andersen und Grundtvig, die Außenseiter der Bildungskaste waren, und es bis zu einem gewissen Grad auch blieben.

Die „Sippschaft" war eine typisch bürgerlich-elitäre Erscheinung einer Stadtkultur, die quasi maskenhaft zur Schau gestellt wurde, und da sie in ihrem ästhetisch-romantischen Idealismus die aufgesetzte Lebenslüge war, konnte sich diese Geisteshaltung auch nur über eine gewisse Zeit halten; sie ging mit den Personen ins Grab. Schon zu Kierkegaards Zeiten war der Stern Heibergs, der „smarte Theaterdirektor",[95] am Sinken, und es kündigten sich die Vorformen des Realismus an, der gegen Ende des Jahrhunderts mit Georg Brandes in den Naturalismus führt. Mit ihrer „Persönlichkeitsphilosophie" waren Kierkegaards Mentor, der einflußreiche und zeitweilige Dekan der Philosophischen Fakultät Frederik Christian Sibbern, wie auch der Freund und sokratische Lehrer Poul Martin Møller die Protagonisten dieser gegenelitären Bewegung.[96] Gerade Møller auch war es, der mit seinem Essay über die "Affectation"[97] einen wesentlichen Beitrag zur psychologischen Klärung der Heuchelei und der Apperzeptionsverweigerung lieferte und der für die weiteren Generationen einen theoretischen Begriff entwickelte (der auf Holberg zurückgeht), mit dem diese Lebenslüge bezeichnet ist.[98] Mit ihrer im Grunde *sozial* bedingten Kritik am Genußästhetizismus knüpfen sie damit an die humanitäre Tradition des 18. Jahrhunderts; gegen Parfum, Pathos und Pose stellen sie Natur (und Naturrecht), Erfahrung und Persönlichkeit.[99]

---

92 Auf Veranlassung von Mynster wurde Martensen 1840 außerordentlicher Professor für Theologie, 1841 Mitglied der „Gesellschaft der Wissenschaften", 1845 Hofprediger und erlangte mit seiner „Christlichen Dogmatik" 1849 endgültig die Unsterblichkeit. Martensen: Af mit Levnet; Christensen, V.: Søren Kierkegaards motiver til kirkekampen; Christensen, A.: Efterskriftens opgør med Martensen.
93 Pap. IX A 206; vgl. zum Folgenden auch Bukdahl: Søren Kierkegaard, S. 58ff.
94 Bukdahl, S. 59.
95 Monrad: Sören Kierkegaard, S. 14.
96 Vgl. auch Jansen, F. J. B.: Le climat philosophique du Danemark.
97 Møller: Efterladte Skrifter, Bd. 3, S. 163—188 (Deutsche Übersetzung in: Henningsen, B.: Poul Martin Møller, S. 113—125).
98 Vgl. Henningsen, B.: Poul Martin Møller, S. 98ff.
99 Vgl. auch Jensen, J. F.: Turgenjev i dansk åndsliv, S. 174ff.

Kierkegaards private Auseinandersetzung mit der Kirche, die vordergründig so wenig Resonanz hatte, markiert den endgültigen Bruch jener falschen Harmonie zwischen Christentum und Kultur, wie sie vor allem von Mynster und Martensen repräsentiert wurde.[100] Und wenn er bereits 1835 in sein Journal schreibt, daß *„Philosophie und Christentum sich doch nie vereinbaren lassen,"*[101] so ist das ein früher Beleg seiner grundsätzlichen Opposition zum Zeitgeist, der sich von Hegel herleitete.[102]

Was die Cliquen einigte – zum Teil waren sie noch miteinander verwandt –, war der Glaube an eine prästabilierte Harmonie, *ihre* Harmonie. Die Theater- und Literaturkreise bewegten sich in ästhetisierender, schöner Atmosphäre, sie ergingen sich fleißig in Konversation und hielten ihre romantisierte Wohlgefälligkeit für die erstrebenswerteste Lebensanschauung. In gleicher apodiktischer Weise wurde von Kanzel und Katheder die Bücherweisheit verkündet, in die bis zu einem gewissen Maß der Hegelianismus eingegangen war, die sich aber ebenso als eine Elitekultur zu erkennen gab, deren autoritativer Anspruch Glaube und Lehre immer mehr zur Orthodoxie verkommen ließ. Kierkegaard kannte von früh an die Agenten dieser Kulturszene und bewegte sich darin wie einer von ihnen. (H. C. Andersen, der Mann aus der Provinz, „damals das gejagte Tier in der dänischen Literatur",[103] tat sich da schwerer; er mußte erst den richtigen Tonfall finden, bevor er einer Aufnahme für würdig befunden wurde.[104]) Insbesondere während seiner überlangen Studentenzeit (von 1830–42) teilte er sich in den „Genuß" des schönen Lebens von Kopenhagen, war Stammgast in den Cafés, eifriger Theater- und Salonbesucher und ging auch regelmäßig in die Kirche. Spätestens als dann jedoch seine Bücher erschienen, wurde es auch den Cliquen offenbar, daß es nur der äußere Stil war, der Witz, die Ironie, die Sentimentalität, an denen er teilhatte, und daß in seinem Kopf etwas ganz anderes vor sich ging, daß er nämlich die Konsequenzen ihres Hegelianismus, ihrer Ästhetik, ihrer Orthodoxie als existentieller Lebensgrundlage bedachte und in ihrer Verlogenheit attackierte, daß er einen Zusammenhang herstellte zwischen dem, was sie dachten, und dem, was sie lebten. Später schreibt er programmatisch: „Was ich will? Ganz simpel: ich will Redlichkeit!"[105]

Wohl war er – bei seiner Gestalt unter all' den schönen Menschen auffallend genug – toleriert in diesen Kreisen, aber er war für sie eher ein wunderlicher Kauz, der dicke Bücher schreiben konnte, aber keine „Autorität" (kein Amt) hatte, der stundenlang spazierenging, aber sonst von wenig Interesse war. Hielt er sich selbst

---

100 Vgl. Christensen, V.: Søren Kierkegaards motiver til kirkekampen, S. 44f.
101 Pap. I A 94.
102 „Der Gegenstand der Religion wie der Philosophie ist *die ewige Wahrheit* in ihrer Objektivität selbst, Gott und nichts als Gott und die Explikation Gottes ... So fällt Religion und Philosophie in eins zusammen." Hegel: Werke, Bd. 16, S. 28.
103 Brandes: Søren Kierkegaard, S. 38.
104 Zu Andersen und K. siehe den Abschnitt bei Brandt: Den unge Søren Kierkegaard, S. 115ff.
105 SV XIV, S. 55.

auch für eine wichtige Figur,[106] so gibt es keinen Beleg dafür, daß er diese Rolle für die „Sippschaft" tatsächlich gespielt hat.

Die Lebenslüge der „Sippschaft", das war aber nicht allein ihr geistesaristokratisches Dasein, ihre Ästhetisiererei;[107] das war vor allem das Übersehen dessen, was sich jenseits ihrer eigenen Lebenssphäre abspielte: die Not und das Elend der unteren Schichten, die sich bereits zur artikulieren wußten und die Kierkegaard sehr wohl sah. Die politischen Ereignisse der Zeit, die auch solche der Straße waren, scheinen ihr Bewußtsein nicht sonderlich tangiert zu haben: der Staatsbankrott 1813, die Trennung Norwegens von Dänemark (die Einwohnerzahl Dänemarks verringerte sich dadurch von 2,5 auf 1,5 Millionen), die zehnjährige Landwirtschaftskrise von 1818 bis 1828 (die Kornpreise sanken auf den dritten Teil der Preise von 1818), die regelmäßig wiederkehrende Cholera in Kopenhagen mit ihren sozialen Folgen, die Etablierung der Ständeversammlungen 1834 und die Unruhen von 1848. Nun sind allerdings die Unruhen dieser Zeit nicht allein auf die unteren Schichten beschränkt und soweit sie allgemein politische Implikationen hatten, werden sie sehr wohl auch vom Bildungsbürgertum getragen: schließlich wird die politische Umorganisation – die Ablösung des Absolutismus – von einer Koalition aus Bürgern und Bauern bewerkstelligt; an der politischen und vor allem sozialen Situation der unteren Schichten änderte sich jedoch unmittelbar gar nichts.

Kierkegaards Teilhabe am Los des „gemeinen Mannes" ist ablesbar an der Sympathie der Familie für die pietistische Brüdergemeinde, die in Kopenhagen insbesondere aus dem niederen Volk und dem Kleinbürgertum Zuspruch fand. Daß der Gemeinde finanzielle Unterstützung aus dem Haus am Nytorv zufloß, dürfte einleuchtend sein, wenn auch eine direkte und nachweisliche Parteinahme in den schwierigen 30er Jahren dem Vater nicht opportun zu sein schien, nachdem er anfangs ein aktives Mitglied war.[108] In den sonntäglichen Versammlungen, die natürlich nach dem offiziellen Kirchenbesuch stattfanden, dürfte Kierkegaard die intensivste Bekanntschaft mit dem „gemeinen Mann", mit den unteren Schichten, die die Intelligenzler nicht kannten, gemacht haben.

d. Der Anachoret

„Meine Aufgabe ist die Revision der Bestimmung: der Christ. Es lebt nur ein einziger Mensch, der die Voraussetzung hat, eine wirkliche Kritik über meine Arbeiten liefern zu können: das bin ich selbst."[109] Als Kierkegaard diese Sätze schrieb, war er bereits am Ende. Die „Nr. 1o" der Kampfschrift gegen die Staatskirche „Der Augenblick" lag bereits druckfertig, als er am 2. Oktober 1855 auf offener Straße zusammenbrach und einen Monat später, am 11. November, 42jährig im Frederiks-Hospital starb. Dieser Kampf war lange angelegt und brachte für ihn kei-

---

106 Z.B.: Pap. IX A 206.
107 Gerdes: Sören Kierkegaard, S. 15ff.
108 Bukdahl: Søren Kierkegaard, S. 43f.
109 SV XIV, S. 368.

nen erkennbaren Erfolg, es sei denn den, daß er zum Märtyrer wurde. Gegen die
Borniertheit der „Sippschaft" konnte auch ein Kierkegaard nichts ausrichten.

Kierkegaard, der es elf Jahre bis zur Promotion auf der Universität aushielt, der
als Student nach außen ein wahres Playboy-Dasein führte, der ewige Spaziergän-
ger, begann sein öffentlich-literarisches Wirken relativ spät. Erst nachdem sein sokratischer Lehrer Poul Martin Møller 1838 zu früh und wenig später im selben
Jahr sein Vater gestorben waren, erst nachdem die skandalöse Verlobungsaffäre
mit Regine Olsen 1840/41 überstanden[110] und er im März 1842 von seiner Flucht
nach Berlin zurückgekehrt war, erst da wird das, was er das „große Erdbeben"
nennt, literarisch umgesetzt. Wird diese Produktion anfänglich noch immerhin
respektiert, so bricht 1846 eine Katastrophe über ihn herein, die sein peripatetisch-
sokratisches Dasein radikal verändert: Der legendäre Corsaren-Streit.

Der „Corsar" war ein von dem republikanisch-revolutionären Studenten Meïr Aaron
Goldschmidt (1819–87) und einigen Freunden 1840 zum ersten Mal herausgegebe-
nes respektlos-witziges Wochenblatt. Das Periodikum, in der Schlußphase des dänischen Absolutismus mit den Zensurbestimmungen bedroht, wäre dem „Punch"
vergleichbar oder dem späteren „Kladderadatsch" (seit 1849) und war nicht in
erster Linie, wie es die beleidigten, konservativen Kierkegaard-Forscher immer
kolportierten, ein Schmutz- und Schundblatt,[111] das von einem Heißsporn zur Ver-
höhnung der Großen erschien.[112] Nun machte ausgerechnet der humoristisch begabte Kierkegaard dem Herausgeber den Vorschlag, ihn doch auch endlich einmal
zu kritisieren. Und das geschah dann so gründlich und so peinigend, daß Kierkegaard alles andere als zufrieden sein konnte. Im „Corsaren" erschienen Kari-
katuren und Anekdoten, die seine Verlobungs-Affäre ausschlachteten, die seine
pseudonyme Verfasserschaft ironisierten, die seine kümmerliche Gestalt und
sein (angeblich) zu kurzes Hosenbein persiflierten. Und da der „Corsar" nicht
nur von den Gebildeten gelesen wurde, sondern durchaus eine weitere Verbreitung
hatte (die Abonnentenzahl stieg bis auf 3000), war er damit zum Gespött der
Stadt geworden; seine Spaziergänge, die ihm Kontakte und Impulse geben sollten,
wurden zu einsamem Spießrutenlaufen, da niemand es mehr wagen konnte, sich
mit ihm auf der Straße sehen zu lassen aus Furcht, in den „Corsaren" zu kommen; es wurde hinter seinem Rücken und vor ihm getuschelt und gemunkelt; er
war plötzlich für jedermann zu einem Typ abgestempelt. Aus dem Grunde auch
verlegte er seine täglichen Ausflüge von der Innenstadt in die Außenbezirke; er
wurde gemieden, und er mied. Aus dem Peripatetiker war ein Anachoret geworden, der der spöttischen Verachtung mit bitterer Prophetie antwortete: „Es wird

---

110 Vgl. hierzu die ausführliche Darstellung bei Rohde, S. 45ff.
111 So z.B. schon bei Jensen, C., S. 120ff., auch Diem (Søren Kierkegaard) spricht von einem „üblen Kopenhagener Witzblatt". S. 13.
112 Eine eingehende Untersuchung des „Corsaren" und seiner Zeit liefert Bredsdorff: Goldschmidt's „Corsaren". Auch als Folge der Auseinandersetzung mit K. verkaufte Goldschmidt den „Corsaren" 1846, dessen Attraktion immer mehr nachließ, bis das Blatt
schließlich 1855 einging. Kurze Zeit erschien 1907 ein gleichnamiges Organ. Seit 1974
gibt Nils Ufer wieder einen „Corsaren" heraus, der zunächst jedem Vergleich mit dem Gold-
schmidts standhielt.

die Zeit kommen, da ein Däne stolz auf mich sein wird qua Verfasser — im Grunde also stolz darauf, daß man mich mißhandelte."[113]

Er litt vor allem unter den Verfolgungen des zum Pöbel sich versammelnden „gemeinen Mann", an den er sich wenden wollte und der nicht erkannte, was mit ihm geschah. Und so ist das Journal seit 1846 voll mit bitteren Klagen über „diesen Krähwinkel", das sein „geliebtes Geburtsland" ist, „diese Residenz der prostituierten Spießbürgerlichkeit, mein liebes Kopenhagen."[114] Der „gemeine Mann", der seine Hoffnung war, wendet sich von ihm ab und schließt sich der Ignoranz der Sippschaft an:

Für diese Klasse der Gesellschaft lebe ich wie eine Art Halbverrückter (*Halvgal*) — nun kann ich ihr nichts mehr nützen, nun muß auch ich die Augen zumachen (*trække Øjet ind og fjerne*), auf daß es nicht damit enden soll, daß ich förmlich als ein verrückter Maier (*en gale Maier*) Auflauf sammeln soll.[115]

Allein, die Witze über seine Hosen haben ihm am meisten geschadet, denn der „Schnitt meiner Beinkleider — nun darin tut meine Zeit Recht, das ist so ungefähr das einzige, was sie von mir versteht."[116] Und an anderer Stelle:

Alles andere hat doch ein Ende, aber dieses hört nicht auf. In einer Kirche zu sitzen, und dann haben ein paar Lümmel Frechheit genug, sich an eines Seite zu setzen, um in einem weg eines Hosen zu beglotzen und einen in Ihrem Gespräch zu verhöhnen, das so laut geführt wird, daß man jedes Wort verstehen kann.[117]

In klarer Erkenntnis seiner Verfolgungssituation formuliert er dann seine tägliche Pein in schlichter Eindeutigkeit: „O, menschliche Dummheit, wie bist Du so unmenschlich!"[118]

Das durch den „Corsaren"-Streit evozierte Leiden an seiner Zeit ist in zweierlei Hinsicht von Bedeutung. Zum einen erklärt „der ganze Pöbel-Aufstand"[119] gegen ihn, wieso es zu der messianischen Selbsteinschätzung kommen kann, die, losgelöst von diesem Ereignis, als Übermenschenanmaßung erscheinen muß. Er fühlte sich nämlich nicht allein als der „Verfolgte",[120] sondern legt sich ein immer überzeugteres Märtyrerbewußtsein zu, das schließlich in dem Halbsatz gipfelt, „daß mein Leben Christi gleicht."[121] Zum anderen aber ist die weitere schriftstellerische Produktion damit festgelegt. Hatte er noch, wie der Titel erahnen läßt, mit der „Abschließenden unwissenschaftlichen Nachschrift", die er 1846, also

---

113 Pap. IX A 203.
114 Pap. IX A 471.
115 Pap. X 2 A 48.
116 Pap. VIII 1 A 120. Der Spott mit den Hosen wurde mit einer solchen Penetranz kolportiert, daß Brandes seine kritische bis feindselige Kierkegaard-Studie 1877 rückblickend eröffnete: „Meine früheste Erinnerung an Kierkegaard ist die, daß, wenn ich als Kind nicht meine Hosenbeine ordentlich und gleichmäßig über die damals gebräuchlichen langen Schaftstiefel herabzog, das Kindermädchen mir warnend sagte: Søren Kierkegaard!" S. 9.
117 Pap. VIII 1 A 99.
118 Pap. VIII 1 A 153.
119 Pap. IX A 455.
120 Pap. VIII 1 A 153.
121 Pap. IX A 455.

im „Corsaren"-Jahr, ein Jahr vor seinem 34. Geburtstag eilig zusammengeschrieben hatte, sein philosophisches Werk beenden und sich um ein Pfarramt bewerben wollen, so machen die Verfolgungen dies unmöglich. Die „Nachschrift" wird nicht zum Schluß seiner literarischen Produktion, sondern zum Grundstock, da er gezwungen ist, weiterhin seiner „Aufgabe" zu leben und zu schreiben: der Restitution dessen, was es heißen muß, Christ in einer satten Zeit zu sein, in der sich alle Christen nennen; als „Einzelner" zu existieren, wie er es in seinem Martyrium tat.

Sein privater Kirchenkampf,[122] den er 1854 begann, als Bischof Martensen seinen Vorgänger Mynster als einen „Wahrheitszeugen" glaubte ehren zu müssen, war jedoch nicht so sehr gegen die Staatskirche gerichtet, wie es bei Grundtvig und seinen Anhängern eher der Fall war, als vielmehr gegen ihre Repräsentanten und deren Christentums*verständnis*. So schreibt er schon 1848 in sein Journal: „Es gilt weder mehr noch weniger als eine Revision des Christentums, es gilt, die 1800 Jahre fortzuschaffen, als hätte es sie nicht gegeben."[123] Und 1851:

Kollidiere ich mit dem Bestehenden, so ist das einzig und allein möglich durch einen Mißgriff von Mynster ... Aber wird er sich endlich versteifen (*forhærde*), daß seine ganze mißliche Christentums-Verkündung, die das Christentum zu einem Theater-Genuß gemacht hat, Weisheit (*Visdom*) ist, Christentum, ja, dann ist er der (jenige), der Meines zu etwas anderem gemacht hat.[124]

Sein Kampf im Namen des Neuen Testaments war gegen die Sinnentleerung des christlichen Glaubens durch die Orthodoxie gerichtet und für die Restituierung des originären Christentums, des Urchristentums, für die Einführung des Christentums in die Christenheit[125] — daher war er auch so empfindlich bei der großzügigen Titulierung „Wahrheitszeuge", „Märtyrer" und daher reagierte er auch indigniert, wenn man ihm unterstellte, er wirke für eine Revision der Kirchen*verfassung* oder gar für die „Emanzipation der Kirche".[126]

3. Die Phänomenologie der Existenz

Søren Kierkegaard und die Politik: das scheint ein Widerspruch. Den Philosophen der „Subjektivität", der „Innerlichkeit", des „Einzelnen" in den Blickwinkel der Politischen Wissenschaft rücken zu wollen, muß verwegen anmuten, angesichts der Fülle der theologischen und hermeneutischen Sekundärliteratur (vorwiegend des deutschen Sprachraumes), die in Ignorierung der skandinavischen Forschung und z.T. auch in Ignorierung der primärsten Schriften, nämlich der Tagebücher, Kierkegaard als ein von der sozialen Wirklichkeit entfremdetes Objekt der Philosophiegeschichte erscheinen läßt.[127] Dennoch: es gibt eine ganze Reihe von Zeitungsarti-

---

122 Dazu Christensen, V.: Søren Kierkegaards motiver til kirkekampen.
123 Pap. IX A 72.
124 Pap. X 4 A 228.
125 Pap. VIII A 434.
126 Vgl. SV XIII, S. 472ff.
127 Wenn ein Entfremdeter einen ihm im Geiste fremden der Entfremdung bezichtigt, dann kann seine Anfangs- und Schlußerkenntnis etwa so lauten: „ ... die Verhältnisse, unter

keln, in denen er sich gar nicht so weltfremd zu aktuellen Fragen der Politik äußert, nicht zu reden von den vielen, zumeist polemischen Bemerkungen, die er en passant macht und die ihn als einen hellwachen und kritischen Zeitgenossen ausweisen.

Politik wird hier jedoch nicht im Populärsinne als das Beschäftigungsfeld von Berufsmäßigen gesehen, bei der es um institutionelle oder Macht-Fragen im Bereich des Öffentlichen geht, sondern vielmehr im angelsächsischen Sinne der *politics*, dem subjektiven und zwischenmenschlichen Handeln auf der Grundlage eines kritisch-rationalen Ordnungswissens.[128]*Politisch* ist somit nicht durch die bloße Aktion definiert, *politisch* wird eine Handlung erst durch das ihr zugrunde liegende rationale Begründungsmoment. Insofern soll im Folgenden an sehr wesentlichen inhaltlichen Momenten der Kierkegaardschen Philosophie dargestellt und untersucht werden, was sie in diesem originären Sinne zu einer *politischen* macht.

a. ,,Politik'' ...

Bereits sehr früh, in dem entscheidenden Krisenjahr (1835) seines intellektuellen Individuationsprozesses, stoßen wir in Kierkegaards Journal auf einen Begründungszusammenhang seines ,,Vorhabens''[129] — gemeint als das sinngebende Beschäftigungsmotiv seines Lebens — mit dem Sinn der Existenz des Menschen in Gesellschaft und Geschichte,[130] also einer genuin *politischen* Betrachtungsweise. Nachdem er bereits seit fünf Jahren die Universität besucht hat, ohne zu einem nennenswerten Ergebnis seines Studiums gelangt zu sein, und selbst den Gedanken erwägt, von der Theologie zur Jurisprudenz überzuwechseln, um ,,meinen Scharfsinn in den vielen Verwicklungen des Lebens entwickeln zu können'',[131] kommt er sich so verloren

---

denen der Jüngere (sc. S.K.) existiert, nehmen zusehends das Mythische, Undurchsichtige totaler Entfremdung an, und was dem Älteren (sc. Hegel) teils noch in vorbürgerlicher, teils schon in defensiv-bürgerlicher Rationalität zu überschauen, allseitig zu durchdringen gelang, muß dem Jüngeren im Zustand beginnenden Zerfalls der Rationalität irrationalistisch zur falschen Unmittelbarkeit von Existenz und Subjektivität geraten, die objektive Vernunft, universellen Sinn nicht mehr zu erblicken vermag.'' (S. 9) — ,,Auf ihm (sc. dem Geist) insistiert Kierkegaard, weil zunehmende Entfremdung objektive Vernunft zu erblicken verwehrte.'' (S. 228) Schweppenhäuser: Kierkegaards Angriff auf die Spekulation. Die ,,objektive Vernunft'', die zu dechiffrieren der Leser aufgefordert bleibt, entlarvt den in der Dogmatik einer Schule Entfremdeten. Die Manifestationen derselben in der je gegebenen historischen Situation voraussetzend, ignoriert der theologische Zauberlehrling diese bei dem Kritisierten. Scheinbar hat die objektive Vernunft es versagt, die politische, gesellschaftliche und historische Situation Dänemarks in der Mitte des 19. Jahrhunderts und K. als Agitator mittendrin wahrzunehmen. Die Entfremdung ist damit zu einer doppelten geworden: als einer von sich und seinem Sujet.

128 Deuser (Sören Kierkegaard. Die paradoxe Dialektik des politischen Christen), dessen apodiktischer Frankfurter Substantivismus so manch eine Klarheit verstellt, vertritt einen zu engen, klischeehaften Politikbegriff, bei dem mehr von Ökonomie als von Anthropologie die Rede ist; überdies wird vom ,,politischen Christen'' nur zu selten gesprochen. Siehe auch ders.: Versuch einer ,,politischen Hermeneutik'' der Theologie Sören Kierkegaards.

129 Pap. I C 83.

130 Nur am Rande sei hier auf die umständliche Studie Sløks verwiesen: Die Anthropologie Kierkegaards.

131 Pap. I A 75. Alle folgenden Zitate ebenda.

vor, daß er aus Kopenhagen flieht und im waldreichen Nordseeland einen Reflexionsprozeß einleitet, der seine Depression beenden soll. Das Gefühl der Hilflosigkeit, des Verlassenseins, das aus den Tagebuchaufzeichnungen spricht, betrifft vorwiegend die Konfrontation seines Intellekts mit dem Wissenschaftsbetrieb seiner Zeit. „Es kommt mir so vor, als hätte ich nicht von dem Becher der Weisheit getrunken, sondern wäre in ihn hineingefallen." Seine Verzweiflung entspringt gerade dem Überfluß, nicht dem Mangel.

Was Kierkegaard am 1. August 1835 in Gilleleje seinem Tagebuch anvertraut, ist die Manifestation einer Identitätskrise. Er will versuchen, „mich selbst ins Reine zu bringen über mein Leben ... Was mir eigentlich fehlt, ist mit mir selbst ins Reine zu kommen, *was ich tun soll* ... es gilt, eine Wahrheit zu finden, die Wahrheit für mich ist, *die Idee zu finden, für welche ich leben will und sterben.*" Um diese seine Idee jedoch zu finden, „oder besser gesagt, mich selbst zu finden, nützt es mir nichts, mich noch mehr in die Welt zu stürzen, und das war es gerade, was ich vorher tat." Die Verarmung seiner Existenz, die Kierkegaard hier mit einer Anspielung auf sein Playboy-Leben beklagt, will er abwenden, denn: „Was fand ich? Nicht mein Ich." Die Ausschweifungen will er beenden und bekennt: „So wäre dann das Los gefallen — ich will über den Rubikon! Wohl führt dieser Weg mich zum Kampf; aber ich will nicht versagen."

Seine ganz persönliche *periagoge*, wie bedeutsam sie für seinen intellektuellen Abklärungsprozeß auch ist, ist jedoch von allgemeinerer Bedeutung, insofern Kierkegaard hinter der Selbst-Suche — erst recht hinter dem Selbst-Finden — eine psychologische, wie soziale Grundbestimmung des Menschen entdeckt.

Ich will jetzt versuchen, ruhig den Blick auf mich selbst zu heften und beginnen, innerlich zu handeln; denn nur dadurch werde ich in der Lage sein (*bliver jeg istand*), genau wie sich das Kind mit seiner ersten mit Bewußtsein vorgenommenen Handlung nennt: „ich", (genau) so werde (ich in der Lage) sein in tieferer Bedeutung mich zu nennen: „ich".

Die psychologische Wahrheit, daß in der mit Bewußtsein vorgenommenen Trennung von Subjekt und Objekt, von Ich und Außenwelt, zu der das Kind in seinem frühen Stadium noch nicht in der Lage ist, korrespondiert zur politisch-sozialen: „Ein Leben, das nicht mit sich selbst ins Reine gekommen ist, muß notwendigerweise eine unebene Seiten-Oberfläche vorzeigen." Auch kann kein Mensch, „dem der innere Haltepunkt fehlt, sich im Sturm des Lebens oben halten. — Nur wenn der Mensch so sich selbst verstanden hat, ist er in der Lage, sich eine selbständige Existenz zu behaupten (*at hævde sig*) und vermeidet es, sein eigenes Ich aufzugeben." Die Analyse der menschlichen Existenz in Gesellschaft und Geschichte ist demnach zu beginnen mit der Analyse des Menschen, seiner Psyche, seinem Bewußtsein, seinem Selbst. Der Erkenntnisprozeß verläuft von Innen nach Außen und nicht umgekehrt. Es nützt dem Menschen gar nichts,

erst das Äußere bestimmen zu wollen und dann das Grundkonstituierende. Man muß zuerst lernen, sich selbst zu erkennen,[132] bevor man etwas anderes erkennt (gnothi seauton). Erst wenn der Mensch so innerlich sich selbst verstanden hat ..., erst da bekommt sein Leben Ruhe und Bedeutung.

---

132 Zwischen „Kennen" und „Erkennen" macht die dänische Vokabel keinen Unterschied.

Das „Erkenne dich selbst" des 22jährigen Kierkegaard trägt jedoch noch deutliche Züge des spekulativen Selbstbewußtseins Hegels und viel Verachtung für das „sogenannte praktische Leben". Dagegen erfahren wir schon vom *Ethiker B* aus seinen Briefen an den *Ästhetiker A* im zweiten Teil von „Entweder/Oder" eine Modifikation des Orakelspruches, die gleichwohl dem sokratischen Anspruch näherkommt.

Der Ausdruck *gnothi seauton* ist oft genug wiederholt worden, und man hat darin das Ziel für das ganze Streben des Menschen gesehen. Das ist auch ganz richtig, aber doch ist es genauso gewiß, daß es nicht das Ziel sein kann, wenn es nicht zugleich der Beginn ist. Das ethische Individuum erkennt sich selbst, aber diese Erkenntnis (*Kjendskab*) ist nicht eine bloße Kontemplation, denn dann würde das Individuum nach seiner Notwendigkeit bestimmt, es ist eine Besinnung auf sich selbst, die selbst eine Handlung ist, und darum habe ich absichtlich (*med Flid*) den Ausdruck gebraucht, sich selbst zu wählen, anstatt sich selbst zu erkennen.[133]

Mithin ist die Reflexion auf die Idee des eigenen Lebens nicht mehr hinreichend durch diese erklärt. Die Selbst-Reflexion, die Besinnung auf die eigene Identität und damit also die Verinnerlichung, die schon eine Handlung ist, hat nur dann einen Sinn, wenn sie über diese hinausweist.[134] „Der, der ethisch gewählt und sich selbst gefunden hat, er hat sich selbst in seiner ganzen Konkretion bestimmt. Er hat sich dann als Individuum, das diese Fähigkeit hat, diese Leidenschaften, diese Neigungen, diese Gewohnheiten." Erst wenn er sich erkannt, und daß heißt primär sich selbst gewählt hat, ist seine Seele im Gleichgewicht, seine Individualität, sein Leben in Harmonie.[135]

Aber obwohl er selbst sein Zweck ist, so ist doch dieser Zweck zugleich ein anderes; denn das Selbst, das der Zweck ist, ist kein abstraktes Selbst, das überall hinpaßt und darum nirgendwohin, sondern ein konkretes Selbst, das in lebendiger Wechselwirkung mit dieser bestimmten Umgebung, diesen Lebensverhältnissen, dieser Ordnung der Dinge steht. Das Selbst, das der Zweck ist, ist nicht bloß ein persönliches Selbst, sondern ein soziales, ein bürgerliches Selbst. Er hat sich selbst als Aufgabe für eine Tätigkeit, wodurch er als diese bestimmte Persönlichkeit in die Verhältnisse des Lebens (*i Livets Forhold*) eingreift. Seine Aufgabe ist hier nicht, sich selbst zu bilden, sondern zu wirken, und doch bildet er zu gleicher Zeit sich selbst.[136]

Der soziale Mensch, das Individuum in Gesellschaft, erscheint hier in der Bestimmung des *Ethikers* als das Individuum, dessen Personszentrum geordnet ist. Die Konkretion im Selbst ist keineswegs, wie nur zu gerne angenommen wird, die Verabsolutierung der Innerlichkeit, vielmehr wird die Individualität eben erst aus der Wechselwirkung von Innerem und Äußerem gewonnen. Auch der Ethiker Kierkegaard scheut den Rückzug in die Privatheit, da ihm Ethik keineswegs als die neutrale Unverbindlichkeit des Sittlichen gerät. Ethik und Innerlichkeit sind nicht auf Regression, sondern Progression, auf Handlung und Praxis angelegt.[137]

---

133 SV II, S. 279.
134 Ebenfalls im „Begriff Angst" wird *gnothi seauton* wieder auf die „Griechen" zurückgeführt, das man „nun lange genug deutsch verstanden hat als das reine Selbstbewußtsein, als des Idealismus Luftgebilde (*Idealismens Luftighed*)." SV IV, S. 385.
135 SV II, S. 283.
136 Ebenda, S. 283f.
137 Die Sozialbindung der Philosophie K.s wird von Stark (*Sören Kierkegaard*) besonders betont, der auch eine ausführliche Gegenüberstellung der Marxschen Theorie liefert.

Die Personszentrierung der menschlichen Existenz ermöglicht eine Aktualisierung von politischen Tugenden, die das „persönliche" Selbst aus seiner Verschließung zu einem „bürgerlichen", zu einem „sozialen" erst werden läßt.[138] „Von dem persönlichen Leben setzt er sich über in das bürgerliche, von diesem in das persönliche. Das persönliche Leben als solches, war eine Isolation und darum unvollkommen, aber indem er durch das bürgerliche Leben in seine Persönlichkeit zurückkehrt (*vender tilbage*), zeigt sich das persönliche Leben in einer höheren Gestalt."[139] Die Akzeptierung dieses Sachverhaltes, der in der Vorstufe des Tagebuches noch psychologisch begründet war, setzt einen Willensakt voraus; dieses bleibt ein Leben lang die Maxime des Kopenhagener Orakels: Wähle dich selbst. Der Ethiker, der auch Humorist sein darf, faßt daher prägnant zusammen: „Die Hauptsache, das allein Seligmachende, ist immer, daß ein Mensch im Verhältnis zu seinem eigenen Leben nicht sein Onkel ist, sondern sein Vater."[140]

Daß Kierkegaard bereits sehr früh die Konsequenzen seiner Handlungsethik für das vordergründig Politische klar gewesen sein dürften, kann man annehmen; schließlich war er nicht nur ein aufmerksamer Beobachter der politisch sozialen Verhältnisse seiner Zeit, sondern durchschaute auch sehr früh die Folgen der Hegelschen Spekulation in einem gläubigen Zeitalter.[141] Bei einem Minderbegabteren könnte man daher die folgende Passage des *Ethikers* als hellseherische Prophetie charakterisieren:

Wenn die Persönlichkeit das Absolute ist, dann ist sie selbst der archimedische Punkt, von welchem man die Welt aus den Angeln heben kann (*kan løfte Verden*). Daß dieses Bewußt-

138 Jenseits des Sektiererverdachts belegt die sehr kritische, aber nicht unsympathische Arbeit von Rosenberg (Søren Kierkegaard) aus dem Jahre 1898 den relativen Erfolg K.s.; sie wirft aber auch ein Licht auf die bewegenden Themen der Jahrhundertwende. R. insistiert nämlich auf der an K. exemplifizierten Unvereinbarkeit von Christentum und Individualismus, da „gerade das Wesen des Christentums sozialistisch ist." (208) Gleichwohl hat „seine Verkündung zugleich positive Bedeutung für die sozialistische Christentumsauffassung. Die Entwicklung der Lebensanschauung des Individuums *beginnt* immer mit seiner Übernahme des eigenen Selbst. Das Verständnis des Wesenszusammenhanges zwischen allen Seelen wird nicht dadurch erreicht, daß man *außen* um das Selbst *herum* geht, sondern daß man *durch* es hindurch geht." (204) Gerade dieses könne und müsse man von K. lernen, denn „sicherlich liegt das Fortschrittsziel im Sozialismus." (207) Zur dänischen Amalgamierung von Sozialismus und christlichem Glauben siehe auch die Schrift von Linderberg: Socialismen og Præsteskabet aus dem Jahre 1911. – Interessanterweise erscheint 1904 eine erste Rezension zur deutschen Ausgabe des „Entweder/Oder" in Maximilian Hardens sozialdemokratischer „Die Zukunft", worin der altkatholische Karl Jentsch K. (wegen seiner Kirchenkritik) als einen Vorläufer der Sozialdemokratie bezeichnet. Vgl. Mustard: Sören Kierkegaard in German Literary Periodicals, S. 84f.
139 SV II, S. 284.
140 Ebenda, S. 288.
141 Wie bereits angeführt (siehe S. 95), sind die grundlegenden Untersuchungen zum Verhältnis Hegel–K. erst von Niels Thulstrup angestellt worden. Frühere Arbeiten zu dem Thema sind: die unbekümmerte philosophiegeschichtliche Gegenüberstellung von Radermacher (Kierkegaards Hegelverständnis), die ohne dänische Quellen (!) weder systematisch noch inhaltlich befriedigend ist; die ernster zu nehmende Analyse von Anz (Kierkegaard und der deutsche Idealismus) postiert K. hypothetisch zu dicht bei Hegel.

sein das Individuum nicht verleiten kann, die Wirklichkeit von sich werfen zu wollen, ist leicht einzusehen, denn will er so das Absolute sein, dann ist er rein Nichts, eine Abstraktion. Nur als der Einzelne ist er der Absolute, und dieses Bewußtsein wird ihn von allem revolutionären Radikalismus befreien.[142]

Was, oberflächlich betrachtet, in den späteren Werken Kierkegaards verlorengeht und sie dem Anschein nach zu einer mehr oder weniger aphoristischen Loseblattsammlung macht, ist in dem frühen Tagebuch und den zitierten Passagen aus „Entweder/Oder" noch ganz klar zu erkennen, daß nämlich seine gesamte Reflexion um einen zentralen Punkt kreist, daß es überhaupt so etwas wie ein „Vorhaben" gibt. Selber definiert er den Zweck seiner Meditation als „die eigentlich anthropologische Kontemplation",[143] was zweifach zu verstehen wäre: als Sinn einer jeden Kontemplation überhaupt, wie aber auch als methodische Anweisung. Philosophieren über das Dasein, heißt in erster Linie philosophieren über den Menschen; die menschliche Wirklichkeit ist das Zentrum einer realitätsgebundenen Philosophie. Sie hebt sich dabei vom rationalistischen, wie vom metaphysischen Ansatz ab und macht nicht Gott, Vernunft oder Sein zu ihrem Ursprung, sondern den Menschen.[144] Dabei bedeutet, so können wir uns Gregor Malantschuk anschließen, das Thema „anthropologische Kontemplation" „im weiteren Sinne, daß der Versuch gemacht wird, den Menschen auf verschiedenen geistigen Entwicklungsstufen und unter verschiedenen Gesichtspunkten zu betrachten."[145] Eine hinreichendere Zusammenfassung dessen, was *Politische Theorie* ist, läßt sich nicht denken: „die eigentlich anthropologische Kontemplation".

b. ... und „Gesellschaft"

Wenigstens an einer Stelle seines Werkes ordnet Kierkegaard expressis verbis seine Philosophie der „Religiosität" der am kritischen Ordnungswissen interessierten politischen Wissenschaft unter. Im Anschluß an den 1859 posthum herausgegebenen „Gesichtspunkt für meine Verfasserwirksamkeit" sind, mit einem knappen Vorwort versehen, zwei „Noten" mitgeteilt, die auf das Jahr 1846/47 zurückgehen und mit Nachdruck seine Kategorie des „Einzelnen" behandeln.[146] Beschränken wir uns hier auf das Vorwort, so analysiert er darin die Unterscheidungen und die Wechselbeziehungen zwischen Weltlichem und Ewigem, zwischen Politischem und Religiösem.

„In diesen Zeiten ist alles Politik", lautet der resignierend-pessimistische Anfangssatz, dem antithetisch gegenübergestellt wird, daß das Religiöse davon himmelweit verschieden sei: „... das Politische beginnt auf Erden, um auf Erden zu bleiben; während das Religiöse, seinen Beginn von oben ableitend, das Irdische

---

142 SV II, S. 287. Über den gnostischen Heilslehrencharakter der Hegelschen Philosophie, zumindest aber des Hegelianismus, siehe u.a. die Werke Voegelins (besonders: On Hegel − A Study in Sorcery); Gebhardt: Politik und Eschatologie; Baur: Die christliche Gnosis.
143 Pap. III A 3.
144 Krings: Ursprung und Ziel der Philosophie der Existenz, S. 435.
145 Malantschuk: Dialektik og eksistens hos Søren Kierkegaard, S. 20.
146 SV XIII, S. 627−655.

verklären und darauf in den Himmel heben will." Sollte nun, setzt Kierkegaard
polemisch fort, sich ein ungeduldiger Politiker in diese Seiten verirren, so wird
er darin sicherlich wenig zu seiner Erbauung finden. Geduld fordernd jedoch

„bin ich davon überzeugt, daß auch er, selbst bei den kurzen Andeutungen, die in diesen
Blättern mitgeteilt werden, darauf aufmerksam werden wird, daß das Religiöse die erklären-
de Wiedergabe dessen ist, was ein Politiker, soweit er es wirklich liebt, Mensch zu sein und
die Menschen zu lieben, in seinem glücklichsten Augenblick gedacht hat, wenn er auch das
Religiöse unpraktisch, wie auch zu hoch und zu ideal finden wird.[147]

Diese Gedanken, die er in der Spätphase seines Wirkens erarbeitet hat, entspringen jedoch nicht einem dogmatischen Christentumsverständnis oder gar einer ri-
tuellen Theologie, die in der metaphysisch meditativen Frömmelei der offiziellen
Kirchenpolitik gerade den unpolitischen Menschen zur Voraussetzung hat, sondern einer Humanitätsauffassung, die sich aus der synthetischen Natur des Menschen herleitet, wie sie in den *Climacus*- und *Anti-Climacus*-Schriften erläutert
wird. Da der Mensch eine Synthese aus Zeitlichem und Ewigem, aus Körper und
Seele ist, zu dessen dritter, notwendiger Bestimmung der Geist gehört,[148] verwahrt
sich Kierkegaard gegen die Reduktionsversuche der zeitgenössischen Spekulation,
wie die der aktuellen Politik.

Daß er bei seiner Apologie des Religiösen die soziale Wirklichkeit miteinbezieht,
ja daß es nur beides zusammen, nie eines allein geben darf, erhellt jenes Vorwort
nur zu deutlich. Ein längerer Passus, der dieses ausführt, sei daher in extenso zitiert:

Aber wenn auch „unpraktisch", ist doch das Religiöse der Ewigkeit verklärende Wiedergabe
des schönsten Traumes der Politik. Keine Politik hat gekonnt, keine Politik kann, keine
Weltlichkeit hat gekonnt, keine Weltlichkeit kann bis in die letzte Konsequenz diesen Gedanken durchdenken oder realisieren: Mensch-Gleichheit (*Menneske-Lighed*).[149] Vollkommene Gleichheit im Medium „Welt-Gleichheit" (*Verds-Lighed*), d.h. in dem Medium, dessen
Wesen die Unterschiedlichkeit ist, und diese „welt-gleich" (*verds-ligt*), d.h. verschiedenma-
chend (*forskjelliggørende*), zu realisieren, das ist ewig unmöglich, das kann man an den Kategorien sehen. Denn wenn vollkommene Gleichheit (*Lighed*) erreicht werden sollte, müßte
„Weltlichkeit" (*Verdslighed*) ganz aufhören, und wenn vollkommene Gleichheit (*Lighed*) erreicht ist, hat die „Weltlichkeit" (*Verdslighed*) aufgehört; aber wäre das nicht wie eine Beses-
senheit, daß „Weltlichkeit" (*Verdslighed*) die Idee bekommen hat, vollkommene Gleichheit
(*Lighed*) erzwingen zu wollen, und sie weltlich (*verdsligt*) herbeizwingen zu wollen − in der
Weltlichkeit (*Verdslighed*)! Nur das Religiöse kann mit der Hilfe der Ewigkeit bis ins Letzte
Mensch-Gleichheit (*Menneske-Lighed*) durchführen, die göttliche, die wesentliche, die nicht-

---

147 Ebenda, S. 631.
148 Vgl. Die Krankheit zum Tode, SV XI, jedoch auch Der Begriff Angst, SV IV, bes. S.
348.
149 K. arbeitet hier mit einem Wortspiel, das man im Deutschen nicht wiedergeben kann.
„Menneskelighed" bedeutet eigentlich „Menschlichkeit"; dadurch daß K. das Wort jedoch getrennt schreibt, ergibt sich ein völlig neuer Sinn: „Menneske-Lighed" − „Mensch-
Gleichheit". Dies ist auch im Dänischen ungewöhnlich, ergibt gleichwohl einen Sinn.
Von der „menschlichen Gleichheit" zu sprechen, wäre im Deutschen angebrachter, ließe dann aber die Wortspielerei außer Betracht. Im Folgenden verfährt er mit „Welt-
Gleichheit" (*Verds-Lighed*) ebenso.

weltliche, die wahre, die einzig mögliche Mensch-Gleichheit; und darum ist auch — das sei zu seiner Verherrlichung gesagt — das Religiöse die wahre Menschlichkeit (*Menneskelighed*).[150]

Die hier von Kierkegaard vorgenommene Begriffsamalgamierung von „Menschlichkeit" und „Gleichheit" verdient besondere Hervorhebung, wird Gleichheit doch aus der, spätestens seit der französischen Revolution zu beobachtenden, fundamentalistischen Sichtweise gehoben und diesem originären politischen Begriff damit — ganz besonders auch für die skandinavische Variante der Politik — eine weitere Dimension (wieder)eröffnet. Es spricht daher nur für sein Unrechtsbewußtsein, wenn sich aus dem Jahre 1848 der folgende Satz in seinen Tagebüchern findet: „Die Kommunisten hierzulande und anderswo kämpfen für die Menschenrechte. Gut, das tue ich auch." Doch dies ist kein naiv-affirmativer Zuspruch, da ihm die agnostisch-atheistische Grundlage ein Horror ist: „Der Kommunismus führt im Maximum zur Tyrannei der Menschen-Furcht."[151] Fragt man, was Menschlichkeit im Sinne Kierkegaards bedeutet, so ist das Allgemeine der sokratischen Philosophie entliehen, nämlich der Existenzvollzug vor dem Horizont und in der Partizipation göttlicher Präsenz.[152] Sinnvolles politisches Handeln, wie überhaupt sinnvolle Existenz in Gesellschaft ist nur vor diesem Horizont möglich, aus dem die Kategorie der Gleichheit erst ihre Qualität erhält. Gleichheit außerhalb des göttlichen Partizipationswissens ist sinnlos, schlimmer noch, ist unmenschlich.

Was dagegen die Zeit in tiefstem Sinne *braucht* — das läßt sich erschöpfend mit einem einzigen Wort sagen, sie braucht: Ewigkeit. Das Unglück unserer Zeit ist gerade, daß sie alleine nur „Zeit" geworden ist, Zeitlichkeit, die ungeduldig nichts von der Ewigkeit hören will, danach, wohlgemeint oder rasend, sogar durch eine herbeigekünstelte Nachahmung das Ewige gänzlich überflüssig machen will, was doch in aller Ewigkeit nicht glücken wird; denn je mehr man meint, das Ewige entbehren zu können oder sich darin verhärtet, es meinen zu können, desto mehr bloß drängt man im Grunde danach.[153]

Es soll an dieser Stelle nicht auf die Chiffren der „Zeit", der „Ewigkeit", des „Religiösen" etc. eingegangen werden; es genügt festzuhalten, daß Kierkegaard seine Existenzphilosophie auch und gerade im Hinblick auf gesellschaftliches und politisches Handeln verstanden wissen will. Wenn daher Adorno bei Kierkegaard das Ausbleiben „gesellschaftlicher Erfahrungen", was immer das heißen mag, moniert,[154] so ist dies mehr als unrichtig, übersieht er doch dabei, daß die Fragestellung primär von „existentieller Erfahrung" handelt, die aufgrund der synthetischen Natur des Menschen erst die Grundlage gesellschaftlicher Erfahrung sein kann. Kierkegaards prophetische Antwort auf die moderne, kritische Soziologie, die *Johannes de Silentio* 1843 in „Furcht und Zittern" artikuliert, trifft so schon frühzeitig das Dilemma des Positivismusstreites: „Es ist einfach genug, das ganze Dasein (*Tilværelse*) auf die Idee des Staates oder eine Idee der Gesellschaft (*Samfund*) zu

150 SV XIII, S. 631f.; siehe auch SV XII, S. 313.
151 Pap. VIII 1 A 598.
152 Mit „Partizipation" ist hier immer der antik-griechische Begriff gemeint, die moderne Wendung kommt dabei nicht in Betracht.
153 SV XIII, S. 632.
154 Adorno: Kierkegaard, S. 35. Zur Kritik an A. siehe auch Fahrenbach: Die gegenwärtige Kierkegaard-Auslegung, S. 77ff.

nivellieren. Tut man das, so kann man auch leicht genug mediieren."[155] Was 1843
vor allem gegen die Hegelianer in Staat und Kirche gerichtet war, liest sich heute
wie eine Philippika auf die Irrelevanz der streitenden Parteien, und so soll es, da
wir es hier mit einem Pseudonym zu tun haben, auch polemisch-ironisch verstanden werden: Es gibt „einen zahlreichen Volksschlag, den ich mit einem gemeinsamen Namen Dozenten nennen will. Sie leben in ihren Gedanken gesichert im
Dasein, sie haben eine *feste* Stellung und *sichere* Aussichten in einem wohlorgani-
sierten Staat, sie haben Jahrhunderte oder wohl sogar Jahrtausende zwischen sich
und den Erschütterungen des Daseins ..."[156] Es sind also gerade diejenigen die
Geistverlassenen, die sich auf den vagen, weil abstrakten Begriff der „gesellschaftlichen Erfahrung" berufen.

„Objektlose Innerlichkeit", „Opfermaske", „gnostische Lehren", „geschwätzige
Langeweile", „Menschenfeindschaft", „autoritäre Gesinnung", „asketischer Rigo-
rismus"[157] — dies ist eine repräsentative Auswahl von Verbalinjurien, die der 26jäh-
rige Adorno, der das von ihm so definierte „platonisierende Gastmahl der Pseudonyme"[158] nicht hat nachvollziehen können, zur Charakterisierung der Kierkegaardschen Position glaubt heranziehen zu müssen. Sie erneuern jedoch nichts
weiter als den alten, immer wieder neu erhobenen Vorwurf an das philosophiegeschichtliche Phänomen des „Idealismus". Selbstgewiß mogeln sich seine Kritiker um die Denk-Würdigkeit herum, daß nicht allein „Platonismus" und „Hegelianismus", sondern auch „Marxismus" und Frankfurter „Kritizismus" nichts weiter als „Idealismus" sein mögen, daß „objektive Vernunft" und überhaupt „Objektivität" deduktive Erfindungen der „Subjektivität" sind, insofern sie von einem Subjekt erzeugt und vertreten sind. Von Kierkegaard her erweist sich die
Kritik als die der „Dozenten", denen der existentielle Lebensbezug fehlt und die
— weil ohne „Ernst" — am Sinn des Philosophierens vorbeigehen; davon wird
noch zu sprechen sein. Es kann sich daher lediglich darum handeln, inwieweit
sich in der Position eines Denkers gesellschaftliche Realität widerspiegelt und inwieweit sie für ihn von Relevanz ist. Nicht „gesellschaftliche" Erfahrung hätte
einen Streitwert, sondern Erfahrung *von* Gesellschaft, *von* Realität, und die
kann in der Tat nur individuell und „subjektiv" sein.

Um ihn, der allerdings weder ein geschichtsphilosophisches,[159] noch ein staats-
rechtliches Interesse hatte, in dem Zusammenhang vor dem Vorwurf des Oppor-

155 SV III, S. 125.   156 Ebenda, S. 126.
157 Adorno, S. 126, S. 191, S. 206, S. 228, S. 211, S. 200, S. 269, S. 279, S. 281. Mit fast
    identischen etikettierenden Deklamationen verfährt Lukács (Kierkegaard), wenn er K. die
    „Konstruktion einer subjektivistischen Pseudodialektik" vorwirft (S. 289).
    Plougmann (Søren Kierkegaards kristendomsforstaelse) setzt sich in ihrer Analyse mit
    dem Inhumanitätsvorwurf am Beispiel Løgstrup (Opgør med Kierkegaard) auseinander,
    der K. „asozialen Dogmatismus" vorwerfen kann, da er „tendenziös" lese: „Søren Kier-
    kegaards Unterstreichung der Dominanz des ewigen Momentes im Menschen ist so
    nicht eine Abweisung der Zeitlichkeit", sondern geschieht aus „pädagogischer Disposi-
    tion", ist „eine Anpassung der Mitteilungsform und ihres aktuellen Inhaltes an eine
    wohldefinierte zeitgenössische Dialogsituation." (S. 93f.).
158 Adorno, S. 15.
159 S. Holm behauptet das Gegenteil: Søren Kierkegaards historiefilosofi.

tunismus oder gar der Irrelevanz zu bewahren, der hinter den zitierten Injurien liegt, erscheint mir im Hinblick auf Kierkegaard und den skandinavischen Kontext, in dem er zu sehen ist, schon philologisch der Gebrauch des Begriffes „Gesellschaft" interessant. Ungleich dem deutschen Sprachgebrauch, der die unselige Differenz zwischen „Staat" und „Gesellschaft" kennt, wobei dem einen die personale, ordnungsschaffende Handlung, dem anderen die egoistische Sinnlosigkeit zugeordnet ist (was im normativen Rechtspositivismus seine katastrophalen Folgen haben sollte [160]), hat sich die Wortbedeutung von „Gesellschaft" (*Samfund*) in Dänemark erst sehr spät gefestigt. Noch Harald Høffding spricht 1913 in Anlehnung an Tönnies von der Scheidung in „Samfund" (= Gemeinschaft), „in welchem die Individuen durch ein gemeinsames Ziel verbunden sind", und „Selskab" (= Gesellschaft), „wo das eine Individuum das andere als bloßes Mittel betrachtet." [161] Der heutige soziologische Gesellschaftsbegriff entspricht dem Høffdingschen von der Harmonie: „Samfund", während das egoistische „Selskab" dem Bereich von Wirtschaft und Kommunikation zufällt: „Aktieselskab", „Theselskab" etc., jedesmal sind die Begriffe jedoch mit „Gesellschaft" zu übersetzen.

Gemessen an den Begriffen „Staat" und „Volk", spielt der der „Gesellschaft" bei Kierkegaard nur eine geringe Rolle, dabei kennt und verwendet er natürlich den Terminus der „bürgerlichen Gesellschaft" [162] (in dem weiten Sinne der Gesamtheit der Staatsbürger), den der „politischen Gesellschaft" [163] oder den des „nützlichen Mitgliedes einer Gesellschaft". [164] Darüber hinaus jedoch ist „Gesellschaft" sehr konkret zu fassen, in dem „Samfunds"-Sinne von Høffding, ohne daß dies allerdings ausgeführt wird. Bezeichnenderweise nämlich hat „Gesellschaft" (*Samfund*) bei Kierkegaard ein Gegenüber, einen Partner, mit dem eine Beziehung hergestellt wird oder besteht, seien es nun Eheleute, Familienmitglieder, Gott oder „andere". Und gerade diese Gemeinschaften sind es, die Kierkegaards primäre Erfahrungen von Gesellschaft, von politischer Realität belegen, nicht solche einer unbestimmbaren, weil abstrakten „gesellschaftlichen" Erfahrung.

Der Mangelvorwurf wird jedoch gänzlich obsolet, wenn man seine Spätschriften auch nur einer oberflächlichen Prüfung unterzieht, ist doch die Auseinandersetzung mit der Kirche, wie sie am schärfsten in den „Augenblicken" formuliert ist, die treffendste Dokumentation für sein — wenn auch theologisch begründetes — kritisch-soziales Verantwortungsbewußtsein. Kierkegaard kommt, ähnlich Sokrates, gerade aufgrund seiner „gesellschaftlichen Erfahrungen" zu einer Existenzhaltung, wie aber auch zu einem Christentumsverständnis, die ihn in eine so diametral entgegengesetzte Position zu den „Herrschenden" bringt, daß er daran letztlich zugrunde ging. Seine Ausfälle gegen diese „Herrschenden", gegen diese „Verhältnisse" stehen in Schärfe und Heftigkeit denen eines Marx in nichts nach. [165]

---

160 Vgl. hierzu Sattler (Hrsg.): Staat und Recht. Die deutsche Staatslehre im 19. und 20. Jahrhundert.
161 Høffding: Ethik, S. 373.
162 SV VIII, S. 146.
163 SV VII, S. 208.   164 SV II, S. 313.
165 Genausowenig wie Nietzsche K. kannte, gibt es Berührungspunkte zwischen K. und Marx; gleichwohl gibt es Übereinstimmungen inhaltlicher Art, etwa die 11. These über

c. Der „Einzelne"

1847 gibt Kierkegaard eine Schrift heraus, „Erbauliche Reden in verschiedenem Geiste", dessen erste Abteilung, „Eine Gelegenheits-Rede", „Jenem Einzelnen" gewidmet ist.[166] Auf diese Widmung beziehen sich die beiden „Noten", aus deren Vorwort zitiert wurde und die im Folgenden mit einigen Stellen aus den Tagebüchern näher betrachtet werden sollen.

Rein oberflächlich ist „jener Einzelne" mit zwei Deutungen zu verknüpfen: da ist einmal der individuelle Leser angesprochen, „jener Einzelne, den ich mit Freude und Dankbarkeit *meinen* Leser nenne."[167] Emphatisch fügt er später hinzu: „Lieber! Nimm diese Widmung entgegen ... Wer Du bist, weiß ich nicht; wo Du bist, weiß ich nicht; welches Dein Name ist, weiß ich nicht. Doch bist Du meine Hoffnung, meine Freude, mein Stolz, in der Unwissenheit meine Ehre."[168] Zum anderen aber ist der Titel auch zurück auf den Autor selbst zu beziehen, der ihn sich immerhin als Grabinschrift wünschte: „... wenn ich eine Inschrift auf meinem Grab verlangen sollte, ich verlange keine andere als ,jener Einzelne' ..."[169] Kierkegaard, dem nach dem „Corsaren"-Streit der Pöbel halb Kopenhagens „jener Einzelne" hinterherrief,[170] parallelisiert die hinter dieser Kategorie liegende Existenzhaltung zu seinem eigenen Leben recht deutlich, wenn er eine Kongruenz auch strikt verneint: „Das Leben des Verfassers hat nun sicher ziemlich genau das ausgedrückt, was ethisch markiert wurde: ein Einzelner zu sein; er hat Umgang mit Unzähligen gehabt, aber immer allein (*ene*) gestanden, in seinem Streiten zugleich für das Recht streitend, alleine zu stehen, während in der Umwelt so gut wie alles die Auf-, Nieder- und Einsetzung von Komitees war."[171]

Es wäre allerdings verfehlt, den „Einzelnen" konkret festmachen zu wollen, verbirgt sich hinter der Kategorie doch eine entscheidende Position im Denken Kierkegaards, die in den Schriften deutlich und immer wieder angesprochen wird: „... für mich, nicht persönlich, sondern als Denker, ist das über den Einzelnen das Entscheidendste."[172] Es waren jedoch nicht allein die Verfolgungen des Kopenhagener Pöbels, denen Kierkegaards Beharren auf dem „Einzelnen" zuzuschreiben ist, es war in weit stärkerem Maße die Auseinandersetzung mit Hegel — bzw. was

---

Feuerbach mit einem „Diapsalmata" von „Entweder/Oder": „Wenn die Philosophen von der Wirklichkeit reden, so ist das oft genauso enttäuschend, wie wenn man bei einem Trödler (*Marchandiser*) auf einem Schild liest: Hier wird gerollt. Kommt man mit seiner Wäsche, um sie gerollt zu bekommen, so war man genarrt; denn das Schild ist bloß zu verkaufen." SV I, S. 19. Siehe auch die vergleichende Analyse von Rest: Kierkegaard und Marx. Nordentoft („Hvad siger Brand-Majoren?") diskutiert das Verhältnis beider.

166 SV VIII, S. 129–284.
167 Ebenda, S. 133.
168 SV XIII, S. 633.
169 Ebenda, S. 648, auch Pap. VIII 1 A 482.
170 SV XIII, S. 644.
171 Ebenda, S. 649. Wie treffend K. das juste-milieu der dänischen 30er und 40er Jahre charakterisiert, bestätigt Brandes, S. 87f.
172 SV XIII, S. 643, vgl. auch Pap. VII 2 B 192.

in Dänemark als Hegelianismus galt — und der zeitgenössischen Philosophie, die dabei das Motiv abgab. Die Systemphilosophie Hegels und der deutschen Idealisten mit ihrem Nachhall in Kopenhagen stellt sich ihm als eine Verfallserscheinung des Geistes dar und damit als ein Grundübel dieser Welt, fühlte er sich doch in der „Zeit der Auflösung" lebend.[173] Am Beispiel des „Wahrheitszeugen", das ihm dann das Auslösemoment für den Kirchenkampf war, erläutert er den Degenerationsprozeß: „... bei einem ‚Wahrheits-Zeugen‘ muß ethisch auf das persönliche Existieren im Verhältnis zum Gesagten gesehen werden, ob das persönliche Existieren das Gesagte ausdrückt — ein Bezug, den ganz richtig das Systematische und Dozierende und die Charakterlosigkeit der Zeit höchst unrichtig abgeschafft haben."[174]

Diese Dekulturationserscheinungen einmal erkannt, gilt Kierkegaards Kampf ausschließlich der Restaurierung dessen, was in den erbaulichen Schriften das Religiöse oder Göttliche ist, die existentielle Beziehung zu Gott, und in den pseudonymen Schriften als das Selbst, die Vernunft oder der Geist bezeichnet wird. Dabei gehört es zu seiner intellektuell überzeugendsten Leistung, diese Auseinandersetzung nicht immanent geführt zu haben, worauf eine Fußnote der „Nr. 2" Bezug nimmt: „Und ein jeder, der bloß etwas Dialektik hat, wird sehen, daß es unmöglich ist, ‚das System‘ von einem Punkt innerhalb des Systems anzugreifen. Sondern es gibt nur einen, allerdings spermatischen, Punkt außerhalb: den Einzelnen, ethisch und religiös, existentiell akzentuiert."[175] Der „Einzelne", dieser „spermatische Punkt", ist nicht nur, weil er ihn so nennt, eine „Kategorie",[176] ein Grundbegriff seines gegen Hegel gerichteten Philosophierens, er ist das Zentrum seines Denkens überhaupt und rechtfertigt erst, Kierkegaard einen „existentiellen Denker" zu nennen — nicht einen „Existentialisten".[177] Im posthumen „Gesichtspunkt" heißt es, daß er sich als religiöser Verfasser verstand, „der mit ‚jenem Einzelnen‘ zu tun hatte, ein Gedanke (‚der Einzelne‘ — im Gegensatz zum ‚Publikum‘) in welchem eine ganze Lebens- und Welt-Anschauung konzentriert ist."[178] Kierkegaard faßt somit seine

173 Ebenda, S. 649.
174 Ebenda.
175 Ebenda, S. 648.
176 Zu den verschiedenen „Kategorien" im Denken K.s und ihren Stufungen siehe Pieper:
   Die Bedeutung des Begriffs „Existenzkategorie" im Denken Kierkegaards.
177 Mit keinem Recht, worauf Krings verweist (Ursprung und Ziel der Philosophie der
   Existenz), kann sich der „Existentialismus", wie er insbesondere nach dem 2. Weltkrieg
   Mode war, auf K. berufen, wenn er es auch nur zu gerne tut. Es ist auch nur folgerichtig, wenn Hommes (Der Existentialismus) den Namen K.s nicht erwähnt, vielmehr den
   „Existentialismus" als „umgekehrten *Platonismus*" (S. 315) auf Nietzsche zurückführt
   und dabei nicht nur den „neuromantischen Geist" dieser „Neuen Theologie" (S. 321)
   analysiert, sondern auch seinen „gnostischen Charakter" (S. 325). Bezeichnenderweise
   zieht Hommes dann die Linie weiter, die den „Existentialismus" als einen „wesentlich
   radikaleren Sozialismus" auftreten läßt, bis hin zur „gnostischen Begründung und roman-
   tische(n) Verklärung der Gewaltherrschaft" (S. 337), eben weil letztlich der „Existentialismus" die *„Selbstbefreiung der menschlichen Gattung von allen jenseitigem Grund und
   objektiven Maß und Gesetz des Lebens"* bedeutet (S. 335). Es wäre allerdings hinzuzufügen, daß bei dieser Urväterlinie des Existentialismus: Hegel, Feuerbach, Engels, Marx und
   Nietzsche, dann wesentlich auch Stirner genannt werden müßte.
178 SV XII, S. 563.

Kritik gegen die zeitgenössische Philosophie in der einen Kategorie der „Einzelne" zusammen, sie ist die existentielle Gegenkategorie zum punktuellen Verständnis des Menschen aus dem System heraus. In ihr ist das Bewußtsein der persönlichen, wie aber auch der allgemeinen Erfahrung des Menschen von seiner humanen Existenz zentriert und die Ablehnung aller Systemreduktionen thematisch geworden.

Die „Note Nr. 2"[179] unterstreicht die Bedeutung „jenes Einzelnen" für seine „Aufgabe":

„Der Einzelne" ist die Kategorie, durch welche in religiöser Hinsicht die Zeit, die Geschichte, das Geschlecht hindurch muß ... Mit der Kategorie „der Einzelne" zielten die Pseudonyme seiner Zeit, da alles hierzulande System war und (nochmals) System, auf das System ... und wurde sie wie eine stereotype Formel wiederholt,[180] so ist das mit dem Einzelnen doch nicht eine spätere Erfindung von mir, sondern meine erste. – An der Kategorie „der Einzelne" ist meine mögliche ethische Bedeutung unbedingt geknüpft. War diese Kategorie richtig, war es mit dieser Kategorie in seiner Ordnung ...: dann stehe ich und meine Schriften mit mir.[181]

Kierkegaard bindet jedoch nicht allein *sein* Schicksal an die Kategorie des „Einzelnen", denn es eröffnen sich geistes- und religionsgeschichtliche Perspektiven angesichts des Ringens um den Einzelnen: „... mit dieser Kategorie steht und fällt die Sache des Christentums, nachdem die Welt-Entwicklung soweit in der Reflexion gekommen ist, wie sie ist. Ohne diese Kategorie hat der Pantheismus unbedingt gesiegt", womit die moderne zeitgenössische Philosophie, insbesondere wieder der Hegelianismus gemeint ist. „Der Pantheismus ist ein akustischer Betrug, der *vox populi* und *vox dei* verwechselt, ein optischer Betrug, ein aus den Nebeln der Zeitlichkeit gestaltetes Dunstbild, ein aus ihrem Reflex gestaltetes Luftgebilde (*Luftsyn*), das das Ewige sein soll." Gegen diese „pantheistische Verwirrung ... ist und bleibt ... die Kategorie ‚der Einzelne' der feste Punkt ... Aber die Sache ist die, doziert werden kann diese Kategorie nicht; es ist ein Können, eine Kunst, eine ethische Aufgabe und eine Kunst, dessen Ausübung vielleicht zu Zeiten das Leben des Operateurs kosten kann. Denn was da göttlich das Höchste ist, das will das eigensinnige Geschlecht und die Scharen der Verwirrten als Majestäts-Verbrechen gegen ‚Geschlecht', ‚Menge', ‚Publikum' usw. ansehen."[182] Was hier über die Not der eigenen Existenz, von den Verfolgungen des Pöbels und der Intelligentsia gesagt wird, wird dann mit dem Schicksal des Sokrates verbunden, der diese Kategorie zum ersten Mal dialektisch gebraucht habe.

In der „Nr. 1" der „Noten" befaßt sich Kierkegaard unter Verweis auf Paulus[183] vornehmlich mit der „Menge", der quantitativen wie qualitativen Gegenkategorie

---

179 Ein längerer Abschnitt im Journal von 1847 korrespondiert dazu, Pap. VIII 1 A 482.
180 Die Ausgaben der „Erbaulichen Reden" u.ä., die in loser Folge sich mit den Pseudonymen abwechselten, waren nicht nur (fast) ausschließlich seinem Vater gewidmet, sie enthielten jeweils knappe Vorwörter, die sich sprachlich und inhaltlich variierend, jedoch immer „stereotyp" an „jenen Einzelnen" wendeten, den „ich meinen Leser nenne." SV III, S. 15 und 301; IV, S. 7, 81 und 137; V, S. 85 und 99; VIII, S. 133; IX, S. 11 und 237; XI, S. 9 und 277; XII, S. 313 und 431.
181 SV XIII, S. 647f.
182 Ebenda, S. 652f.
183 1.Kor. 9,24 und parallel dazu Philip. 3,13.

zum „Einzelnen". Um Mißverständnissen vorzubeugen,[184] stellt er dabei deutlich fest, daß er sich bei seinen Erörterungen mit den qualitativen Aspekten der Kategorie beschäftigt, die quantitativen, da wo sie gelten, bestehen läßt:

> Vielleicht ist es doch das Richtigste, ein für alle Mal zu bemerken, was schon aus sich selbst folgt und was ich nie bestritten habe, daß die Menge im Verhältnis zu allen zeitlichen, irdischen, weltlichen Zwecken ihre Gültigkeit haben kann, sogar ihre Gültigkeit als das Entscheidende, das ist als die Instanz. Aber darüber rede ich ja nicht, so wenig wie ich mich damit befasse. Ich rede über das Ethische, das Ethisch-Religiöse, über „die Wahrheit" und darüber, daß, ethisch-religiös betrachtet, die Menge die Unwahrheit ist, wenn sie als Instanz gelten soll, was „Wahrheit" ist.

Und weiter unten heißt es:

> Der Leser wird also erinnern, daß hier mit „Menge" (*Mængde*), „der Menge" (*Mængden*) rein formell die Begriffsbestimmung verstanden wird, nicht was man sonst mit „der Menge" versteht, wenn sie vermeintlich zugleich eine Qualifikation sein soll, indem menschliche Eigenliebe die Menschen irreligiös aufteilt in: „die Menge" – und die Vornehmen o.ä., Gott im Himmel, wie sollte das Religiöse auf solche Un-Mensch-Gleichheit (*U-Menneske-Lighed*) verfallen! Nein, „die Menge" ist die Zahl, das Numerische; ein Numerus von Adeligen, Millionären, Großdignitaren usw. – sobald mit dem Numerischen gewirkt wird, ist es „Menge", „die Menge".[185]

Kierkegaard war, mit heutigen Maßstäben gemessen, vielleicht konservativer und traditionsbewußter, als es nötig gewesen wäre. Mit konservativem Beharrungsvermögen beobachtete er mißtrauisch die aufkeimenden Demokratisierungstendenzen – bisweilen berechtigter- und verständlicherweise; dies darf jedoch nicht ressentimentbeladen in Verantwortungslosigkeit und Untertanenmentalität umstilisiert werden. Ihn mit den heutigen Kategorien von „links" – „rechts", „progressiv" – „konservativ" messen zu wollen, muß an seiner Position und den damaligen Verhältnissen vorbeigehen.[186] Zumindest schon seine Vorliebe für den „gemeinen Mann" ließe ihn als einen „Progressiven" erscheinen. Aus der isolierten Betrachtung Kierkegaards jedenfalls ist es nicht zulässig, ihn mit parteipolitischen Etiketten zu versehen; seine mehr politisch gefärbten Kommentare sind nur aus der Situation der Zeit und den Standpunkten der damaligen Akteure zu verstehen (was seine heutigen Kritiker in der Regel nicht in Betracht ziehen). Da Kierkegaard kein Systematiker ist, demgemäß keine geschlossene, und d.h. auch schlüssige Ethik, Logik oder gar Phänomenologie vorlegt, geht es nicht an, gegen die dialektischen oder monistischen Positionen Ganzheitsurteile zu fällen. Daher auch die eindeutige, besänftigende Bemerkung, die eben zitiert wurde.

Geht es um die Frage der Wahrheit, und „mit ‚Wahrheit' verstehe ich beständig ‚ewige Wahrheit'",[187] so ist die „Menge" die Unwahrheit, der „Einzelne" die Wahrheit. Immer wieder wird diese Sequenz wiederholt und in der Essenz mit zwei

---

184 Schon zu seinen Lebzeiten hat er sich mit „Mißverständnissen" und „wirklichen Uneinigkeiten", die den oben zitierten entsprochen haben müssen, auseinanderzusetzen. Vgl. SV XIII, S. 642f.
185 Ebenda, S. 634f.
186 In seinem Einleitungskapitel läßt sich Diem (Spion im Dienste Gottes) über Sozialismus und Konservatismus im Zusammenhang mit K. aus.
187 SV XIII, S. 638.

Gründen belegt, religiös und ethisch. Erstens kann es niemals ein Mengenverhält-
nis zu Gott geben, sondern nur ein individuell-existentielles.

Deshalb, wo Menge ist, oder wo dem, daß es Menge ist, die entscheidende Bedeutung zuge-
legt wird, *dort* wird nicht gearbeitet, dort wird nicht gelebt, dort wird nicht für das höchste
Ziel gestrebt, sondern nur für das eine oder andere irdische; denn für das Ewige, entscheidend, kann nur da gearbeitet werden, wo da Einer ist; und dieser Eine zu werden, der Alle
sein können, heißt, Gott sich helfen zu lassen ...

Weder in der Menge, noch in der Art, noch im Geschlecht läßt sich eine Beziehung
zum Ewigen aufbauen, im Gegenteil diese „modernen" Betrachtungsweisen „schaffen sowohl Gott und die Ewigkeit, wie ‚des Menschen' Verwandtschaft (*Slægtskab*)
mit der Gottheit ab." Auf diese Weise gibt es „nur Exemplare, nicht Individuen."
Zweitens führt „die Menge" zu „Reuelosigkeit und Verantwortungslosigkeit, oder
schwächt doch die Verantwortung für den Einzelnen dadurch, daß sie ihn zu einer Teilbestimmung (*Brøkbestemmelse*) macht."[188] Die Verantwortungslosigkeit
der Menge — und langsam bewegt sich Kierkegaard in die psychologischen Tiefen
von Massenphänomenen, aufgrund dessen es nahegelegen sein könnte, seinen „Men-
gen"-Begriff mit dem soziologischen von „Gesellschaft" gleichzusetzen — wurzelt
in ihrer irrationalen Realität. „Denn die Menge ist ein Abstraktum, das keine
Hände hat; jeder Einzelne dagegen hat rechterweise (*ordentligviis*) zwei Hände."
Zudem ist nicht „der Feigste aller Einzelnen so feige, wie die Menge immer ist ...
Feigheit, das ist: die Menge."[189] Nur der Einzelne kann, indem er wählt und insofern zu seiner Konkretion kommt, Verantwortung übernehmen.[190] Daher auch
ist Kierkegaards impliziter Geschichtsbegriff unabdingbar an die verantwortungs-
bewußte Existenz vor anderen, vor allem aber vor Gott gebunden; Existenz als
Abfolge wäre „Geschichte", die somit ohne den Einzelnen nicht möglich ist.[191]

Doch ein Einzelner zu sein — und sich auch dazu zu bekennen —, das kommt, in
Analogie zu Christus, einem Märtyrerdasein gleich. „Darum wurde Christus ge-
kreuzigt, weil er, wenn er sich auch an Alle wendete, nichts mit der Menge zu
tun haben wollte ... sondern sein, was er war, die Wahrheit, die sich zum Einzelnen verhält. — Und darum ist ein jeder, der in Wahrheit der Wahrheit dienen
will, eo ipso auf die eine oder andere Weise Märtyrer."[192] Derjenige, der sich
nicht in dieses wenig erfreuliche Schicksal fügen will, hat es dagegen ungemein
bequemer:

---

188 Ebenda, S. 635.
189 Ebenda, S. 636.
190 Vgl. Sløk: Søren Kierkegaard, S. 43f.
191 Dieser Sachverhalt ist von Pieper untersucht worden (Geschichte und Ewigkeit bei Sören
　　　Kierkegaard): Das „Setzen der eigenen Existenz in der Zeit, das immer auch Mitsetzen
　　　eines Seienden ist, weil der menschliche Seinsvollzug nur durch eine gehaltliche Vermitt-
　　　lung hindurch geschehen kann, nennt Kierkegaard Geschichte im weitesten Sinne ... Wenn
　　　von Geschichte die Rede ist, handelt es sich immer um das qualitative Sein der Existenz.
　　　Dieses Sein ist ein subjektives Werden, d.h. ein Werden, in welchem sich ein Subjekt in
　　　einem Willensakt (Glaube) eine historische Faktizität innerlich aneignet und diese dadurch
　　　von der Möglichkeit (der Objektivität) in die Wirklichkeit (die Subjektivität) überführt." S.
　　　221.
192 SV XIII, S. 637.

... nie habe ich in der heiligen Schrift dieses Gebot gelesen: Du sollst die Menge lieben ...
Doch das versteht sich, den Nächsten zu lieben, ist Selbstverleugnung, die Menge zu lieben
oder so zu tun, als liebe man sie, sie zur Instanz für die „Wahrheit" zu machen, das ist der
Weg, um wahrhaft die Macht zu erhalten, der Weg zu allerhand zeitlichem und weltlichem
Vorteil – zugleich ist er die Unwahrheit; denn die Menge ist die Unwahrheit.

Darum steht gegen Ende dieser „Note Nr. 1" der Satz: „Menge wird ja von Einzelnen gebildet; es muß also in der Macht eines jeden liegen, das zu werden, was
er ist, ein Einzelner."[193]

Hat Kierkegaard auch einen sehr eingeschränkten Politik-Begriff, so können doch
einige Äußerungen dazu die Bedeutung des „Einzelnen" für das politische Handeln
erklären, insofern er die Menschlichkeits-/Gleichheitsargumentation an dieser Stelle wieder aufnimmt. Nicht nur jedes verantwortungsvolle Handeln ist an die
„zwei Hände" des je Einzelnen gebunden, es ist auch unmöglich eine Beziehung
zur Menge herzustellen, die mehr als nur irrational ist. Den „Nächsten" zu lieben,
heißt ein Verhältnis zum Einzelnen zu haben oder aufzubauen.

Und „der Nächste" ist der absolut wahre Ausdruck für Mensch-Gleichheit (*Menneske-Lighed*);
wenn darum ein jeder in Wahrheit den Nächsten wie sich selbst liebte, wäre vollkommene
Mensch-Gleichheit unbedingt erreicht; ein jeder, der in Wahrheit den Nächsten liebt, drückt
unbedingt Mensch-Gleichheit aus; ein jeder, der, wenn er auch, wie ich, zugesteht, daß sein
Streben schwach und unvollkommen ist, doch aufmerksam darauf ist, daß die Aufgabe
ist, den Nächsten zu lieben, er ist auch aufmerksam darauf, was Mensch-Gleichheit ist.[194]

Diese Argumentation, die jenseits der religiösen, eine gesellschaftlich-politische
Perspektive eröffnet, entspringt der Kritik des Zeitalters, hat aber gleichwohl bleibenden Wert, insofern das moderne politische Denken diese Kritik noch nicht verarbeitet hat. „Menge", „Masse" oder auch „Gesellschaft" als Bezugspunkte politischen Handelns und damit als Grundkategorie politischer „Wahrheit" verweist
Kierkegaard in die Schranken ihres Gegenteils:

Politik und dgl. hat nichts mit „ewiger Wahrheit" zu schaffen. Eine Politik, die im Sinne
„ewiger Wahrheit" damit Ernst machte, „ewige Wahrheit" in die Wirklichkeit hineinzusetzen,
würde sich in der gleichen Sekunde in eminentem Maße als das „Unpolitische" erweisen,
das sich denken läßt.[195]

Was die Masse als Kategorie zu einer unpolitischen macht, ihre Verantwortungslosigkeit, ihre Feigheit, kontrastiert er an anderer Stelle – ohne dies weiter auszuführen – mit jener qualitativ-moralischen Instanz, die den „Einzelnen" gegen
einen solipsistischen Existentialismus/Individualismus abschirmt: „Denn was heißt
es, der Einzelne zu sein und es sein zu wollen? Das heißt, Gewissen zu haben und
es haben zu wollen."[196] Verantwortung, Mut und Gewissen, diese wiederum aus
freiem Willen zu realisieren, machen den „Einzelnen" in dem je persönlichen Existenzvollzug auch zu einer „gesellschaftlichen" Kategorie. Sie sind die handlungs-
leitenden Kommunikationsmotive zwischen den Einzelnen, sie sollten es sein.

---

193 Ebenda, S. 639f.
194 Ebenda, S. 640.
195 Ebenda, S. 638.
196 SV XII, S. 431. Zur ethisch bewußten Redlichkeit siehe auch Jørgensen, C.: The Ethics
     of Søren Kierkegaard.

d. Die „Subjektivität"

Die pejorative Volkstümlichkeit, die der Kierkegaardsche Satz „Die Subjektivität ist die Wahrheit" erlangt hat,[197] läßt nur zu gerne darüber hinwegsehen, daß auch das Gegenteil bei ihm geschrieben steht: „Die Subjektivität ist die Unwahrheit". Nur beide Sätze zusammen ergeben einen Sinn, würde doch der erste allein einen solipsistischen Absolutheitsanspruch postulieren, der Kierkegaard mehr als fern gelegen hätte — jedoch im Existentialismus des 20. Jahrhunderts, vornehmlich in sartrescher Prägung, zum Durchbruch kam. Besonders *Johannes Climacus* in den „Philosophischen Brocken" und der „Abschließenden unwissenschaftlichen Nachschrift" argumentiert und polemisiert aus sokratischer Distanz gegen die Objektivitätseuphorie des spekulativen Zeitalters und für die Re-etablierung des Prinzips der Subjektivität der Innerlichkeit. Der Gedankengang sei hier nachgezeichnet.[198]

Ausgangspunkt sind zwei sokratische Einsichten, deren erste *Climacus'/* Kierkegaards[199] essentiellen Einwand gegen Hegel darstellt, der diese Grundbedingungen kritisch-rationalen Denkens negiere: die Tatsache nämlich, daß auch der Erkennende und über sein Bewußtsein Reflektierende existiert.[200] „In dem Satz, daß die Subjektivität, die Innerlichkeit die Wahrheit ist, ist die sokratische Weisheit enthalten, deren unsterblicher Verdienst es gerade ist, die wesentliche Bedeutung geachtet zu haben, zu existieren, daß der Erkennende existierend ist."[201] Zusätzlich hierzu ist an einer Stelle der „Philosophischen Brocken" der Sündenfall der Hegelschen Philosophie polemisch angesprochen, wenn *Climacus* die mokierend rhetorische Frage gestellt bekommt, daß es doch wohl niemandem einfallen könne, alle Inhalte des eigenen Bewußtseins zu eliminieren, um dann gerade darauf zu schließen. *Climacus* antwortet hierauf souverän ironisch: „Sicherlich mußt Du das machen; aber ist es nicht doch auch zu verantworten (*forsvarligt*), alle die Voraussetzungen zu behalten, die Du in Deinem Bewußtsein hast, und dann meinen zu wollen, voraussetzungslos über Dein Bewußtsein zu denken?"[202] Die Konsequenzen sind einsichtig. Wenn ich denke, denke ich nie voraussetzungslos; wenn ich über das Bewußtsein reflektiere, muß ich mein je eigenes Bewußtsein in den Reflexionsprozeß mit einbeziehen. Einen außerhalb meiner selbst liegenden Punkt,

---

197 Altizer (Mircea Eliade and the Dialectic of the Sacred) apostrophiert gar, trotz der augustinischen Vorgeschichte, K.s dialektische Subjektivität als "a theological Copernican revolution." S. 74.

198 Zum Folgenden vgl. Søe, N. H.: Subjektiviteten er sandheden und Lindhardt: Subjektiviteten er sandheden.

199 Im Kanon der literarischen Positionen könnte man K. als die Synthese von *Climacus* und *Anti-Climacus* bezeichnen. „Ich bestimme mich höher als Johannes Climacus, niedriger als Anti-Climacus." Pap. X 1 A 517. Zur Dialektik der beiden Pseudonyme siehe Malantschuk: Dialektik og eksistens, S. 316 ff.

200 „Wenn Hegel seine ganze Logik geschrieben hätte und im Vorwort geschrieben hätte, daß sie nur ein Gedankenexperiment sei, in welchem er sich an vielen Stellen sogar um etwas herumgedrückt hätte, dann wäre er wohl der größte Denker, der gelebt hat. Nun ist er komisch." Pap. V A 73.

201 SV VII, S. 190.

202 SV IV, S. 239.

von dem aus ich gleichsam betrachtend Aussagen über mein Bewußtsein machen könnte, gibt es nicht; genauso wenig, wie es einen solchen, außerhalb liegenden Beobachtungspunkt für den Geschichtsprozeß, für die Realität, für die Existenz gäbe: Der Erkennende ist immer auch existierend.

Der zweite Ausgangspunkt, zugleich die Begründung für den maieutischen Aspekt der Pseudonyme, ist das Wissen darüber, daß Erkennen Erinnern heißt. Der je einzelne Mensch hat das Wissen und die Wahrheit bereits in sich, es bedarf nur eines Lehrers, dem es maieutisch obliegt, diese Wahrheit hervorzubringen. Insofern ist Selbsterkenntnis vorchristliche Gotteserkenntnis, weshalb Kierkegaard auch in dem Zusammenhang Sokrates beständig einen Heiden nennt und damit seine kritische Distanz zu ihm inhaltlich festlegt.

Die christliche Position, die *Climacus* und in radikaler Form *Anti-Climacus* vertreten, geht nun hierüber hinaus. Selbsterkenntnis kann nicht Gotteserkenntnis sein, weil dem Menschen „ewige Wahrheit" als Qualität nicht zu eigen ist, er kann sich ihr nur approximativ nähern, weiß nur von relativer Wahrheit. Da Gott nicht in der Zeit ist, tut sich für den Menschen erst mit Christus das Paradox ewiger Wahrheit *in* der Zeit auf. Der Lehrer ist somit nicht mehr Geburtshelfer, sondern einer, der die Wahrheit *ist,* der Erlöser. Er teilt dem Menschen die ewige Wahrheit durch seine Existenz in Zeit und Geschichte mit, ebenso wie der Weg dazu beschaffen ist. Die Wahrheit ist dadurch keine Lehre mehr, sondern *sein Leben.* Indem der Mensch sich zu ihm verhält, verhält er sich zur Wahrheit, die außer ihm, die qualitativ von der seinen verschieden ist und die er nie erreichen kann. Göttliche und menschliche Wahrheit sind absolut getrennt, sind keine Vernunftgrößen mehr, sondern ihr Verhältnis wird zum Absurden, Paradoxen. „Also die Subjektivität, die Innerlichkeit ist die Wahrheit; gibt es jetzt einen innerlicheren Ausdruck dafür? Ja, wenn die Rede: die Subjektivität, die Innerlichkeit ist die Wahrheit, so beginnt: die Subjektivität ist die Unwahrheit."[203] Deutlich auf das Christentum bezogen, heißt es: „Innerlicher kann es nicht ausgedrückt werden, daß die Subjektivität die Wahrheit ist, als wenn die Subjektivität in ihrem Ersten die Unwahrheit ist, und doch (ist) die Subjektivität die Wahrheit."[204] Erst da also, wo der in seiner Subjektivität existierende Mensch sich an einer außerhalb seiner selbst existierenden Realität partizipierend weiß, erst da wird das imperative „die Subjektivität als Wahrheit" sinnvoll, erst wo dieses Partizipationswissen, das das Paradoxe der Existenz ist, mit „Ernst" mit „Innerlichkeit" betrieben wird, kann die Bedeutung dessen, was existieren heißt, erschöpfend vollzogen werden.

Der existierende Einzelne in seiner Unwissenheit, seiner Unvollkommenheit, indem er sich zur Wahrheit, zur Vollkommenheit *verhält,* ist die Subjektivität. Daß von Kierkegaard hier eine dialektische Kategorie aufgebaut wird, wurde nur zu gerne übersehen, und das schon zu seiner Zeit. In einer längeren Passage in seinem Journal von 1850 (die anscheinend auch dem späten Adorno nicht zu Augen gekommen ist) beklagt er sich bitter über den Unverstand des Kopenhagener Milieus:

---

203 SV VII, S. 193.
204 Ebenda, S. 199.

Schau, auch in dieser Hinsicht werde ich ja überhaupt nicht verstanden. Alle die tiefen Denker (Hegel, Daub ... Julius Müller usw.) sind alle darin einig, das Übel in die isolierte Subjektivität zu setzen – Objektivität ist das Erlösende.

Das ist jetzt schon lange wieder eine Phrase geworden; und ein jeder Student weiß ja, daß ich eine isolierte Individualität bin – ergo bin ich fast das Übel, „die reine Negativität, ohne Ernst usw."

O, tiefe Verwirrung. Nein, der ganze Begriff der Objektivität, der zu dem Erlösenden gemacht worden ist, ist bloß eine Nahrung der Krankheit (*Næring af Sygdommen*), und daß sie als Heilung angepriesen wird, zeigt just, wie irreligiös die Zeit im tiefsten Grunde ist; denn das Erlösende ist eigentlich ein Zurückwenden zum Heidentum.

Nein, just um ein Ende mit der Subjektivität in ihrer Unwahrheit zu bekommen, müssen wir ganz hindurch bis zu „dem Einzelnen" – gerade gegenüber Gott.

... Es ist ganz richtig, die isolierte Subjektivität im Sinne der Zeit (*i Tidens Forstand*) ist auch das Übel; aber Heilung durch „Objektivität" ist nicht (um) ein Haar besser.

Sie soll erlöst werden durch Subjektivität, d.h. durch Gott, als die unendlich zwingende Subjektivität.[205]

Wie undogmatisch bis in die Details Kierkegaard ist – dogmatisch ist er nur im Umgang mit seinen Kontrahenten – und wie ungeeignet er daher für die Theologie sein müßte, geht immer wieder aus der näheren Bestimmung seiner Begriffe und Kategorien hervor. Daß ihm „objektlose Innerlichkeit" u.ä. vorgeworfen wurde, liegt nämlich nicht allein an der uneinsichtigen Denunziationsabsicht der respektiven Autoren, Kierkegaard selbst macht es ihnen, indem er – absichtsvoll provokant – auf schablonenhafte Definitionen verzichtet und seine Werke keineswegs streng logisch gliedert, nur zu leicht. So spricht er z.B. in den pseudonymen, wie den erbaulichen Schriften beständig von „Wahrheit" und „Unwahrheit", ohne daß dem phantasielosen Leser aufgehen könnte, welche Inhalte diesem Symbol zuzuordnen wären. Womit wir es zu tun haben, soll daher knapp anhand der „Nachschrift" belegt werden, um die Diskussion im Abschnitt über das „Selbst" wieder aufzunehmen.

Die Bestimmungsschwierigkeit dessen, was „Wahrheit" ist, so führt *Climacus* aus, hat ihren Grund in der Bestimmungsschwierigkeit dessen, was „Sein" (*Væren*) ist. Ob man „mehr empirische Wahrheit als die Übereinstimmung des Denkens mit dem Sein oder mehr idealistisch als Übereinstimmung des Seins mit dem Denken" debattiert, es ist in jedem Falle entscheidend, was man unter „Sein" versteht.

Wenn da mit Sein in den beiden angegebenen Bestimmungen das empirische Sein verstanden wird, dann ist die Wahrheit selbst zu einem Desideratum verwandelt und Alles in Werden (*Vorden*) gesetzt, weil der empirische Gegenstand nicht fertig ist und der existierende, erkennende Geist ja selbst im Werden ist und so die Wahrheit ein Approximieren (ist), dessen Beginn nicht absolut gesetzt werden kann, gerade weil kein Schluß da ist, der (zu-)rückwirkende Kraft hat.[206]

---

205 Pap. X 2 A 401. Tiefsinnig setzt er seinen „Stadien" einen Spruch Lichtenbergs als Motto voraus, der auf den Unverstand der Zeit reflektiert: „Solche Werke sind Spiegel: wenn ein Affe hinein guckt, kann kein Apostel heraus sehen." SV VI, S. 20.
206 SV VII, S. 174f. Bei seiner Gegenüberstellung von K. und Hegel kommt U. Johansen u. a. zu dem Schluß, daß es der Gedanke des „Werdens" ist, der beide grundsätzlich voneinander trennt (Kierkegaard und Hegel).

Da „Sein" die primäre Bedeutung des Menschen ist und er sich über sein je eigenes „Sein" auch reflektierend nicht erheben kann, da er dann seine eigene Existenz verleugnen müßte, wird auch „Wahrheit" zu einer existentiellen Kategorie, die als absolute weder Denken noch „Sein" gegenübergestellt ist. Aus dieser Position heraus argumentiert *Climacus* im Folgenden nicht allein gegen Hegel, sondern erst recht gegen das Fichtesche reine Ich, das „Ich = Ich", welches er als eine chimärische Zauberei entlarvt,[207] die weder mit der Realität noch mit vernünftigem Denken zu tun hat. „Also, es ist ein existierender Geist, der nach Wahrheit fragt, vermutlich um darin existieren zu wollen, aber in einem jeden Falle ist sich der Frager bewußt, ein existierender einzelner Mensch zu sein. Ich glaube, mich so gegenüber einem jeden Griechen verständlich machen zu können, und vor einem jeden vernünftigen Menschen. Wenn ein deutscher Philosoph seiner Lust folgt, sich selbst zu erschaffen und sich zuerst zu einem übervernünftigen Etwas umschafft," so wird dieser „wohlgeborene Professor selbst einräumen, wenn nicht anders, dann wenn er jedes Quartal seine Gage erhebt," daß er nichts weiter als ein „existierender Geist" ist.[208]

Die Kritik an der Spekulation verweist diese in die Psychopathologie — genau wie die Verabsolutierung des Gegenteils. Die „Sicherheit", die „der objektive Weg zu haben meint" und die „der subjektive Weg nicht hat", ist „in seinem Maximum Wahnsinn."[209] So wie sich das Irresein des „objektiven Weges" nach *Climacus* anscheinend mit Fichte und Hegel manifestiert, so repräsentiert *Don Quijote* das Irresein des „subjektiven".[210] Mit „Wahrheit" haben sie in jedem Falle nichts zu tun.

Wenn da objektiv nach der Wahrheit gefragt wird, wird da objektiv auf die Wahrheit als ein Gegenstand reflektiert, zu welchem der Erkennende sich verhält. Es wird nicht auf das Verhältnis reflektiert, sondern auf die Wahrheit, das Wahre, zu dem er sich verhält. Wenn das, zu dem er sich verhält, bloß die Wahrheit ist, das Wahre, dann ist das Subjekt in der Wahrheit.[211]

Aus dem oben Gezeigten kann es so nicht sein. Wahrheit ist a) kein Gegenstand der phänomenalen Welt außerhalb meiner selbst, schon gar nicht ein (Reflexions-) Gegenstand; b) nicht als ein „Was" zu bestimmen, sondern als ein „Wie".

Wenn da subjektiv nach der Wahrheit gefragt wird, wird da subjektiv auf des Individuums Verhältnis reflektiert; wenn bloß dieses Verhältnisses Wie in Wahrheit ist, dann ist das Individuum in Wahrheit, selbst wenn es sich so zur Unwahrheit verhielte.[212]

Der Sachverhalt wird an mehreren Beispielen erläutert, zu den bekanntesten zählt das folgende:

Einer, der mitten im Christentum lebt, geht hinauf in Gottes Haus, in des wahren Gottes Haus, mit der wahren Vorstellung von Gott im Wissen (*i Viden*), und (er) betet jetzt, aber betet in Unwahrheit; und wenn Einer in einem abgöttischen (*afgudisk*) Land lebt, aber mit

---

207 SV VII, S. 175ff.
208 Ebenda, S. 176ff.
209 Ebenda, S. 179.
210 Ebenda, S. 181.
211 Ebenda, S. 184.
212 Ebenda, S. 184f.

der ganzen Leidenschaft der Unendlichkeit betet, obwohl seine Augen auf dem Bild eines Ab-
gottes (*Afguds*) ruhen: wo ist dann die meiste Wahrheit? Der Eine betet in Wahrheit zu
Gott, obwohl er einen Abgott anbetet; der Andere betet in Unwahrheit zu dem wahren Gott,
und betet darum in Wahrheit einen Abgott an.[213]

Die Frage nach dem „Was" (ist Wahrheit)? wird als eine irrelevante abgetan, die
nach dem „Wie" (ist Wahrheit)? zu der allein gültigen erklärt:

Objektiv wird akzentuiert: was *da gesagt wird; subjektiv:* wie *es gesagt wird* ... Die Leidenschaft der Unendlichkeit ist das Entscheidende, nicht deren Inhalt, denn deren Inhalt ist es
gerade selbst. So ist das subjektive Wie und die Subjektivität die Wahrheit.[214]

Wenn es jedoch nicht um das „Was" geht, von dem wir kein objektives Wissen haben, haben können, dann ist das „Wie" die *Qualität* des Strebens, des Suchenden,
der in Unwissenheit lebt. Hierauf gibt es eine „Definition von Wahrheit: *die objektive Ungewißheit, festgehalten in der leidenschaftlichsten Aneignung der Innerlichkeit, ist die Wahrheit,* die höchste Wahrheit, die es für den *Existierenden*
gibt."[215]

Die Ungewißheit im Unwissen stellt uns zur Wirklichkeit wie zur Wahrheit in ein
gleiches Verhältnis: „objektiv gibt es für existierende Wesen keine Wahrheit, sondern nur Approximation."[216] Sie haben kein „Sein", sondern nur „Werden" und
darum läßt sich weder Wahrheit noch Wirklichkeit definieren. Wenn dem aber so
ist, dann sind Denken und Handeln erst wahr und wirklich, wenn sie *ernsthaft*
sind. Der Schein offenbart und die Charakterlosigkeit manifestiert sich, wo der
„Ernst" mangelt.[217] „Ernst", „Wirklichkeit", „Wahrheit", „Tat" sind Begriffe,
die synonym verwendet werden und die entscheidend erst aus der Existenz des
Einzelnen begriffen werden können, nur dort zu legitimieren und festzumachen
sind. Ihnen entspringt die ideale Forderung nach dem „Entweder – Oder", nach
der Willenshandlung. Von zentraler Bedeutung ist daher der Satz: „Der Wahrheit
Wie ist gerade die Wahrheit."[218] Damit aber tut sich für uns das Problem der Existenz auf. Wenn es nicht mehr um das „Was" geht (das Ziel des guten, richtigen
Lebens), sondern um das „Wie", dann habe ich damit die Ebene der philosophischen (theologischen) Theorie verlassen und bewege mich im Bereich einer Handlungsethik, einer existentiellen, weil praktischen Philosophie. Subjektives Denken,
im Gegensatz zum objektiven, ist daher immer auf die Wirklichkeit bezogen.[219]

e. Die „Existenz"

Was heißt nun Existenz, existieren für den Einzelnen in der Subjektität, die zunächst die Unwahrheit, daher die Wahrheit ist?[220] Hier eine definitorische Antwort zu geben – wie überall an ähnlich kategorialen Stellen –, hieße Kierkegaard

213 Ebenda, S. 186.
214 Ebenda, S. 188.
215 Ebenda, S. 189.
216 Ebenda, S. 203.
217 Vgl. hierzu Theunissen: Der Begriff Ernst bei Søren Kierkegaard.
218 SV VII, S. 311.
219 Vgl. Pieper: Geschichte und Ewigkeit, S. 31.
220 Vgl. zum Folgenden auch Schmid: Kritik der Existenz.

mißverstehen. Definieren und beweisen ist nicht seine Sache. Da er ein „existentieller Denker" ist, der sich mit der Wirklichkeit befaßt, weiß er, daß nichts Wirkliches zu definieren oder zu beweisen ist.[221] Angesprochen und beantwortet wird die Schwierigkeit von *Climacus* in den „Philosophischen Brocken":

Überhaupt zu beweisen, daß etwas ist, ist eine schwierige Sache ... So schließe ich beständig nicht auf das Dasein, sondern ich schließe vom Dasein, ob ich mich in der sinnlichen Welt der Handgreiflichkeiten oder in der der Gedanken bewege. Ich beweise somit nicht, daß da ein Stein ist, sondern daß das Etwas, was ist, ein Stein ist.[222]

Geht es hierbei nicht um die Ausschließung logisch deduktiven Denkens — was an keiner Stelle Kierkegaards Anliegen ist — sondern allein um die Voraussetzungen und Anfänge des Denkens, so spiegelt sich jene „integre" Haltung[223] dabei wider, die den existentiellen Denker charakterisieren sollte. Den vorgetäuschten regressus ad infinitum, den er dem apriorischen Denken zur Last legt, verwirft er und verweist als ehrliches Verfahren auf jene apodiktischen common-sense-Einsichten, die man in der Antike als *Primärerfahrungen* noch bereit war, unbefangen zu erwähnen. Daß es Bereiche gibt, über die wir qua Existierende keinerlei objektiv nützliche Aussagen machen können, es sei denn wir erheben uns über unsere eigene Existenz, dafür zieht *Climacus* Demokrit als Zeugen heran, der den Menschen folgendermaßen definiert habe: „Der Mensch ist, was wir alle wissen ..."[224] Diese ungeduldige Antwort ist nicht Kierkegaards ultima ratio, steht sie eher doch in polemischem Kontrast zum „Zeitgeist"; dennoch ist dieses der Antike entliehene „Was wir alle wissen" ein wesentliches Kriterium seines Denkens. An dieser Stelle sollte jedoch lediglich noch einmal erinnernd auf die Schwierigkeiten des Definierens hingewiesen werden, die wesentlich daher rühren, daß Wirklichkeit nicht „Sein" ist, sondern „Werden". Wir können uns — wie auch der Wirklichkeit — dem nur approximativ nähern, was zu bestimmen wäre.[225]

Dank des epochalen Bewußtseins Kierkegaards steht der „Existierende", der „existierende Denker" konträr zum „Spekulanten", zum „spekulativen Denker".

Da das existierende Subjekt existierend ist (und das ist ja das Los eines jeden Menschen, ausgenommen das der Objektiven, die das reine Sein (*Væren*) haben, um darin zu sein (*at være i*)), so ist er ja im Werden (*Vorden*). Wie nun seine Mitteilung in der Form wesentlich konform mit seiner eigenen Existenz sein muß, so muß sein Gedanke zur Form der Existenz antworten.[226]

---

221 Zur Frage der Ontologie bei K. siehe Schäfer (Hermeneutische Ontologie in den Climacus-Schriften), der mit seinem Ergebnis aus theologischer Sicht die Grundlage zu einer politikwissenschaftlichen Analyse bietet: „Die Wirklichkeit ist die Zeitigung des Gut-Seins im Da-Sein für das Gute." S. 204.
222 SV IV, S. 233.
223 SV VII, S. 191.
224 SV IV, S. 231.
225 Dies wäre der archimedische Punkt einer Antikritik. Wie Pieper (Geschichte und Ewigkeit) für Lukács (S. 142f.) und Schestow (S. 149 u. S. 155f.) belegt, so gilt es auch für Adorno und Schweppenhäuser, daß sich die Kritik an K. auf ein anderes System gründet, so daß sich die Beurteilungsmaßstäbe nicht aus der Sache selbst, sondern aus einem Vor-urteil ergeben. Die Existenzkategorien K.s sind definitorisch oder gar deduktiv nicht zu fassen, denn sie sind Möglichkeiten, d.h. Freiheit, nicht Notwendigkeit.
226 SV VII, S. 68.

„Die Subjektivität ist die Wahrheit" bedeutet daher in erster Linie die Übereinstimmung von subjektivem Denken und subjektiver Wirklichkeit. Die Übereinstimmung mit sich selbst ist wesentlicher als z.B. die Übereinstimmung mit Kierkegaard. Denken und Handeln, um man selbst zu werden, ist die Grundprämisse existentiellen Denkens.[227] Der spekulative Denker dagegen, mit den Kategorien des Negativen und des Absoluten, weiß um ein positives Erkenntnisresultat.

Aber dieses Positive ist gerade das Unwahre. Die sinnliche Gewißheit ist Arglist (*Svig*) (...); das historische Wissen ist Sinnenbetrug (da es Approximationswissen ist); und das spekulative Resultat ist Blendwerk. All dieses Positive drückt nämlich nicht des erkennenden Subjektes Zustand in der Existenz aus, es geht darum ein fingiertes objektives Subjekt an, und sich selbst mit einem solchen verwechseln, heißt genarrt zu sein und zu werden. Ein jedes Subjekt ist ein existierendes Subjekt, und darum muß sich das wesentlich in all seinem Erkennen ausdrücken ... Das spekulative Resultat ist insoweit Illusion, als das existierende Subjekt denkend davon abstrahieren will, daß es existierend ist und *sub specie aeterni* sei.[228]

Die Gewißheit, die der spekulative Denker zu haben glaubt, gibt es nur in der „Unendlichkeit, in welcher er als existierend doch nicht sein kann, sondern beständig ankommt."[229] In seiner grandiosen Polemik gegen die „Spekulanten" hält *Climacus* dem, als wirklich existierenden Denker, Sokrates (und Lessing) immer wieder entgegen, er ist ihm das Paradigma eines wahrhaft „subjektiv existierenden Denkers."

... der eigentlich subjektiv existierende Denker, er ist beständig genauso negativ wie positiv und umgekehrt; er ist beständig, so lange er existiert, nicht ein Mal für alle in einer chimärischen Mediation ... Er ist wissend um die Negativität des Unendlichen im Dasein ... Er ist darum nie ein Lehrer, sondern ein Lernender, und wenn er beständig genauso negativ wie positiv ist, ist er beständig strebend.[230]

Diesen Sachverhalt wiederholt *Climacus*, wiederholt Kierkegaard immer wieder; er ist das „erbauliche" Korrektiv, an dem er nicht nur seine Kontrahenten mißt, an ihm läßt sich genauso gut der Kierkegaardsche Makrokosmos überprüfen — sicherlich nicht in jedem Punkt zu seinen Gunsten. Die Tragweite seiner Kritik, jedenfalls am spekulativen Idealismus, soll hier jedoch noch einmal belegt werden. *Climacus* führt nämlich an einer zentralen Stelle der „Nachschrift" die Existenz-Verlassenheit der „Spekulanten" zu einer radikalen Konklusion, insofern er das Humanitätsproblem einführt:

Der Denker, der in all seinem Denken vergessen kann, das mitzudenken, daß er existierend ist, der erklärt nicht das Dasein, er macht einen Versuch aufzuhören, Mensch zu sein, ein Buch zu werden oder ein objektives Etwas, das nur ein Münchhausen werden kann ... die Systematiker und die Objektiven haben aufgehört, Menschen zu sein und sind die Spekulation geworden, die ihr Zuhause in dem reinen Sein haben.[231]

Wie Münchhausen das Zauberstück vollbringt, sich mitsamt seinem Pferd an den eigenen Haaren aus dem Sumpf zu ziehen, verliert sich der spekulative Idealismus in einer Objektivitätsbesessenheit, indem er ein „reines Sein" zu erkennen vorgibt

---

227 Sørensen: Søren Kierkegaard og det eksistentielle, S. 105.
228 SV VII, S. 69.
229 Ebenda.
230 Ebenda, S. 73.
231 Ebenda, S. 81.

und die Maßstäbe dieses seines Denkens an die Realität anlegt, dabei das, „was wir alle wissen", augenscheinlich nicht allein vergessend, sondern negierend. „Der Weltgeist zu Pferd", als den Hegel Napoleon in der Weltgeschichte zu erblicken glaubte, das ist nach dieser Metapher nicht mehr der französische Usurpator, das ist der Freyherr zu Münchhausen.

Der Existenzzustand kann daran erläutert werden, was es heißt, ein „existierender Denker" zu sein, seine je eigene Unvollkommenheit mitzudenken und dennoch an der Vollkommenheit zu partizipieren. Noch in seiner Dissertation „Über den Begriff der Ironie" hatte Kierkegaard eine an Hegel angelehnte Vorstellung davon,[232] bis er sich in späteren Schriften dem platonischen Daseinsbegriff annäherte und ihn weiter explizierte. So sagt *Climacus* in der „Nachschrift":

Die Existenz selbst, das zu existieren, ist Streben ... Diese Beschaffenheit der Existenz erinnert an die griechische Auffassung von Eros, die im Symposion zu finden ist ... Liebe (*Elskov*) bedeutet hier offenbar Existenz oder das, womit das Leben im Ganzen ist, das Leben, das die Synthese ist von dem Unendlichen und dem Endlichen. Armut und Reichtum zeugten also, nach Plato, Eros, dessen Wesen von beiden gebildet ist. Aber was ist Existenz? Das ist jenes Kind, das von dem Unendlichen und dem Endlichen, dem Ewigen und dem Zeitlichen gezeugt ist, und darum beständig ₎trebend ist. Das war Sokrates' Meinung: darum ist die Liebe (*Kjerlighed*) beständig strebend, d.h. das denkende Subjekt ist existierend.[233]

Die Gleichsetzung von *Eros* und *Existenz* erscheint zunächst überraschend, ist aber dennoch die nur logische Schlußfolgerung aus dem bisher Aufgezeigten. Die Schilderung der *Diotima*, im Symposion von Sokrates wiedergegeben,[234] führt uns den Eros als den spannungstragenden Daimon vor, der „zwischen dem Sterblichen und dem Unsterblichen" ist, „zwischen Gott und dem Sterblichen." Als ein Mittler füllt er die Lücke zwischen beiden aus, „so daß nun das Ganze in sich selbst verbunden ist." Der im Rausch gezeugte Sohn von *Poros* und *Penia* lebt in der Spannung, ja deutlicher noch, ist *eingespannt* zwischen die Pole des Guten und Bösen, der Weisheit und Dummheit, des Göttlichen und Menschlichen; er ist personifiziert nicht allein *Mittler*, er ist die *Mitte,* und dies in all seinem Streben nach Vollkommenheit unter dem menschlichen Horizont des Unvollkommenen. Die Analogie dieses faszinierenden Bildes zu dem Existenzbegriff des *Climacus* erinnert in ihrer Konsequenz an die Apologie der Mitte, der „Mediocrität" bei Holberg,[235] sie belegt aber darüberhinaus die ungebrochen fortlebende Tradition des klassisch

---

232 Rückblickend auf seine Hegelsche Phase, die, wie Thulstrup nachweist (Kierkegaards forhold til Hegel, S. 185ff.), nun auch wieder nicht sonderlich vom Meister selbst inspiriert ist, schreibt K. 1850 in sein Journal: „Beeinflußt, wie ich war von Hegel und all dem Modernen, ohne genug Reife (so) recht das Große zu fassen, habe ich es an einer Stelle meiner Dissertation nicht sein lassen können, es als eine Unvollkommenheit bei Sokrates (auf-)zuzeigen, daß er kein Auge hatte für die Totalität, sondern bloß numerisch auf das Einzelne sah. / O, ich hegelianischer Tor, gerade das ist der große Beweis, welch großer Ethiker Sokrates war." Pap. X 3 A 477. Siehe dazu Harcourt: The Significance of Socrates for the Thought of Kierkegaard, bes. S. 10ff.
233 SV VII, S. 80f.
234 Platon: Symposion 202aff. (Sämtliche Werke, Bd. 2, S. 231ff.).
235 K. besaß eine umfassende Kenntnis insbesondere der Holbergschen Komödien; direkt oder verschlüsselt wird immer wieder auf deren Charaktere verwiesen.

antiken Denkens. Existenz ist weder setzend, noch mediativ (spekulativ-dialektisch)
ein objektivierbarer Sachverhalt der phänomenalen Welt, kein absolutes Gegenüber,
sondern ein *Zwischen, eine Mitte.* Ein „existierender Denker" zu sein, heißt dieses
habituell zu verwirklichen. Daher ist „Existenz" auch nicht primär anthropologisch
zu verstehen; der Begriff gehört zum Dasein, ist als Realitätskategorie auf die Konkretheit faktischen Seins bezogen und so ontologisch.[236]

Für den Existierenden ist das, zu existieren, sein höchstes Interesse, und die Interessiertheit
daran, zu existieren, die Wirklichkeit. Was Wirklichkeit ist, kann nicht in der Sprache der Abstraktion wiedergegeben werden. Die Wirklichkeit ist ein *inter-esse* zwischen der Abstraktion
hypothetischer Einheit von Denken und Sein.[237]

Das *inter-esse,* die „Zwischenbestimmung"[238] von Wirklichkeit, ist durch die dialektischen Pole der Existenz festgehalten, Penia und Poros, Ewigkeit und Zeitlichkeit etc. Dies ist jedoch in der Abstraktion nicht zu verstehen, sondern nur im
Existieren, ja die Hypostasen-Affinität objektivierbarer Sprache verhindert geradezu dem existentiellen Denken auf analytischem Wege näherzukommen. Daher kann
es nur „die Aufgabe des existentiellen Denkers (sein), *sich selbst in Existenz zu
verstehen.* "[239] *Climacus* führt diesen Gedanken bis zu Ende durch, wenn er sagt:

Während das abstrakte Denken die Aufgabe hat, das Konkrete abstrakt zu verstehen, hat umgekehrt der subjektive Denker die Aufgabe, das Abstrakte konkret zu verstehen. Das abstrakte Denken sieht weg von dem konkreten Menschen hin zu dem reinen Menschen; der subjektive Denker versteht das Abstrakte, Mensch zu sein, hinein in das Konkrete, dieser einzelne
existierende Mensch zu sein.[240]

Die analytische Unmöglichkeit, die dem Kierkegaardschen Denken hier beigegeben ist, sollte immer thematisch bleiben, da sonst die Essenz — daß das Abstrakte konkret geworden ist — mittels Sprache und Analyse in ihr Gegenteil verkehrt
wird: das Konkrete würde abstrakt. Erst der subjektive Denker hat es mit dem
Konkreten, der Wirklichkeit zu tun, die als ein Zusammengesetztes gesehen ist.
Indem der subjektive Denker seinen Drang nach Ruhe, Ordnung, Statik und System überwinden muß und sich dem Gesetz der Wirklichkeit anschließt, partizi-
piert er an dem *Möglichkeits*charakter von Realität; doch Realität ist *inter-esse,*
ist die Synthese von Wesen (*Væsen*) als der ideell-unveränderlichen Bestimmung
und Sein (*Væren*) als der weltlich-materiellen.[241] Sie ist damit paradoxal und
dialektisch bestimmt als Prozeß, der zwischen Notwendigkeit und Möglichkeit ab-
läuft; allein notwendig ist das System, es hat mit der Wirklichkeit aber nichts zu
tun: „Ein jedes Wissen von Wirklichkeit ist Möglichkeit."[242]

Der Begriff der „Existenz", den die Romantiker erfanden und der gleichwohl
von Pascal über Augustin bis zu Sokrates traditionell erschlossen werden kann,

---

236 Vgl. auch Fahrenbach: Kierkegaards existenzdialektische Ethik, S. 5ff.
237 SV VII, S. 302.
238 Ebenda, S. 293.
239 Ebenda, S. 340.
240 Ebenda, S. 341.
241 Zur Kategorie der Wirklichkeit siehe auch Malantschuk: Søren Kierkegaards teori om
     springet og hans virkelighedsbegreb.
242 SV VII, S. 303.

ist Ausdruck des neuzeitlichen Protests gegen die Metaphysik von Descartes bis Hegel und seine Epigonen[243] und findet seine deutlichste und stringenteste Ausformung bei Kierkegaard. Unter den *Möglichkeits*bedingungen von Sein kann dabei nun allerdings „Existenz" nur ein Korrektiv sein und damit nur ein „propädeutischer Begriff";[244] die Frage nach dem Sein ist nicht gelöst, wie Hermann Krings das verlangt, sie kann und will von einer an Kierkegaard orientierten Philosophie auch nicht beantwortet werden, denn die Antwort müßte „Existenz" zerstören und zum Selbstmord führen. Wenn „Existenzphilosophie" es unternimmt, „Sein" unter der Bedingung „Wissen" zu reflektieren, dann gibt sie ihre originärste Grundprämisse auf und verleugnet ihren anti-spekulativen, anti-systematischen Ansatz. Die Offenheit, die „Sein" beigegeben ist, indem „Werden" und „Möglichkeit" ihm zugeordnet sind, vermeidet gerade die Absurdität der „Notwendigkeit" und läßt Praxis, Handeln und Verhalten erst zu.

Der existierende Denker reflektiert um der Handlung willen, und zwar um einer sittlichen Handlung willen.[245] Sein Reflexionsprozeß hat es dabei jedoch nicht mit theoretischem Anspruch zu tun; „wahr" und „falsch" als Vernunftgrößen sind nicht entscheidend, sondern allein die sittlich subjektiven „gut" und „böse".[246]

Alle eines Menschen Idealität liegt zuerst und zuletzt im Entschluß ... Nur von positivem und negativem Entschluß kann da also die Rede sein. Der positive Entschluß hat den großen Vorteil, daß er das Dasein konsolidiert ... Ein negativer Entschluß ist immer weit anstrengender als ein positiver, er kann nicht habituell werden ...[247]

Der positive Entschluß, um dessentwillen der existentielle Reflexionsprozeß angestellt wird — also der unter der Bestimmung der Existenz als Mitte, als Synthese —, konstituiert den wahrhaftigen Menschen. Der allein Reflektierende oder der sich verschließend Reflektierende ist ein „Taugenichts", eine negative Existenz; „denn der, der keinen Entschluß faßt, ist ein Elendiger."[248] Die reine Abstraktion und das reine Sein sind un-menschliche Gegensätze, die mit der Realität auch nichts zu tun haben, denn „im eminenten Sinne zu handeln, gehört wesentlich dazu, qua Mensch zu existieren."[249] Es muß jedoch festgehalten werden, daß wir uns qua Existierende im Bereich der „Möglichkeit" befinden, daher

---

243 Krings, S. 433.
244 Ebenda, S. 445.
245 Die Kritik an Hegel, so stellt auch Fahrenbach (Kierkegaards existenzdialektische Ethik) deutlich heraus, bezieht sich nicht darauf, daß Hegel keine Sittenlehre habe, sondern darauf, daß „die moralischen Phänomene auf eine Weise behandelt (werden), daß das Ethische (d.h. der Existenzbezug) an ihnen gerade verschwindet, so daß Hegel *trotz* seiner Auslegung der moralischen und sittlichen Sphäre keine Ethik und keinen ethischen Standpunkt hat." (S. 170) Dieser Vorwurf, der notwendigerweise ein transzendenter ist, hat seinen Grund darin, daß Hegel „nicht im ethischen ‚Interesse' des existierenden Menschen selbst" die Ethik verhandelt, sondern wegen der Wahrheit des Systemganzen. S. 171.
246 Vgl. auch Pieper: Die Bedeutung des Begriffs „Existenzkategorie", S. 193.
247 SV VI, S. 119.
248 Ebenda, S. 120.
249 SV VII, S. 291.

ist „das Entschließende das Ethische, ist die Freiheit."[250] Das ethisch ausschlaggebende Handeln findet in *Freiheit* statt. Der Ästhetiker, da er vom Zufall abhängig ist und von der Notwendigkeit, lebt daher unfrei. Seine Freiheit ist selbst wieder unfrei „gewählt", ist „negativ".

Existenz als „Mitte", als „Zwischenzustand", wie aber auch der Mensch als „Zwischenwesen"[251] mit den oben aufgezeigten Implikationen erinnert an einen Verwandten im Geiste. Schon Blaise Pascal[252] faßt in einem Satz, der ebensogut von Kierkegaard stammen könnte, die Relevanz der Überlegungen zusammen: „Es heißt die Menschlichkeit verlieren, wenn man die Mitte verläßt."[253] Zwischen dem Nichts (*le néant*) und dem Unendlichen (*l'infini*) ist die menschliche Existenz eingespannt, sie sind die markierenden Symbole jener weiten Mitte (*milieu*), die bei Pascal wie bei Kierkegaard keine statische Größe ist. Und indem von ihnen gar nicht erst der Versuch unternommen wird, diese Symbole in theoretischer Spekulation aufzulösen, den Sinnzusammenhang zu überwinden, erweisen sie sich als anti-ideologische Denker, als immunisierende Korrelate in einem ansonsten ideologisch vergifteten Milieu.

f. Das „Paradox"

Bisher sollte gezeigt werden, daß die Existenz des Einzelnen nur subjektiv genannt werden kann, wenn er sich in einem partizipierenden Verhältnis zur „ewigen Wahrheit", zum „Ewigen", zu „Gott" befindet — oder weniger theologisch ausgedrückt: zur nicht-gegenständlichen Realität. Dabei wurde mehrfach auf den Begriff des „Paradoxen", des „Absurden" verwiesen, der bei Kierkegaard immer dann auftaucht, wenn er in Abhebung zur „Mediation" des spekulativen Idealismus auf die gegen das System gerichtete differentia specifica verweist.

Das „Paradox" wird zunächst an jenem Berührungspunkt des Zeitlichen und Ewigen evoziert, der die Existenz charakterisiert:

Wie kommt das Paradox hervor (*fremkommer*)? Dadurch daß die ewige wesentliche Wahrheit und das zu existieren zusammengesetzt werden.Wenn wir also das zusammensetzen in der Wahrheit selbst, so wird die Wahrheit ein Paradox. Die ewige Wahrheit ist in der Zeit entstanden (*er bleven til*). Das ist das Paradox.[254]

---

250 SV VI, S. 122.
251 SV VII, S. 318.
252 Die Seelenverwandtschaft ist evident, jedoch erwähnt K. Pascal nur an einer Stelle ganz nebenbei (SV VI, S. 493). Die Werke hat er jedenfalls gekannt. – Schon Haecker (Sören Kierkegaard) konstatiert die eminenten biographischen und inhaltlichen Übereinstimmungen der beiden Denker (S. 38ff.), wie auch Brandt das tut (Sören Kierkegaard, S. 119f.). Bemerkenswert dürfte hierzu auch sein, daß der einzige Sohn des Bruders 1842 auf den Namen Pascal Michael Poul Egede K. getauft wurde.
253 C'est sortir de l'humanité que de sortir du milieu. Pensées. Fragments N. 327 (S. 1170). Zu Pascal vgl. Stenzel: Pascals Theorie des Divertissement.
254 SV VII, S. 194f. Das Paradoxproblem ist wesentlich komplizierter, als es hier skizziert werden kann, und muß natürlich von theologischer Seite her analysiert werden. Es würde jedoch über den Rahmen dieser Arbeit hinausgehen, wenn auf die differenzierenden Stadien des Paradoxes, auf die Relation zum Sündenbegriff, auf die Christologie und die *Religiosität B* eingegangen würde. Zum weiteren Verständnis sei daher verwiesen auf: Gerdes

Gemeint ist damit Christus, der Gott, der Mensch geworden ist und damit das Absurde hat historisch werden lassen. „Das Absurde ist, daß die Ewige Wahrheit in der Zeit entstanden ist, daß Gott entstanden ist, geboren ist ..."[255] — „Der Satz, daß Gott in menschlicher Gestalt gewesen ist, geboren ist, herangewachsen ist usw., ist wohl das Paradox *sensu strictissimo,* das absolute Paradox."[256]

Mit der Einführung der Präzisierung „absolutes Paradox" geht *Climacus* — analog zu seinem Subjektivitätsbegriff — über die sokratische Prämisse hinaus und bestimmt die Paradoxalität im christlich-theologischen Sinne. Da der Mensch, qua Existierender nur „approximativ" zur ewigen Wahrheit streben kann, ist dieses „absolute Paradox" ihm auch unbegreifbar, geschweige denn gar „aufzuheben". Sokrates noch konnte von seiner „Unwissenheit" — und diese entspräche dem „Paradox"[257] — sprechen; der nach Christus in Wahrheit existierende Mensch jedoch kann dies nicht, „denn über das absolute Paradox kann nur verstanden werden, daß es nicht verstanden werden kann."[258] Gerade diese Unterscheidung, wenn man so will Vertiefung, zur griechischen Philosophie faßt Kierkegaard 1850 in seinem Journal markant zusammen, wo er apropos der aristotelischen *pistis* auf diese Differenz reflektiert:

pistis im klassischen Griechisch ist die Überzeugung (mehr als *doxae,* Meinung), die sich zum Wahrscheinlichen (*Sandsynlige*) verhält. Aber das Christentum, das immer bei den Begriffen des natürlichen Menschen das Unterste zuoberst kehrt und das Entgegengesetzte herausbekommt, läßt *pistis* zum Unwahrscheinlichen sich verhalten.[259]

In des Wortes ursprünglicher Bedeutung ist „paradox" das Unwahrscheinliche, das Verwunderliche, ja das Undenkbare. Indem Kierkegaard darüber hinaus die Begriffe „paradox" und „absurd" synonym verwendet, gesellt sich die Vorstellung von un-, wider-vernünftig hinzu.

Dieser Begriff, das Unwahrscheinliche, das Absurde sollte sodann entwickelt werden; denn es ist nur eine Oberflächlichkeit zu meinen, daß das Absurde kein Begriff sei, daß in dem Absurden allerhand absurda gleichmäßig (*ligeligt*) am Platz wären (*høre hjemme*). Nein, des Absurden Begriff ist, just zu begreifen, daß es nicht begriffen werden kann und nicht soll ... Das Absurde, das Paradox ist so zusammengesetzt, daß die Vernunft es aus eigener Kraft überhaupt nicht in Nonsens auflösen kann, und zeigen, daß es Nonsens ist; nein, das ist ein Zeichen, ein Rätsel, ein Rätsel des Zusammengesetzten, über das die Vernunft sagen muß: lösen kann ich es nicht, es ist nicht zu begreifen, aber daraus folgt überhaupt nicht, daß es Nonsens ist.[260]

Das Paradoxe existiert, es ist kein Nonsense und dennoch läßt es sich nicht denken, will heißen analysieren. Daß das Paradoxe ist, läßt sich nur glauben. „... das Absurde ist gerade der Gegenstand des Glaubens und das Einzige, das sich glau-

---

Das Christusverständnis des jungen Kierkegaard; ders.: Das Christusbild Sören Kierkegaards; Croxall: Facets of Kierkegaard's Christology; Held: The Historical Kierkegaard.
255 SV VII, S. 196.
256 Ebenda, S. 203.
257 Vgl. ebenda, S. 190 und S. 196.
258 Ebenda, S. 203.
259 Pap. X 2 A 354.
260 Ebenda.

ben läßt."[261] Aus diesem Grunde kann es auch nicht die Aufgabe (des Verstandes) sein, das Paradox zu „mediieren" oder „aufzuheben", schließlich wird mit dieser Bestimmung das Paradox, nämlich der Glaube an seine Realität, a) nicht zu einer theologischen Lehrbuchformel und b) nicht zu einer rationalen Größe, sondern ist in die existentielle Anthropologie eingebettet. Hebt man das Paradox auf oder mediiert es, so ist es kein Paradox — ist nie eines gewesen.[262] In der „eigentlich anthropologischen Kontemplation" ist der Paradoxgedanke, entwickelt aus der Existenz des Einzelnen, der „Konkurrenzbegriff zum System."[263]

Zu der bisherigen Bestimmung des Paradox ist noch eine qualitativer Art hinzuzufügen: die Leidenschaft oder das *Pathos*. Das Paradox als solches ist erst exakt erfaßt, wenn es mit dieser zusammen gesehen wird; denn das Streben nach Wahrheit und das Streben nach der Aufhebung des Paradox, welches gleichwohl im Existierenden angelegt ist, sind erst in dem Moment „in Wahrheit", wenn dies gleichsam in leidenschaftlicher Besessenheit geschieht. „Die Subjektivität kulminiert in Leidenschaft, das Christentum ist das Paradox, Paradox und Leidenschaft passen ganz zueinander, und das Paradox ganz für den in das Äußerste der Existenz Gestellten (*i Existentsens Yderste Bestedte*)."[264] Beide, Paradox und Leidenschaft, sind ein paradigmatisches Liebespaar, das Streitereien darüber hat, wer wessen Leidenschaft geweckt habe. Dabei kommt es, wie in dem Paradigma, nicht darauf an, das Verhältnis durch die Vernunft zu irritieren, sondern im Glauben zu belassen. „Der Glaube hat nämlich zwei Aufgaben: aufzupassen und in jedem Augenblick die Unwahrscheinlichkeit zu entdecken, das Paradox, um es mit der Leidenschaft der Innerlichkeit festzuhalten."[265] Nicht ist es so, daß der Glaube sich zum Unwahrscheinlichen bloß leidend verhält; „nein, der Glaube verhält sich selbstwirksam darin, es zu entdecken und es jeden Augenblick festzuhalten — um glauben zu können."[266]

Bereits in den „Philosophischen Brocken" sprach *Climacus* die Beziehung von Glaube, Verstand, Leidenschaft und Paradox an, wobei insbesondere das Verhältnis von Verstand und Leidenschaft analysiert wird.

... das Paradox ist des Gedankens Leidenschaft, und der Denker, der ohne das Paradox ist, er ist wie der Liebende (*Elsker*), der ohne Leidenschaft ist; ein mittelmäßiger (*maadelig*) Patron. Aber die höchste Potenz einer jeden Leidenschaft ist immer, seinen eigenen Untergang zu wollen ... Das ist das höchste Paradox des Denkens, etwas entdecken zu wollen, (was) es selbst nicht denken kann.[267]

Strebt der Verstand beständig danach — und er muß es leidenschaftlich —, das Paradox aufzulösen, so wird er gerade in diesem Unterfangen scheitern müssen. Das Absurde läßt sich nicht denken, das Paradoxe nicht erklären.

---

261 SV VII, S. 197.
262 Vgl. ebenda, S. 205f.
263 Deuser: Sören Kierkegaard, S. 40.
264 SV VII, S. 216.
265 Ebenda, S. 218.
266 Ebenda, S. 219.
267 SV IV, S. 230.

Dennoch aber findet hier ein Austausch statt, der Denken zu existentiellem Denken macht. „Wenn das Paradox und der Verstand zusammenstoßen im gemeinsamen Verstehen ihrer Verschiedenheit, dann ist der Zusammenstoß glücklich wie das Verstehen der Liebe, glücklich in der Leidenschaft ..."[268] Der menschliche Verstand, indem er das Paradox zu erfassen sucht, kann sich nur insofern verstehend dazu verhalten, wenn er sich in der unaufhebbaren Spannung zum Absurden weiß. Seine existentielle Bedingtheit, im Wollen das Absurde aufzuheben, muß an eine Grenze stoßen, die Leiden schafft, die er aber ertragen muß.[269]

g. Der „Augenblick"

Der leidenschaftliche, verstehende Zusammenstoß von Paradox und Verstand ereignet sich im „Augenblick", dieser wieder dem Sokrates entliehenen Realitätskategorie.[270] Im „Augenblick" wird das Paradox evident, im „Augenblick" vollzieht sich Existenz, insofern sich in ihm zwei gegebene Zeitmomente treffen. Hatte es im „Parmenides" geheißen: „... dieses unfaßbare Wesen, der Augenblick, liegt zwischen der Bewegung und der Ruhe als in keiner Zeit seiend ...",[271] und war er dort als der Punkt des Überganges, der *metabole* gekennzeichnet, so entwickelt *Climacus* (und auch *Vigilius Haufniensis* im „Begriff Angst") diese Kategorie zunächst in enger Anlehnung daran, um dann, wie schon beim Wahrheits-Begriff, zu einer christlichen Bestimmung zu kommen, die in gewisser Weise das sokratische Verständnis umkehrt. Der „Augenblick" ist die Umschlags-, die Übergangskategorie par excellence,[272] an ihr treffen sich Ewigkeit und Zeitlichkeit. „Der Augenblick bezeichnet das Gegenwärtige (*Nærværende*) als solches, das nichts Vergangenes und nichts Zukünftiges hat ... Sollen Zeit und Ewigkeit sich berühren, dann muß es in der Zeit sein, und nun sind wir beim Augenblick."[273]

Wird der Gedanke in Anlehnung an Sokrates entwickelt, der den „Augenblick", als das „Plötzliche", eher als ein Ereignis der Ewigkeit bestimmt, als absolutes Jetzt, so bekommt der Begriff durch Kierkegaard ein anderes Moment, da der „Augenblick" nicht eigentlich Atom der Zeit, sondern Atom der Ewigkeit ist.

Es ist der Ewigkeit erster Reflex in der Zeit, ihr erster Versuch gleichsam die Zeit aufzuhalten. Darum verstand die Graecitet nicht den Augenblick, denn wenn sie auch der Ewigkeit Atom begriff, so begriff sie nicht, daß es der Augenblick war, bestimmte ihn nicht vorwärts, sondern rückwärts, weil der Ewigkeit Atom für die Graecitet wesentlich Ewigkeit war, und so weder Zeit noch Ewigkeit zu ihrem wahren Recht kamen.[274]

Auch *Climacus* in den „Philosophischen Brocken" kommt zu einer Bestimmung des „Augenblicks", der ihn als eine Manifestation des Ewigen im Zeitlichen er-

---

268 Ebenda, S. 242.
269 Vgl. auch Deuser: Søren Kierkegaard, S. 39.
270 Vgl. ebenda, S. 251.
271 Platon: Parmenides 156e (Sämtliche Werke, Bd. 4, S. 92).
272 „Der Augenblick wird daher die Übergangskategorie überhaupt (metabole)." SV IV, S. 389.
273 Ebenda, S. 393.
274 Ebenda, S. 395.

scheinen läßt, mithin kein gleichberechtigtes Verhältnis zwischen zwei inkommen-
surablen Größen herstellt:

> Und nun der Augenblick. Ein solcher Augenblick ist von eigener Natur. Er ist wohl kurz
> und zeitlich, wie es der Augenblick ist, vergehend, wie es der Augenblick ist, vergangen, wie
> es der Augenblick ist, im nächsten Augenblick, und doch ist er das Entscheidende, und doch
> ist er gefüllt mit dem Ewigen. Ein solcher Augenblick muß doch einen besonderen Namen
> haben, laß ihn uns nennen: *der Zeiten Fülle*. [275]

Der „Augenblick" ist, wie auch der „Einzelne", nicht allein darum eine Grundkategorie der Kierkegaardschen Philosophie zu nennen, weil in ihm das „Paradox" in
seiner doppelten Absurdität sich zeigt, sondern weil er als diesseitige Manifestation
des Jenseits das Partizipationssubjekt berührt. „Der Zeiten Fülle" erlaubt die Offenheit und erklärt „Wahrheit" im existentiellen Sinne.

Wie ernst es Kierkegaard mit dieser Kategorie meinte, geht daraus hervor, daß er
seine letzten Veröffentlichungen „Der Augenblick" nannte – die Abrechnung mit
der offiziellen Kirche. In dem elf Jahre älteren „Begriff Angst" heißt es dazu:
„Diese Kategorie ist von großer Wichtigkeit, um gegen die heidnische Philosophie
abzuschließen, und eine ebenso heidnische Spekulation im Christentum." [276]

h. Das „Selbst"

Ist der „Einzelne" Kierkegaards gesellschaftliche Kategorie, die sich an das platonische „Die polis ist der Mensch großgeschrieben" anlehnt, so eröffnet sich mit
dem „Selbst" eine psychologische Dimension,[277] die seiner Existentialtheorie auf
einer anderen Ebene die Qualität der Realitätsoffenheit verleiht. Das „Selbst" als
geistige Repräsentanz des Menschen stellt in dem Sinne das Innenverhältnis dar,
wie der „Einzelne" als Außenverhältnis zu bezeichnen wäre; das „Selbst" wäre
das Korrelat zur „Existenz".[278]

Anti-Climacus, der – im Gegensatz zu *Climacus* – für sich in Anspruch nimmt,
die christliche Position existierend zu vertreten [279] und bei Kierkegaard als eine

---

275 Ebenda, S. 212.
276 Ebenda, S. 390.
277 Auf das lohnende Thema der Grenzen und Elemente einer Übereinstimmung der Kier-
       gaardschen Psychologie und der Psychoanalyse Sigmund Freuds kann hier nicht eingegan-
       gen werden – nur Folgendes sei erwähnt: Mit einschränkender Vorsicht relativiert Cole
       den „ewigen Krieg" (S. 7) zwischen Freudianern und Kierkegaardianern und kommt bei
       seiner Untersuchung zu dem Schluß, daß Freud und mit ihm die Psychoanalyse aufgrund
       des vorgelegten klinischen Materials die erste und fundamentale Stufe zur Persönlichkeits-
       exegese liefert, während K., und das bestätigt seine Existenzanalyse, jenseits der psycho-
       logischen Terminologie über Freud hinausgeht. Historisch ist er ein Vorläufer der moder-
       nen Psychoanalyse, in der Substanz ist es umgekehrt. Die perhorriszierende Wirkung, die
       die Kierkegaardsche Religiosität auf Psychoanalytiker hat, verstellt nach meinem Eindruck
       bei ihnen die Rezeption seiner allgemeinen Anthropologie und läßt sie Freuds mechani-
       stische Anfänge vergessen. Vgl. z.B. Adler-Vonessen: Angst in der Sicht von S. Kierke-
       gaard, S. Freud und M. Heidegger.
278 Vgl. Pieper: Geschichte und Ewigkeit, S. 193.
279 Vgl. Pap. X 1 A 510, S. 329.

Idealfigur verfaßt ist,[280] beschreibt gleich zu Beginn seiner „Krankheit zum Tode" die Essenz der Bewußtseinsproblematik. Was er in den Eingangssätzen, die
hier in extenso wiedergegeben werden, aufstellt, ist die kompakte Zusammenfassung dessen, was im weiteren Verlauf der Schrift dargelegt und mit den jeweiligen Entgleisungserscheinungen in der „Verzweiflung" kontrastiert wird.

Der Mensch ist Geist. Aber was ist Geist? Geist ist das Selbst. Aber was ist das Selbst? Das
Selbst ist ein Verhältnis, das sich zu sich selbst verhält, oder ist das in dem Verhältnis, daß
sich das Verhältnis zu sich selbst verhält; das Selbst ist nicht das Verhältnis, sondern daß sich
das Verhältnis zu sich selbst verhält. Der Mensch ist eine Synthese von Unendlichkeit und
Endlichkeit, von dem Zeitlichen und dem Ewigen, von Freiheit und Notwendigkeit, kurz
eine Synthese. Eine Synthese ist ein Verhältnis zwischen Zweien. So betrachtet, ist der
Mensch noch kein Selbst.

In dem Verhältnis zwischen Zweien ist das Verhältnis das Dritte als negative Einheit, und
die Zwei verhalten sich zu dem Verhältnis und in dem Verhältnis zum Verhältnis; so ist
unter der Bestimmung Seele das Verhältnis zwischen Seele und Körper ein Verhältnis. Verhält sich dagegen das Verhältnis zu sich selbst, so ist dieses Verhältnis das positive Dritte,
und das ist das Selbst.

Ein solches Verhältnis, das sich zu sich selbst verhält, ein Selbst, muß entweder sich selbst
gesetzt haben oder durch ein Anderes gesetzt sein.

Ist das Verhältnis, das sich zu sich selbst verhält, durch ein Anderes gesetzt, so ist das Verhältnis ganz sicher das Dritte, aber dieses Verhältnis, das Dritte ist so doch wieder ein Verhältnis, verhält sich zu dem, welches das ganze Verhältnis gesetzt hat.

Ein solches deriviertes, gesetztes Verhältnis ist des Menschen Selbst, ein Verhältnis, das sich
zu sich selbst verhält, und indem es sich zu sich selbst verhält, verhält es sich zu einem Anderen.[281]

Bei *Vigilius Haufniensis* hatte es im „Begriff Angst", der die Vorstufe zur „Krankheit" ist, geheißen, und diese Sätze müssen zur Verdeutlichung hier mit herangezogen werden: „Der Mensch ist eine Synthese aus dem Seelischen und dem Körperlichen. Aber eine Synthese ist undenkbar, wenn die Zwei nicht in einem Dritten geeint werden. Dieses Dritte ist der Geist."[282] *Anti-Climacus* führt diese Bestimmung nun insofern weiter, als er die drei Wesenszüge des Menschen, Körper,
Geist, Seele, zwar beibehält, sie jedoch nicht als inner- oder außerpsychische
Kategorien zur Grundlage seiner Analyse macht, sondern den Menschen als ein
Verhältniswesen definiert, das wiederum in ein Verhältnis eingebettet ist. Es sind
also weder Körper, noch Geist, noch Seele ausschlaggebend, sondern die Weise,
in der sie zueinander im Verhältnis stehen. Analog zum Existenzbegriff ist die
Person und das, was sie ausmacht, dadurch nicht auf eine Eindeutigkeit beschränkt, sondern wird zu einem „Zwischen". Dabei weist das Insistieren auf dem Begriff „Verhältnis", der durchaus mehrdeutig aufzufassen ist, auf ein mindestens
dreidimensionales Modell. Ein Verhältnis, das sich zu sich selbst verhält, wäre
demnach nicht allein reflexiv zu verstehen, sondern als eine Tiefendimension, die
das räumliche Vorstellungsvermögen anspricht: Körper als physischer Aspekt,

---

280 „Das wird seine (sc. Anti-Climacus) persönliche Schuld sein, sich selbst mit der Idealität
     (das ist das Dämonische in ihm) zu verwechseln, aber seine Darstellung der Idealität kann
     ganz wahr sein, und davor beuge ich mich." Pap. X 1 A 517; vgl. Anm. 199.
281 SV XI, S. 143f.
282 SV IV, S. 348.

Seele als psychologischer (oder aktiver) und Geist als der die Dialektik der Relation setzende Hintergrund des Selbst(-bewußtseins).[283]

Ist in dem Einleitungssatz der Mensch als Geist bestimmt, so ist dieser nicht im Sinne einer leiblich fundierten Verstandesgabe zu sehen, sondern als eine von außen an ihn herangetragene Eigenschaft, kraft derer er erst zu einem Selbst gelangen kann. Wenn es daher heißt, daß der Mensch als Synthese von Unendlichkeit und Endlichkeit noch kein Selbst sei, so deshalb, weil diese Synthese sich im Endlichen ereignet. Das Endliche aber ist allemal das Negative. Erst wo Geist als ein Anstoß zum „Sich zu sich selbst verhalten" von einem Anderen in seine Realität reicht, erst da ist das Selbst als ein positives wahr und wirklich. Dieses „Gesetztsein" darf jedoch nicht in dem Sinne interpretiert werden, daß wir es hier mit einem passiven Erleiden zu tun hätten; auch mit einem Heideggerschen „Geworfensein" hat es nichts zu tun. Gerade dadurch, daß *Anti-Climacus* so viel Wert auf das „Verhältnis" legt, wird das „Selbst" zu einer aktiven Realitätskategorie, deren Interaktionszusammenhänge mit den einzelnen Bestandteilen der Synthese, wie auch dem „Anderen", eine lebendige Wechselbeziehung zuläßt, insofern ist „Geist" als die *Möglichkeit* des Selbst(-bewußtseins) zu sehen, nicht als *Notwendigkeit;* denn „Geist" ist die Potentialität des Menschen, die es in den jeweiligen Stadien zu aktualisieren gilt. Erst aus der Synthese von Möglichkeit und Notwendigkeit wird daher die *Persönlichkeit* offenbar; Notwendigkeit allein ist Trivialität.[284] Das „Sich verhalten" des Selbst bestimmt es als aktivisch, nicht passivisch, transitiv nicht intransitiv, dynamisch nicht statisch. „Sich verhalten" garantiert, genau wie „existierend denken", die Offenheit zur Realität und gibt den Immunisierungseffekt gegenüber Apperzeptionsverweigerungen ab.

Bereits vom *Ethiker B* werden wir im „Entweder/Oder" auf die „Selbst"-bestimmung aufmerksam gemacht, die im Zusammenhang mit einer freiwilligen Annahme des Ordnungszusammenhanges der Seele steht. „Aber was ist es dann, (was) ich wähle, ist es Dieses oder Jenes? Nun, denn ich wähle absolut, und absolut wähle ich ja gerade dadurch, daß ich gewählt habe, nicht Dieses oder Jenes zu wählen. Ich wähle das Absolute, und was ist das Absolute? Das bin ich selbst in meiner ewigen Gültigkeit." Die Wahl ist nicht eine von Unverbindlichkeiten, schicksalhaften oder voluntaristischen; und das hängt mit dem Charakter des „Selbst" zusammen, das „das Abstrakteste von Allem ist, das doch zugleich in sich das Konkreteste von Allem ist — das ist die Freiheit."[285] Die Wahl der Freiheit, die die Wahl des Selbst ist, konstituiert die Humanität, gründet sie doch im Personszentrum und erhebt sich zugleich über jede Beliebigkeit. Sie ist die immerwährende Anstrengung[286] eines analytischen Prozesses, dem allein die Geordnetheit der Psyche entspringt. „Dieses Selbst, das er so wählt, ist unendlich konkret, denn es ist er

---

283 Vgl. Cole, S. 11ff.
284 Vgl. SV XI, S. 172.
285 SV II, S. 231.
286 Der Vorgang erfordert jedoch nicht nur Anstrengung, es gehört auch „Mut dazu, sich selbst zu wählen." Ebenda, S. 233.

selbst, und doch ist es absolut verschieden von seinem früheren Selbst, denn er hat es absolut gewählt."[287]

Die Veränderung in der Entwicklung der Person, die mit der Wahl vor sich geht, markiert geistesgeschichtliche Parallelen, auf die hier kurz hingewiesen werden soll. „Die Entwicklung muß also darin bestehen, unendlich von sich selbst fortzukommen im Unendlichmachen des Selbst, und darin, unendlich zu sich selbst zurückzukommen im Endlichmachen."[288] Die Annahme des je eigenen Selbst wäre demnach nicht eine Vorstufe (von Verzweiflung), die in der Überwindung zu einem Abrücken führen muß, aus welchem man sich selbst als einem Fremden gegenübersteht. Erst dieser Abstand (unendlich) konstituiert das Finden der eigenen Identität (endlich).[289] Wäre der Mensch nur die Synthese von Leib und Seele, so wäre seine Natur statisch, unveränderlich, indem diese Synthese sich jedoch im Geist eint und sich reflexiv von dieser dann entfernt, läßt sich eine Dynamik ausmachen, die allerdings zum Unveränderlichen gehört. Ethik im Sinne Kierkegaards wird hier erst möglich. Die Beschreibung dieser Entwicklung gleicht antiker, wie moderner Bewußtseinsanalyse, ob es der beschwerliche Weg zur Helle des Lichts und die Rückkehr in das Schattenreich des Platonischen Höhlengleichnisses ist oder die therapeutische „10-Tage-Reise" vom „Normal"zustand in die Schizophrenie zum Normalzustand, wie sie Ronald D. Laing herausgearbeitet hat,[290] so handelt es sich in den drei Paradigmen um den Begründungszusammenhang menschlichen Handelns aus einer Ordnung der Seele, die sich durch ihre Offenheit gegenüber der nichtgegenständlichen Realität auszeichnet, damit eine humane Gemeinschaft zuläßt. Kierkegaard (*Anti-Climacus*) formuliert den Idealzustand eines geordneten Personszentrum mit dieser „Formel": „Indem es sich zu sich selbst verhält und indem es es selbst sein will, gründet sich das Selbst durchsichtig in der Macht, welche es gesetzt hat."[291]

Es genügt jedoch nicht allein, den Verhältnischarakter des „Selbst" anzunehmen, es muß dies auch intensiv gewollt werden, denn

das Selbst ist Freiheit ... Überhaupt ist Bewußtsein, d.h. Selbstbewußtsein, das Entscheidende im Verhältnis zum Selbst. Je mehr Bewußtsein, desto mehr Selbst; je mehr Bewußtsein, desto mehr Wille, je mehr Wille desto mehr Selbst. Ein Mensch, der überhaupt keinen Willen hat, hat kein Selbst; aber je mehr Willen er hat, desto mehr Selbstbewußtsein hat er auch.[292]

Gleichzeit jedoch, greifen wir wieder dialektisch auf den *Ethiker* zurück, wird die ideologische Verschließung abgewehrt, indem es warnend heißt: „... aber ich schaf-

---

287 Ebenda, S. 232.
288 SV XI, S. 161.
289 Vgl. auch Thust: Sören Kierkegaard, S. 31.
290 Laing: Phänomenologie der Erfahrung, S. 117 und 134ff. Es ist in mehrfacher Hinsicht eine bemerkenswerte geistesgeschichtliche Rückkoppelung, wenn Thompson (Kierkegaard) zur Charakterisierung des jungen K. gerade auf Laings Erfahrungsanalyse der Schizophrenie rekurriert, erwähnt doch Laing selber neben Marx, Nietzsche und Freud ausgerechnet K. als „Referenzpunkt" seiner eigenen Individuation. Interview, S. 86.
291 SV XI, S. 145.
292 Ebenda, S. 160.

fe mich nicht selbst, ich wähle mich selbst."[293] Mit der Wahl des Selbst, der Freiheit, ist also kein Schöpfungsakt gemeint, durch den die Bedingungen der Existenz aufgehoben würden.

Der „Begriff Angst" des *Vigilius Haufniensis* beschäftigt sich „simpel psychologisch" mit den Erscheinungsformen und dem Wesen der Angst. Da er jedoch nicht aus der christlichen Position heraus argumentiert, spielt sich die Angst bei ihm in dem Umfeld Leib-Seele-Synthese des Menschen ab; daher hat er es noch nicht mit der „Verzweiflung" zu tun, sondern mit dem „Ärgernis", dem „Schwindel", der die „Angst" evoziert. „Angst" als Bedingung der menschlichen Existenz, so er eine Leib-Seele-Synthese ist, wird in Relation gesetzt zu jenen geschichtlich nachzuweisenden äußeren Mächten, denen der Mensch sich gegenübergestellt sah. Die letzte Daseinsinstanz, der sich der Heide konfrontiert wußte, war das Schicksal;[294] der Jude war einem transzendenten persönlichen Gott verantwortlich[295] und schließlich steht dem Christen Gott als eine konkrete Offenbarung in der Zeit gegenüber.[296] Zu diesen drei geschichtlichen Religionsstadien korrespondieren drei verschiedene Formen der Angst, die *Vigilius Haufniensis* von seinem höheren psychologischen Standpunkt näher analysiert: Die Angst vor dem Schicksal ist die Angst vor dem Nichts, denn Schicksal ist Nichts. Die Angst vor dem persönlichen Gott ist die Angst vor der Schuld, und die Angst vor dem geoffenbarten Gott ist, da der Mensch nun von dem Guten weiß, die Angst vor dem Bösen und die Angst vor dem Guten.

Die Analyse, die *Vigilius Haufniensis* vornimmt, bewegt sich in zweierlei Weise auf der dualistischen Ebene. Einerseits ist der Mensch eine Synthese von Leib und Seele, andererseits ist er einem Ewigkeitsmoment außerhalb seiner selbst gegenübergestellt, das ihm bei aufsteigender Existenzauslegung zunehmende Angst einflößt. Er weiß sich einer Macht konfrontiert, der gegenüber er Angst und Schwindel empfinden muß, da das Ewigkeitsmoment nur potentiell im Bereich des Seelischen wirksam werden kann. Mit der „Krankheit zum Tode" wird die dualistische Ebene verlassen. Die radikale christliche Position des *Anti-Climacus* weiß von dem „Gegenüber" nichts mehr, sondern differenziert das „Zwischen", das „Wie". Das Ewigkeitsmoment wird jetzt als Gegensatz zur Synthese — als positives Drittes — gesehen. Es ist dem Menschen bewußt oder es kann ihm bewußt werden, daß er es *hat*. Er hat (ist) ein Selbst. Ganz konsequent spricht daher *Anti-Climacus* auch nicht von „Gott" als einer transzendenten Wirklichkeit, wenn er im zweiten Abschnitt die Konfrontation des Menschen mit dem Ewigen als dem Transzendenten, Äußeren behandelt. „Gott" wird als „Gottes-Verhältnis" verhandelt, als eine Instanz zwischen Immanenz und Transzendenz. Als bloßer Gedanke

---

293 SV II, S. 232. Mit diesem Satz unterscheidet sich K. radikal von der Ideologie eines Marx, der gerade darauf insistierte; vgl. zu Letzterem Voegelin: Wissenschaft, Politik und Gnosis, bes. S. 33ff.
294 SV IV, S. 403ff.
295 Ebenda, S. 410ff.
296 Ebenda, S. 419ff.

ist er in der Immanenz, als Objekt des Glaubens ist er transzendent,[297] und daher ist „Geist" auch das Korrelat für „Gott". Ebenso war auch schon *Climacus* in der „Nachschrift" darauf bedacht, „Gott" als außerhalb der menschlichen Kategorien zu interpretieren: „Gott denkt nicht, er erschafft (*skaber*); Gott existiert nicht, er ist ewig. Der Mensch denkt und existiert und die Existenz trennt (*adskiller*) Denken und Sein, hält sie auseinander in der Sukzession."[298] Erst recht für *Anti-Climacus* gehört es mit zu den Grundübeln nicht nur des Christentums, sondern auch der Philosophie, die Differenzierung zwischen Gott und Mensch aufgehoben zu haben.[299] Unter Anspielung auf Feuerbach, Strauß und Hegel kommt er zu dem Schluß, daß die „Ordnung im Dasein" durch die „Gott-Mensch-Lehre" erschüttert ist und daß daher nicht mehr der „Einzelne", sondern die „Menge" die Grundbestimmung wurde. „Das will sagen, die Lehre von dem Gott-Menschen hat die Christenheit frech gemacht."[300] Die politische Ordnung des Daseins wurde und wird durch die Frechheiten der Philosophen und Christen, wie er weiter ausführt, in eminentem Maße berührt, ja wird durch eben sie in Unordnung gebracht.

Doch nicht allein die politische und soziale Ordnung einer Gesellschaft ist davon abhängig, daß an dieser Differenzierung festgehalten wird, auch die individuelle Sphäre hat darin ihre psychische Gesundheit. Flieht der Mensch das Ewige, sowohl als einer inneren wie einer transzendenten Wirklichkeit, flieht er vor dem Selbst als Verhältnis — und nur das kann uns hier interessieren —, so ist er in der „Verzweiflung", dessen zwei Hauptformen sind: „Verzweifelt man selbst sein wollen", „verzweifelt nicht man selbst sein wollen". Lehnt der Mensch, sei es bewußt oder unbewußt, sein Selbst als ein Verhältnis ab, so befindet er sich im Stadium der Entfremdung. Er negiert sein Existenzzentrum, indem er dem Modus existentieller Verschließung verfällt. Die philosophische wie psychologische Analyse, die *Anti-Climacus* liefert, führt uns die Formen dieser „Verzweiflung" vor, der Entfremdung von sich und der Realität.[301] Nicht als Heilmittel ist diese „Verzweiflung" aufzufassen, sondern als Krankheit;[302] und da sie ein generelles Existenzphänomen ist, ist auch die ganz persönliche vita Kierkegaards davon nicht frei. Die „Verrücktheit" des Dänen — so wird er gerne, vor allen Dingen von psychologisch orientierten Autoren,[303] analysiert — ist allerdings weniger durch die

---

297 Zum Vorstehenden vgl. auch die Darstellung bei Malantschuk: Dialektik og eksistens, S. 321ff.
298 SV VII, S. 321.
299 SV XI, S. 256.
300 Ebenda, S. 257.
301 Bereits im zweiten Teil von „Entweder/Oder" wird diese Bewußtseinshaltung als die des Ästhetikers entlarvt: „Was ich im übrigen Lust haben könnte, Dir in diesem Zusammenhang zu sagen, das will ich am liebsten an einen bestimmten Ausdruck knüpfen ...: daß Du ein Fremder und Ausländer in der Welt bist ... Aber bedenke doch das Schmerzvolle, das Wehmütige, das Demütigende, das darin liegt, in dem Sinne Fremder und Ausländer zu sein." SV II, S. 92f. Zur Entfremdung des Ästhetikers siehe die Analyse bei Toftdahl: Kierkegaard først — og Grundtvig så, S. 25ff.
302 SV XI, S. 134.
303 Wie z.B. von Künzli; vgl. auch Anm. 79.

„Krankheit" charakterisiert, als vielmehr durch das Leiden an dem *Bewußtsein* davon.[304]

i. Das Einzelne

Steht im Mittelpunkt des Kierkegaardschen Denkens der „Einzelne", dessen denkerische Auseinandersetzung mit der Umwelt nur dann sinnvoll zu nennen ist, wenn diese auf das Handeln gerichtet ist, so muß gerade die Ableitung dieses Denkens, der Fundort seiner Kategorien von ausschlaggebender Bedeutung sein. Die Bausteine der Spekulationskritik, mit denen wir uns bisher beschäftigt haben, lassen es unter diesem Aspekt nahegelegen sein, sich intensiver mit Kierkegaards Verhältnis zur „Erfahrung", zur „Empirie" einzulassen; folgen wir daher dialektisch ihren Spuren.

Eine Apologie der Erfahrung findet sich an verschiedenen Stellen seines Werkes; so heißt es z.B. im zweiten Teil von „Entweder/Oder":

Und doch liegt da etwas Wahres in seinem Verhalten, denn wenn das Individuum zu guter Letzt nicht das Absolute selbst ist, dann ist die Empirie der einzige Weg, der ihm angewiesen ist, und dieser Weg hat im Hinblick auf seine Mündung die gleiche Eigenschaft wie der Fluß Niger im Hinblick auf seine Quelle, daß niemand weiß, wo sie ist.[305]

Die Berufung auf die Empirie ist also dem *Ethiker* die Gegenposition zur apriorischen Spekulation, die er ja ablehnt; sie ist das Verifikationselement anti-systematischen Denkens. *Climacus* versteht sich darüber hinaus auf eine Differenzierung, die den Erfahrungsbegriff und seine Beziehung zum Denken näher erläutert:

Die unmittelbare sinnliche Wahrnehmung und das unmittelbare Erkennen können nicht betrügen ... Der griechische Skeptiker bezweifelt nicht die Richtigkeit der Sinne und der unmittelbaren Erkenntnis, sondern, sagt er, die Verwirrung hat einen ganz anderen Grund, sie kommt aus dem Schluß, den ich ziehe. Könnte ich es bloß sein lassen, zu schließen, so würde ich nie betrogen.[306]

Nimmt man diese Äußerung in den Komplex mit auf, so erscheint Erfahrung als die simple Rezeption der Außenwelt, die eine Verarbeitung noch nicht mit einschließt. Allerdings ist diese Folgerung nicht unbedingt schlüssig; im Kontext der verschiedenen „Autoren" scheint Erfahrung auch mehr zu sein.

In den erbaulichen Schriften wird verschiedentlich in diesem Sinne auf sie Bezug genommen, abgesehen von den vielen stereotypen Wendungen „wie die Erfahrung zeigt". Die „große Schule der Erfahrung"[307] vermittelt jene Lebensweisheiten, ohne die des Einzelnen Existenz verarmte, verkümmerte. „Nur allzu schnell lehrt die eigene Erfahrung und die Erfahrung mit Anderen, wie weit doch der meisten Menschen Leben davon entfernt ist, was ein Menschenleben sein sollte."[308] Das Sam-

---

304 Vgl. Thompson: The Lonely Labyrinth, bes. S. 209f.
305 SV II, S. 287. Das gleiche Bild findet sich in der „Nachschrift"; hier aber auf die „Stimmung" bezogen. SV VII, S. 223.
306 SV IV, S. 273f.
307 SV VIII, S. 205; ähnlich auch S. 173.
308 Ebenda, S. 160.

meln von Erfahrungen, zu der es dann allerdings einer Technik bedarf, bereichert und ist unumgänglich für die Praktiken des täglichen Daseins[309] oder in der Schlußfolgerung des *Vigilius Haufniensis* ausgedrückt: „Das Leben ist unterdessen reich genug, wenn man bloß versteht zu sehen; man braucht nicht nach Paris und London zu reisen – und es hilft nichts, wenn man nicht sehen kann."[310] Im Sinne dieses Substrates von Lebensweisheit erscheint dann in „Der Liebe Tun" die zusammenfassende Umschreibung der Essenz von Erfahrung: „jener Mischung von Mißtrauen und Liebe."[311] Beachten wir dabei *Climacus'* Äußerung, so bezieht sich das „Mißtrauen" auf die verarbeitenden Verstandesgaben, die Leidenschaft des Denkens, ein Mißtrauen, das er bereits als jugendlicher Student (verstanden im dichterischen Entwurf des Pseudonyms) in „De omnibus dubitandum est" der neuzeitlichen Philosophie seit Descartes anklagend vorgehalten hatte.[312] Die „Liebe" hingegen wäre auf die Unmittelbarkeit der sinnlichen Wahrnehmung gemünzt, durchaus im Sinne einer schöpferischen Spontaneität, mit der es der Handelnde zu tun haben sollte.

Das „Mißtrauen", das auch die Erfahrung wieder zu einem „Zwischen" macht, konstituiert allerdings Kierkegaards Beziehung zur Empirie, denn er ist weit davon entfernt, Erfahrungsphilosoph zu sein, wie es noch Holberg war. Und seine strafenden Urteile über die Erfahrung fallen böser aus als seine Apologien. „Was lerne ich aus Erfahrung? Nichts oder ein bloß numerisches Wissen ... Das bloße Werk der Erfahrung wird ein tabellarisches Werk werden genau wie das, das aus den meteorologischen Beobachtungen resultiert."[313] – „... denn die Erfahrung ist ein zweizüngiger Freund, der bald dies bald ein anderes sagt."[314] Es ist „die Erfahrung, die ja auch von allen lächerlichen Dingen so ungefähr die allerlächerlichste ist und so weit davon entfernt ist, einen Mann klug zu machen, daß sie ihn eher verrückt macht, wenn er nichts höheres kennt als sie."[315] Insbesondere an einem Zeitgenossen, für den er nicht viel übrig hatte (später arrangiert er sich allerdings wieder mit ihm), läßt er u.a. seine vernichtende Erfahrungskritik aus: an dem in seinen Augen naiv-servilen Hans Christian Andersen. In einer beißenden Rezension von Andersens Roman „Nur ein Spielmann", die bereits 1838 erschien, findet sich ein Passus, der seinen Erfahrungsbegriff umschreibt: Was Andersen sträflicherweise völlig abginge, sei Lebensanschauung.

Eine Lebens-Anschauung (*Livs-Anskuelse*) ist nämlich mehr als ein Inbegriff oder eine Summe von Sätzen, festgehalten in ihrer abstrakten Unverbindlichkeit (*Hverkenhed*); sie ist mehr als Erfahrung, die als solche immer atomistisch ist, sie ist nämlich der Erfahrung Transsubstantiation, sie ist eine erkämpfte von aller Empirie unerschütterliche Sicherheit in sich selbst ...[316]

---

309 Vgl. SV IX, S. 332f.
310 SV IV, S. 380.
311 SV IX, S. 261.
312 Pap. II B 1.
313 Pap. IV C 75.
314 SV III, S. 31.
315 Ebenda, S. 149.
316 SV XIII, S. 73.

Lebensanschauung als Transsubstantion der Erfahrung verweist diese in die Nähe der Aristotelischen Empirie und hebt sie ab vom modernen Empirismus/Positivismus, der gerade den Atomismus verklärend beschwört. „Aus der Wahrnehmung bildet sich ... die Erinnerung, aus der Erinnerung, wenn sich derselbe Vorgang öfter wiederholt, die Erfahrung." Dieser Aristotelische Satz ist auf Kierkegaard anzuwenden, wie auch die folgenden: „Aus der Erfahrung oder aus dem von allen Erinnerungen in der Seele zurückgebliebenen Allgemeinen, das ist das eine neben dem vielen, das, was in allen Wahrnehmungen dasselbe blieb, entsteht Können und Wissen ... Es ist also einzusehen, daß wir nur durch Heranholen aus der Erfahrung die ersten Grundlagen gewinnen können."[317] Die Rezipierung des Atomistischen ist also keineswegs der Schlußpunkt des Verfahrens, mit ihr beginnt der Empiriker, um aus der Erinnerung mit Hilfe seiner Vernunft zu den Kategorien zu gelangen.[318]

Es soll hier nicht nach der „Lebensanschauung" gefragt, vielmehr darauf verwiesen werden, daß bei aller kritischen Distanz zur Erfahrung sie keineswegs abgelehnt wird. Der Peripatetiker weiß nur zu gut, was er ihr zu verdanken hat, und beharrt daher auf diesem „Mehr". „Sobald ich aus der Erfahrung ein Gesetz bilde, so lege ich etwas Mehr in es hinein, als in der Erfahrung ist."[319] Da die Erfahrung ihren Vorteil „in der stückweisen Betrachtung" hat, ist sie „wichtig als Anleiter im Leben (*Veileder i Livet*)."[320] Dies spielt sich jedoch auf einer unteren Ebene, auf einem früheren Stadium des Lebensweges ab. Die Zielbewußtheit, die die Erfahrung für das Dasein als Zeitlichkeit liefert, erweist sich als ihr größtes Manko, wenn es um die Aktualisierung von „Möglichkeit" geht. „Begebenheiten, die die Erfahrung nicht erschöpfen" kann,[321] bestimmen dann der Erfahrung „Zwischen", als zwischen Mißtrauen und Liebe verborgen.

Der Rekurs auf die Erfahrung muß im Zusammenhang mit Kierkegaards Definitionsunwilligkeit, über die gesprochen wurde, gesehen werden. Wenn Wirklichkeit und Wahrheit deduktiv und a posteriori nicht vermittelt werden können, so hat die induktive Erfahrung hier Grundsätzliches zu leisten. Der Satz des Climacus, daß ich nicht *auf* das Dasein, sondern *vom* Dasein schließe,[322] hat dies bereits belegt.

Kierkegaard ist in dem Sinne ein Erfahrungsphilosoph, als er auch das Gegenteil davon ist. Der Anti-Systematiker verwirft mit dem System nicht zugleich das apriorische Denken, sondern verweist es in seine Schranken und greift auf den Fundus induktiven Denkens zurück, wo dies von essentieller Bedeutung ist. Seiner Hegel-Kritik die wohl radikal ist, aber nicht blind, erwächst so das humane Korrek-

---

317 Aristoteles: Zweite Analytik, 100 a/b (S. 129ff.).
318 Es wird nur zu häufig, am liebsten von den „Empirikern" selber, übersehen, daß es eine Empirie ohne Vernunft, womit nicht die instrumentelle gemeint ist, nicht geben kann. Bereits Aristoteles besteht daher darauf, daß „die Vernunft der Ursprung des Wissens ist." (100 b).
319 Pap. IV C 75.
320 SV IV, S. 165.
321 Ebenda, S. 166.
322 SV IV, S. 233. Siehe Anm. 222.

turelement: „Also: a) Ein logisches System kann es geben; b) aber es kann kein System des Daseins geben."[323] Das Dasein nämlich ist nicht a priori zu erfassen, genausowenig wie Kierkegaards Gedankenwelt. Wenn daher Heini Schmid darauf verweist, daß der Kierkegaardsche Existenzbegriff nur mittels Erfahrung zum Verständnis gebracht werden kann[324] und er „letztlich der Spekulation nur Erfahrung entgegenhalten" kann,[325] so stellt genau das jenes skandinavische Korrektiv dar, über das also auch Kierkegaard sich nicht erhebt. Und es erscheint als zentrales Diktum, wenn er seine Erkenntnistheorie wie folgt zusammenfaßt:

Es ist nur die Frage über des Zeitalters Wie, und dieses Wie wird durch eine universelle Anschauung gewonnen, dessen Schluß-Konsequenzen (*Slutnings-Consequentser*) durch ein Schließen (*Slutning*) *ab posse ad esse* erreicht werden, und verifiziert werden durch ein beobachtendes Erfahrungs *ab esse ad posse*. [326]

Die „Doppelreflexion", um hier einen Kierkegaardschen Terminus anders zu verwenden, belegt das anti-ideologische, anti-systematische Element dieser „eigentlich anthropologischen Kontemplation." Wer *ab posse ad esse*, gleichzeitig *ab esse ad posse* zu denken versteht, verfügt über jenes Instrumentarium, das eine Theorie zu einer kritisch-politischen macht.

Der Vorwurf Georg Brandes', es sei eines der größten „Unglücke" der dänischen „Kulturentwicklung", daß Kierkegaard „ausgeschlossen von jedem Einfluß aus England und zu lauter deutschen Eindrücken gewiesen war", trifft zwar präzise die Spezifika englischen und deutschen Denkens, übersieht aber, daß zwischen dem Andersen-Buch des Jahres 1838, apropos dessen diese generelle Kritik aufgestellt wird, und der Dissertation von 1841, denen man noch einen gewissen „deutschen Geist" unterstellen kann, bis zu den pseudonymen Schriften und den „Augenblicken" ganze „Stadien" liegen. Der „gründliche Kopfsprung in die englische Erfahrungs-Philosophie", der als gesegnetes Heilmittel gegen die den „Vernunftsideen" zugetane deutsche „Erkenntnislehre" angepriesen wird und der Kierkegaard notgetan hätte, erscheint obsolet angesichts des großen klassischen Fundus', der dann allerdings seine „humane Natur" transparent werden läßt.[327] Daß Kierkegaard mit seinen Kontrahenten nicht gerade zimperlich umging, erst recht nicht in seinen jungen Jahren, belegt in einem ideologischen Zeitalter seine Sensibilität für die Probleme und Bedingungen der Humanität. Wie „undeutsch" er im Grunde war, beweist der Rekurs auf das „Paradox", welche Erfindung das Brandes' Bild als eine Fälschung erscheinen läßt, daß nämlich „seine Stirn ... an einem Kitzel litt, der nur dadurch zufrieden gestellt werden kann, daß sie gegen eine Mauer rennt."[328] Wie dialektisch er sich auch gibt, der Kierkegaardsche Verstand ist eben kein rasender, sondern einer, der die Dynamik und die Widersprüchlichkeit der Existenz aushalten kann.

---

323 SV VII, S. 97.
324 Schmid, S. 189.
325 `Ebenda, S. 191.
326 SV VIII, S. 83.
327 Brandes: Søren Kierkegaard, S. 37f.
328 Ebenda, S. 90.

Kierkegaards Bewußtsein um die Relevanz von Erfahrung kann abschließend noch durch eine weitere „Denkbewegung" erhellt werden, mit der wir wieder — modifiziert — bei dem Anfangsproblem, dem „gemeinen Mann", anlangen können. Mit allem Nachdruck weist er nämlich die intellektuelle Überheblichkeit der Kopfarbeiter und ihren Eskapismus zurück und belobigt stattdessen die Sokratische Humanitätsverbundenheit, die darin zu finden ist, daß er „die Sache des Menschen" zu der seinen macht, und „darum beginnt, über das Ethische in den Werkstätten und auf dem Markt(platz) zu philosophieren."[329] Sokrates, der als Philosoph nie vergessen hat, daß er auch ein existierender Mensch ist und darum die Humanität verkörpert, wird eben wegen dieses Sachverhaltes mit dem Epitheton „der Einfältige", der „einfältige Weise" versehen. Überraschen kann es dann daher nicht mehr, wenn *Climacus* in der „Nachschrift" erwägt, *„ob nicht das, was für den Weisen allerschwierigst zu verstehen ist, gerade das Einfältige ist. Der Einfältige versteht das Einfältige geradeheraus, aber wenn der Weise es verstehen soll, wird es unendlich schwierig."*[330] Hier liegen die Kompetenzschranken des Kathederphilosophen, indem er versucht, das Unaussprechliche auszusprechen, verliert er die Realitätsbezüge, die ihn das „Einfältige" gerade erst verstehen lassen können.

Je mehr der Weise über das Einfältige denkt (...), desto schwieriger wird es ihm; und doch fühlt er sich ergriffen von einer tiefen Humanität, die ihn mit dem ganzen Leben versöhnt (*forlige*): daß der Unterschied zwischen dem Weisen und dem einfältigsten Menschen bloß dieses kleine verschwindende ist, *daß der Einfältige das Wesentliche weiß*, (während) der Weise nach und nach *davon weiß*, daß er es weiß, oder *davon weiß*, daß er es nicht weiß, aber das, was sie wissen, ist das Gleiche.[331]

Wovon das spekulativ rationalistische Staatschristentum, die aristokratisch idealistischen Gelehrten und die ästhetisch bürgerlichen Theaterproduzenten und -konsumenten seiner Zeit, die „Sippschaften", nichts wissen und hören wollten, das wird zu einem Angelpunkt der Kierkegaardschen Existenzphilosophie: der einfältige, der gemeine, der kleine Mann.[332]

... das Pathetische liegt nicht im Bezeugen einer ewigen Seligkeit, sondern darin, seine eigene Existenz zu einem Zeugnis über sie zu verwandeln. Das dichterische Pathos ist Differenz-Pathos, aber das existentielle Pathos ist des armen Mannes Pathos, Pathos für jedermann, denn jeder Mensch kann in sich selbst handeln, und man findet bisweilen das Pathos bei einem Dienstmädchen, das man vergebens bei einem Dichter in seiner Existenz gesucht hat.[333]

Die Überheblichkeit des Intellekts, die er hier anspricht, stellt die Menschlichkeit der modernen Philosophie in Frage. Indem er sich in die Niederungen hinabbegibt,

---

329 SV IV, S. 205.
330 SV VII, S. 145.
331 Ebenda, S. 146.
332 Bukdahl (Søren Kierkegaard), der über einen proletarischen Fraternisierungsverdacht einigermaßen erhaben sein dürfte, faßt seine Erkenntnis markant zusammen: „Gegen die Bildung und die Bourgeoisie-Oberklasse und für das Volk ... Er war sozial, mehr als liberal und national. Insofern kann man davon sprechen, daß er auf einer Linie mit Marx und Engels und Fr. Dreier hierzulande stand. Doch stand er dem Volk in seinem praktischen Alltag näher als diese und rettete sogar seinen Glauben an das Volk durch dessen Aufruhr gegen ihn herüber." S. 106.
333 SV VII, S. 383.

stellt er unter Beweis, daß seine „Mensch-Gleichheit" die Menschlichkeit ist; denn in einem sind sich beide gleich, das das entscheidende Kriterium für eine wahrhaftige Existenz ist: „Was der Enfältigste ebenso gut vermag wie der Weiseste – die Handlung!"[334] Darum auch ist sein Denken politisch.

Es ist auch kein Zweifel, daß er mit den letzten zehn Nummern des „Augenblicks" sich mit Überschriften („Nimm ein Brechmittel") und Diktion der niederen ungebildeten Sprache anpaßt und mit diesen Kirchenkampfpamphleten zu einem „Skandaljournalisten"[335] wird, der zum Aufstand aufruft und an den Straßenecken auch verstanden wird.[336] „Du gemeiner Mann!" ist die wiederholte Anrede, die dann Resonanz findet: Von der „Sippschaft" erschien niemand zu seiner Beerdigung, dagegen war die Kirche vom niederen Stand, von den unfeinen Leuten bevölkert, die es am offenen Grab fast zu einem Aufruhr kommen lassen.[337] Bischof Martensen, der selbstgefällige Hauptadressat der Kierkegaardschen Attakken, verfolgte von der gegenüberliegenden Wohnung das Schauspiel und schreibt noch am selben Tag in einem Brief:

Heute ist Kierkegaard mit einem großen Gefolge von Frue Kirke aus begraben worden. Etwas so *taktloses* von Seiten der Familie, ihn an einem Sonntag, mitten zwischen zwei Gottesdiensten, von des Landes *Hauptkirche* aus begraben zu lassen, ist kaum zu überbieten (*kjender man næppe Mage til*) ... Das Gefolge soll insbesondere junge Menschen und eine Menge obskurer Personen gewesen sein.[338]

Der Repräsentant der dänischen Christenheit leistet sich die Ungeheuerlichkeit, nach dem Takt zu fragen, wo gerade seine Lehrbücher ihm eine andere Reaktion anerzogen haben sollten; aus diesem unchristlichen Habitus auch wird es dann nur zu verständlich, wenn eben dieser Bischof später in seinen Memoiren Kierkegaard einen „unwiderstehlichen Hang zur Sophistik" und ein „tiefes, wenn nicht krankes Gemüt" anzudichten versucht.[339] Selbst nachträglich noch wird Kierkegaards Insistieren auf dem „Wie", sein privater Kirchenkampf überhaupt, gerechtfertigt. „O, menschliche Dummheit, wie bist Du so unmenschlich!"

Zur Humanität zu gelangen, bedarf es nicht erst komplizierter Reflexionsprozesse, da sie allen gemein ist – potentiell. Angesprochen ist damit ein Korrekturelement des Denkens, auf das zu besinnen in diesen „superphilosophischen Zeiten"[340] mehr als notwendig erscheint. Da „die Reflexion sich nicht ausschöpfen läßt" – sie ist unendlich[341] –, gilt es im Sinne apodiktischer Beschlußfassung, in der Handlung des „Was-wir-alle-wissen", den „gesunden Menschenverstand" sprechen zu las-

---

334 SV IV, S. 13.
335 Bukdahl, S. 124.
336 V. Christensen schildert sehr anschaulich, wie gerade die „Augenblicke" ebenfalls in Studentenkreisen und pietistischen Zirkeln Widerhall fanden. Søren Kierkegaard. Det centrale i hans livssyn, bes. S. 180ff. und auch Søren Kierkegaards motiver til kirkekampen, S. 44f.
337 Thompson: Kierkegaard, S. 237.
338 Zit. n. Bukdahl, S. 128.
339 Martensen, Bd. 1, S. 78f.
340 SV IV, S. 381.
341 SV VI, S. 174.

sen. Die Denk-Schwierigkeit des Absoluten, des Paradox ist insofern nur eine der Reflexionsbessenheit. „Frischer Mut! Ein simpler, braver (*skikkelig*) Mensch, der den gesunden Menschenverstand respektiert, kann gut verstehen, daß das Absurde ist und daß es sich nicht verstehen läßt; für systematische Denker ist das glücklicherweise verborgen."[342] Der Nachsatz läßt aufhorchen; denn es ist gerade der gesunde Menschenverstand, den *Climacus* gegen Hegel ausspielt. „Vermutlich ist es auch dieser fortgesetzte Prozeß (sc. der Weltgeschichte), der das Mißverständnis aufgebracht hat, daß es eines Teufelskerls in der Spekulation bedarf, um sich vom Hegelianismus freizumachen. Weit entfernt; es bedarf bloß gesunden Menschen-Verstandes, Nachdruck (*Fynd*) im Komischen, etwas griechischer Ataraxie."[343] In ähnlichem Zusammenhang heißt es später: „... man schließt die Augen, faßt sich selbst in den Nacken, à la Münchhausen, und dann — dann steht man auf der anderen Seite, auf jener (entgegengesetzten) Seite des gesunden Menschenverstandes in dem systematisch gelobten Land."[344]

Der Weg des gesunden Menschenverstandes ist der „ehrliche Weg",[345] der diametral dem eines *Niels Klim*, des Lügenbarons, Hegels entgegengesetzt ist. Und ist er auch der des gemeinen Mannes, so ist er doch das Alle verbindende Glied, das die Gewißheit gibt, wie andere Menschen zu sein. Die „allgemeine Menschlichkeit"[346], die die Spekulation nicht hat, ist sein ausgezeichnetes Charakteristikum. Schon Haecker weist darauf hin, daß es gerade der Begriff des „Allgemeinen" ist, der einer der wichtigsten bei Kierkegaard ist und den die deutsche Philosophie nicht kennt: das „Allgemeine" jedoch nicht im Sinne universaler (mathematischer) Gültigkeit, sondern als „ein Konkretes, wie Leben, Sexualität, Erotik, Ethik, Religion. Dieses Allgemeine wird jedem einzelnen Menschen zum Persönlichen."[347] Es ist mithin dieses „Allgemeine", das die Person, wie auch den Anderen kennzeichnet und die Humanität transparent werden läßt.

Hegel hatte sich ganz bewußt vom „gesunden Menschenverstand" losgesagt, den er für eine „Rhetorik trivialer Weisheiten" hielt, durch „Unbestimmtheit oder Schiefheit" charakterisiert sah, der „die Wurzel der Humanität mit Füßen" träte, der „das Widermenschliche, das Tierische" mitteile, und hatte sich statt dessen in die „Arbeit des Begriffs" begeben.[348] Wenn auch schon Kant in der Einleitung zur „Kritik der reinen Vernunft" sich über die Erfahrung erhebt und auf „gewisse ursprüngliche Begriffe", die unserem Denken zugrunde lägen, rekurriert[349] und diese in einer objektiven, allgemeingültigen Wissenschaft zu ergründen sucht, so entfernt er sich damit unwiderruflich von dem, was der Däne, „Existenz" nennt; ohnmächtig steht er leblosen Objekten gegenüber, die es im reinen Sein (oder Denken) geben mag — die aber unwirklich sind, wo Denken

342 Ebenda, S. 176.
343 SV VII, S. 25.
344 Ebenda, S. 87, vgl. auch S. 106.
345 SV VI, S. 175.
346 Ebenda, S. 176.
347 Haecker: Sören Kierkegaard, S. 53.
348 Hegel: Werke, Bd. 3, S. 64 f.; vgl. Henningsen, M.: Die Wirklichkeit des Common Sense.
349 Kant: Werke, Bd. 3, S. 49.

sich auf Sein bezieht. Daß Kierkegaard gerade den Hegelschen Vorwurf, den es auch bei Kant gibt, umkehrt und gegen ihn wendet, gerade die „Arbeit des Begriffes" als die Verletzung der Humanität betrachtet, belegt seine Sensibilität für die Grundprinzipien — nicht mehr, aber auch nicht weniger — von der Existenz des Menschen in Gesellschaft und Geschichte. Da „die ‚Welt' das Medium ist, in dem wir sind",[350] können nicht die „Begriffe", nicht das „Denken" ausschließlich die conditio humana bestimmen, sondern allemal das Konkrete, in gegenständlicher wie nicht-gegenständlicher Form

Der Einwand gegen die „Arbeit des Begriffs" schließt den Verdacht gegen die Hypostasenaffinität dieser Methode mit ein. Die Vergegenständlichung nichtgegenständlicher Sachverhalte, zu der eine jede epigonale Philosophie neigt — insbesondere die der „Schulen" —, wird so zum Beurteilungskriterium über den Wahrheitsgehalt, erst recht den Wahrhaftigkeitsgehalt von Aussagen über die Existenz des Menschen, über die Realität. Kierkegaards Methode und sein antisystematisches Denken machen, richtig verstanden und nachvollzogen, die Hypostasierung von vornherein unmöglich. Schopenhauer, den Kierkegaard verehrte, erkannte sehr früh die Gefahr, die die „Arbeit des Begriffs" für den Sinngehalt philosophischer Aussagen über die Realität haben, wenn er sich polemisch über den Hegelianismus äußert: „Die Deutschen sind gewohnt, Worte statt der Begriffe hinzunehmen: dazu werden sie, von Jugend auf, durch uns dressiert, — sieh nur die Hegelei, was ist sie anderes, als leerer, hohler, dazu ekelhafter Wortkram?"[351]

Die spezifischen Unterschiede zwischen deutscher und dänischer Philosophie hält Kierkegaard in Anlehnung an Schopenhauer in ihrer Tendenz — und damit auch tendenziös — in seinem Journal von 1854 fest; polemisch drückt er damit aber auch ein Merkmal des dänischen Selbstverständnisses aus:

„Windbeutel".[352] Das ist ein ausgezeichnetes Wort; ich kann die Deutschen darum beneiden; ... A. Schopenhauer macht einen vortrefflichen Gebrauch davon, ja ich müßte sagen, in welcher Verlegenheit wäre S. nicht gewesen, wenn er das Wort nicht gehabt hätte, er, der er von der Hegelschen Philosophie reden soll ...

Wir Dänen haben das Wort nicht; aber das, was es bezeichnet, ist auch nicht charakteristisch für uns Dänen. Es liegt wirklich nicht im Charakter der dänischen Nation, Windbeutel zu sein.

Dagegen haben wir Dänen einen anderen Fehler, ach, einen *entsprechenden* Fehler; und für den hat auch die dänische Sprache ein Wort, ein Wort, das die deutsche Sprache vielleicht nicht hat, das Wort: Windschlucker ...

So ist etwa auch das Verhältnis: ein Deutscher, um Wind zu machen — und ein Däne, um ihn zu schlucken: so haben sich seit langem Deutsch und Dänisch zueinander verhalten.

Das amüsiert mich unsagbar, dies mit Schopenhauer und Hegel, item was Deutschland da nun bevorsteht, auf das Resultat der Hegelschen Philosophie zu kommen, daß Hegel — vermutlich mit Notwendigkeit — ein Windbeutel war, ein — mit Notwendigkeit — hervorgegangenes Produkt von 6000 Jahren Geschichte der Welt, oder doch des Abschnitts, den S. so richtig als Zeitalter der Lügen-Philosophie bezeichnet.

Aber hat S. mit Windbeuteln zu tun gehabt, so habe ich es mit Windschluckern zu tun gehabt.[353]

---

350 Pap. VIII 1 A 233f.
351 Schopenhauer: Sämtliche Werke, Bd. 3, S. 147f.
352 Bei K. deutsch.   353 Pap. XI 1 A 183.

IV. N. F. S. Grundtvig: Der Prophet einer zivilen Theologie

> Das Land ist ein kleines Land. – Gemütlichkeit ist die sine
> qua non. Im gleichen Augenblick, in dem man eines großen
> Landes Proportionen anlegt, ist Dänemark gesprengt.
>
> *Kierkegaard: Pap. VIII 2 B 185*

Nikolai Frederik Severin Grundtvig (1783–1872) besitzt aufgrund seines langen Lebens,[1] seines umfangreichen Œuvres,[2] seiner Tätigkeit als Übersetzer der altnordischen Mythologie, als Bischof und Kirchenreformator, als Politiker, als Dichter von Kirchenliedern, als Begründer einer bis heute virulenten Weltanschauung, dem „Grundtvigianismus“, vor allem aber als Initiator der skandinavischen Volkshochschulbewegung einige Bedeutung im Prozeß dänischen Selbstverständnisses im 19. Jahrhundert. Zu Lebzeiten einer der umstrittensten Führerpersönlichkeiten der dänischen Kulturszene, während der Naziokkupation als „Deutschenhasser“ einer der meistgelesenen Autoren im schweigenden Widerstand,[3] heute als „Radikaler“ selbst von der marxistischen „Neuen Linken“ für sich reklamiert,[4] zählt Grundtvig zu den schillerndsten Figuren der dänischen Geistesgeschichte. Auch ist es gerade Grundtvig, der von den dänischen Geistesvertretern in seinem ständigen Rekurs auf „das Leben“ am deutlichsten die spezifisch skandinavische Geisteshaltung repräsentiert. Da mit dem von ihm geschaffenen Begriff der „folkelighed“, der substantielle Inhalt des politischen Selbstverständnisses auf einen Nenner gebracht wurde, so daß er noch heute als einer der zentralen Begriffe der öffentlichen Debatte erscheint, läßt sich mit ihm am ehesten die Summe dieser Arbeit ziehen. Mehr als eine Summe kann es hier jedoch nicht sein; aufgrund der (noch ungeordneten) Materialfülle, wie auch der Komplexität seines Denkens und Schaffens sollte Grundtvig eine eigene Studie gewidmet sein.

> Weit höhere Berge gibt's weit in der Welt
> als bei uns, wo ein Berg nur ein Hügel ist;
> aber wir Dänen sind zufrieden mit der Ebene
> und den grünen Hügeln im Norden;

---

1 Auf die Biographie geht Koch (N. F. S. Grundtvig) ausführlich ein; siehe auch Harbsmeier: Wer ist der Mensch?, Kap. I. und II.

2 Eine Gesamtausgabe der Schriften gibt es nicht; allein eine frühe Bibliographie füllt vier Bände: Johansen, S.: Bibliografi.

3 Vgl. Holm, S.: Grundtvig und Kierkegaard, S. 19.

4 Vgl. z.B. Larsen: Grundtvig og noget om Marx; auch Reich: Marx, troen og kultureliten. Reich, der nicht nur in Abhängigkeit von Grundtvig und Marx steht (wie Larsen auch), sondern ebenso von der Hippie-Kultur beeinflußt ist, bringt es sogar fertig, in seinem „Volksbuch über Grundtvigs Zeit und Leben“ genausogut die NATO wie die EWG zu behandeln, und liefert damit ein modernes Märchenbuch, das gleichwohl von kulturhistorisch hoher Qualität ist und darum ernstgenommen zu werden verdient. (Frederik).

wir sind nicht geschaffen für Höhen und Wind,
auf der Erde zu bleiben, das dient uns am besten.[5]

Mit dieser Strophe aus dem Jahre 1820 charakterisiert Grundtvig seine Landsleute; die letzte Zeile ist in Dänemark sogar zu einem Sprichwort geworden und hat zugleich reflexive Bedeutung, indem sie Grundtvigs erkenntnisleitendes Interesse artikuliert. An der Erdverwachsenheit des dänischen Stammes nämlich knüpfen nicht nur seine Ideen und Reformen programmatisch an; sie erklärt zudem die Popularität Grundtvigs. „Deutschenhasser", das „frohe Christentum", „Vorkämpfer der Freiheit" und „folkelighed" sind die zentralen Begriffe, die seine Volkstümlichkeit umschreiben und die damit auch etwas über sein Milieu aussagen. Die folgenden Ausführungen sollen um den Begriff der „folkelighed" kreisen, der hier unübersetzt bleibt, weil mit dem Ausdruck „Popularität" lediglich eine Oberflächennuance getroffen wird, während mit „Volkheit", „Volkstümlichkeit", „Volktum" o.ä. falsche Assoziationen beschworen werden, die den theoretischen Anspruch der „folkelighed" verwischen.[6]

Grundtvigs Ideen von der „folkelighed", die mit seinem Begriff vom „Dänentum" zusammenhängen, wurden von ihm zum ersten Male 1838 öffentlich vorgetragen, diesmal in Prosa. 55jährig hielt er eine Reihe von Vorlesungen in „Borchs Kollegium" in Kopenhagen, die nach seinem Tode unter dem Titel „Eines Mannes Erinnerungen" (*Mands Minde*) herausgegeben wurden.

Wie ist Grundtvig zu seiner Anschauung vom „Dänentum" gekommen? Konstitutiv für die relativ späte Ausformung seines „dänischen" Denkens waren seine frühe Bekanntschaft mit der dänischen Geschichte, den Erzählungen aus der Sagawelt, die er schon in seiner Kindheit kennenlernte und deren altertümelnde Sprache sich in seiner Übersetzung von „Danmarks Krønike" niederschlug,[7] und sein an der altnordischen Diktion und Wortwahl orientiertes Sprachbewußtsein. Doch dies schuf nur Ansätze. Die einschneidendste persönliche Erfahrung, die die meisten seiner Generation erschütterte und eine völlige „Bekehrung" bewirkte, war die Beschießung Kopenhagens durch die englische Flotte 1807.[8] Auf diese Zeit

---

5 Langt højere Bjerge saa vide paa Jord / Man har, end hvor Bjerg kun er Bakke; / Men gjerne med Slette og Grøn-Høi i Nord / Vi Dannemænd tage til Takke; / Vi er ikke skabte til Høihed og Blæst, / Ved Jorden at blive, det tjener os bedst. (Danmarks Trøst) Grundtvig: Værker i Udvalg. Bd. 7, S. 345.

6 Vgl. auch die Bemerkung des Übersetzers in Skrubbeltrang: Die Volkshochschule, S. 235ff. Er setzt sehr richtig für „folkelig" eine Parole: „*aus* dem Volk *für* das Volk". Da das dänische Wort „folk" auch die Bedeutung „Leute" hat, ist der Gehalt wesentlich weiter als in den angegebenen und immer wieder verwendeten Beispielen.

Es soll hier nicht auf den geistesgeschichtlichen, europäischen Rahmen eingegangen werden. Dies muß einer späteren Untersuchung vorbehalten bleiben. Wenn behauptet wird, daß G.s „folkelighed" eine deutsche Wurzel habe, so bezieht sich dies auf die Debatte um Nationalität, Nationalcharakter, Volkseigentümlichkeit und Volkstümlichkeit (G.: „barbarisch genug"), die mit Fichte, insbesondere aber mit Herder markiert ist. G. hatte eine intime Kenntnis der einzelnen Standpunkte, seine Sympathien wechselten aber im Laufe der Zeit; so benutzt er z.B. Herder gegen Pestalozzi. Vgl. dazu Bugge: Skolen for livet, bes. S. 199ff.

7 Grundtvig: Danmarks Krønike.

8 Ders.: Værker i Udvalg, Bd. 7, S. 175 (*Freden*).

geht Grundtvigs Schrift zur nordischen Mythologie zurück.[9] Sein Vaterlandsge-
fühl war zu der Zeit jedoch mehr nordisch denn dänisch zu nennen, da Norwegen wie selbstverständlich noch zu Dänemark gehörte.[10] Die Trennung der beiden
Länder im Frieden von Kiel 1814 macht so auf ihn einen starken Eindruck:
„... als das Band riß, da fühlte ich mich erst richtig *dänisch,* und sicherlich
ging es vielen so wie mir.“[11]

Sein ganzes Leben hindurch betrachtete Grundtvig die Ereignisse, die Geschichte
machten und Geschichte wurden als Ereignisse seiner Biographie, und er übertrug
auch Erfahrungen aus seinem persönlichen Leben, das reich an Identitätskrisen
war,[12] auf das der Gemeinschaft; Geschichte war ihm „Lebenserfahrung im Großen“.[13]

Mutlosigkeit und Zweifel an der Erneuerung des Glanzes unseres Altertums (*vor Oldtids
Glans*) sind daher in meinen Augen die gefährlichsten Feinde für Dänemark, die es meine
Lust ist zu bekämpfen und recht eigentlich erst meine bürgerliche Berufung, da es sozusagen
Dänemarks Unglück von 1807 und 1814 war, das mich zum Patrioten machte und mir meine
Augen öffnete für „Dänemarks fruchtbare Herrlichkeit“ (*Danmarks frugtbare Herlighed*), die
nur verschwunden war, weil wir sie verkannten und unsere geistige Selbständigkeit und unseren Reichtum des Herzens, unsere natürliche Art zu denken und unsere herrliche Muttersprache dem Fremden opferten ... Alles beizutragen, was ich kann, zu der Verbreitung dieser
‚folkelige‘ Aufklärung im Vaterland war daher mein Wunsch seit 1807; ... ich bin sicher, daß
in dem gleichen Maße, wie die Aufklärung fortschreitet, auch der Mut wieder wachsen wird
und die Hoffnung im Scheine des alten dänischen Glückssternes gestärkt wird, dem schönsten und klarsten, der während der Zeiten Läufte einem Volk geschienen hat.[14]

Das nationale Unglück von 1807/14 band Grundtvig an seine Umwelt, weckte
seine Begeisterung für das Nationale und bestimmte sein Interesse am „Dänentum“.

Bereits in der Zeit nach den nationalen Katastrophen, dabei scheint der Staatsbankrott nur eine geringe Rolle gespielt zu haben, kommt er aufgrund der Wieder-
entdeckung der altnordischen Mythologie[15] begeistert zu einer Bestimmung dessen,
was „Dänentum“ ist, die er zeit seines Lebens beibehält:

... Ehrlichkeit (*Ærlighed*) und Wahrhaftigkeit (*Sanddruhed*), Sanftheit (*Mildhed*) und Zärtlich-
keit (*Ømhed*), Verschämtheit (*Blyhed*) und Treue (*Troskab*) sind es, was die Geschichte für
echt Dänisch erklärt und was wir mit einem Wort „Danneshed“ nennen ... Die Muttersprache
ist unter allen bekannten Sprachen die einfältigste und treuherzigste, aber dabei voll des süße-
sten, natürlichsten Wohlklangs und befähigt, die erhabendsten Betrachtungen auszudrücken, die

---

9 Ders.: Nordens Mythologi.
10 Zur unverwechselbar skandinavischen Komponente seines Denkens siehe Albeck: Grundtvig
 og Norden.
11 Grundtvig: Mands Minde, S. 361.
12 Vgl. Toftdahl: Kierkegaard først – og Grundtvig så, S. 57.
13 Grundtvig: Mands Minde, S. 505ff. Zur Grundtvigschen Geschichtsauffassung siehe Michelsen: Tilblivelsen af Grundtvigs Historiesyn.
14 Grundtvig: Mands Minde, S. 280f.
15 Zur mythologisch-primitiven Komponente, die sein Denken, seine Anthropologie und sein
 Kirchenverständnis grundlegend bestimmte siehe Holm, S.: Mythe og kult i Grundtvigs Salmedigtning.

tiefsten Gefühle und die lustigsten Scherze; ... keine der neueren Sprachen (kann) so rein erzählen ...[16]

Hatte Grundtvig geglaubt, wie Fichte mit seinen „Reden an die deutsche Nation", ein Volk nach seinen Ideen umformen zu können, so wurde er sich durch seine drei Englandreisen 1829—31 darüber klar, daß es die praktische Tat war, die zählt, nicht der Appell, nicht das Wort allein:

... das verflixte "what do yo do?", das vergesse ich nie, wenn ich auch hundert Jahre alt werde, und es schmerzt mich bis tief in die Seele, weil ich fühle, daß der verstockte Engländer im Grunde recht hat, das erste bei einem Mann ist, daß er selbst etwas tut, das zeigt, zu was er taugt; danach kann er mitreden, was man am liebsten tun soll und wie ..."[17]

Der Maßstab für das öffentliche Wirken — und danach richtete er sich selbst — war ihm die vita activa, über die er sich, gewürzt mit polemischer Verachtung für alle Buchweisheit, immer wieder ausläßt: „In England lernte ich nämlich zuerst in Hinsicht auf *Freiheit,* wie auf alles Menschliche, das ganze Gewicht auf die *Wirklichkeit* zu legen, mit tiefer Verachtung für den leeren Schein und für die Federnschleckerei (*Penneslikkeriet*) und das Bücherwurm-Wesen in alle Richtungen."[18]

Die Besuche in England geben seinem politischen Denken in mehrfacher Hinsicht bedeutsame Inspirationen. Genau wie Kierkegaard stand er in Opposition zu den herrschenden politischen Ideen der Zeit, namentlich dem zeitgenössischen Liberalismus, den er nur zu gerne attackierte. Dies geschah aber nicht — ebenso wie bei Kierkegaard — aus einer konservativen Überzeugung, sondern weil er sich von dem englischen Liberalismus überzeugen ließ, im Gegensatz zu den dänischen Politikern und Intellektuellen, die der französischen Richtung — Montesquieu, Voltaire, Rousseau — anhingen. Während, vereinfachend gesprochen, die dänischen Liberalen der Zeit Individualisten waren und des Einzelnen Freiheit als absolutes Ziel ansahen, war Grundtvig davon überzeugt, daß der Einzelne erst frei sei, wenn sein Nächster es sei.[19] Die von Rousseau propagierte absolute Freiheit, die im Gesellschaftsvertrag auf den Staat übertragen wird und darum den Staat höher setzt als den Einzelnen, kontrastiert zur englischen Überzeugung vom Staat. Was Adam Smith und seine Schüler entwickelten, wurde nun von Grundtvig übernommen: die staatliche Macht sollte den Rahmen liefern, innerhalb dessen des Einzelnen Handlungsfreiheit maximal zu verwirklichen sei. „Dieser Unterschied ist der Hintergrund für die Uneinigkeit zwischen Grundtvig und den Liberalen. Letztere wünschten eine Änderung von der absoluten Herrschaft zur Mehrheitsherrschaft. Grundtvigs Ziel war, eine jede Herrschaft einzuschränken."[20]

---

16 Grundtvig: Danne-Virke, Bd. 1, S. 18f.
17 Ders.: Haandbog, Bd. 2, S. 123.
18 Ders.: Udvalgte Skrifter, Bd. 10, S. 356.
19 Baagø: Grundtvig og den engelske liberalisme, S. 7f. Baagø untersucht anhand reichhaltigen Quellenmaterials, u.a. der einschlägigen Zeitschriften, in denen Adam Smith, Jeremy Bentham, James Mill, John Stuart Mill u.a. publizierten und die G. las, den englischen Einfluß, wobei er bis in die Details der Kirchenpolitik und Schulpädagogik fast wörtliche Übereinstimmungen feststellt.
20 Ebenda, S. 8.

Nach Grundtvigs Überzeugung, die in Übereinstimmung mit der englischen Ahnengalerie des Liberalismus von Cumberland über Shaftesbury, Hutcheson und Hume zu Bentham führt, steht des Einzelnen Egoismus nicht in Konflikt mit dem des Anderen oder gar des allgemeinen Wohl, sondern leitet zu einem nützlichen Konkurrenzdenken. „Freiheit, um seine Gabe zu benutzen, ohne Eingriff in die vollkommenen Rechte Anderer zu nehmen, Freiheit zu tun, was nicht gegen die Gesetze der Moral oder die bürgerlichen vernünftigen streitet, – die ist wünschenswert."[21] Nach dieser ordo-liberalen Vorstellung dachte er in politischer, pädagogischer und kirchlicher Hinsicht. Nicht allein *„Gewissensfreiheit,* sondern vor allem *Konkurrenzfreiheit"* war sein Ziel.[22] Aus dem Sich-selbst-helfen wird nach seinen Prinzipien das „Beste Aller" Entspringen; beide Begriffe entlehnte er dem Englischen[23] und plädiert somit zu einer Frühform des Sozial-Darwinismus.[24]

Zentral für Grundtvig bleibt der Begriff der „Freiheit", die in erster Linie als Religionsfreiheit, kirchliche Freiheit und vor allem Redefreiheit verstanden wird. Er entwickelte seinen Freiheitsbegriff in der Einleitung zu „Nordens Mythologi", dessen tolerante Grundhaltung er in den Zeilen zusammenfaßt:

> *Freiheit* der Norden als Losung erkor
> Freiheit für *Loke* so gut wie für *Thor,*
> Freiheit für alles, was der *Geist* gewollt,
> Der sich Fesseln nicht beugt, sondern Fesseln grollt ...[25]

Dieser wohl berühmteste Vers Grundtvigs gibt seinem Freiheitsbegriff, der bislang nur durch Vernunft und Moral begrenzt war, eine dynamische Richtung. Freiheit entwickelt sich im Kampf, in der geistigen Auseinandersetzung; denn es ist nicht allein der Nächste, dem man dieselben Freiheitsrechte zubilligen muß wie sich selbst, sondern auch seinem Feind. *Loke* und *Thor* sind die Repräsentanten für die feindlichen Antagonisten, deren Lebensrecht erst voll zur Gültigkeit kommt und damit die Ausfüllung ihrer Freiheitsrechte, wenn sie sich im Streit messen.

Wenn er bei den Verhandlungen in der grundgesetzgebenden Versammlung von 1849, deren Mitglied er war, über einen Pressefreiheitsparagraphen sagt, daß von den Freiheitsrechten „Geistes- und Redefreiheit die vorzüglichsten von allen sind, die der Mensch genießt",[26] so spricht er, der zwölf Jahre unter Zensur gestanden hatte, aus eigener Erfahrung.[27]

Sein Einsatz für die Etablierung der Freiheitsrechte manifestiert sich jedoch am nachhaltigsten in der Aufhebung der Wohnkirchengemeinde (*sognebåndsløsning*). Niemand sollte gezwungen werden, kirchliche Handlungen durch einen bestimm-

---

21 Grundtvig: Udvalgte Skrifter, Bd. 1, S. 52f.
22 Baagø, S. 19.
23 Ebenda, S. 34.
24 Vgl. ebenda, S. 36.
25 *Frihed* lad være vort Løsen i Nord, / Frihed for *Loke* saavelsom for *Thor,* / Frihed for *Ordet* i Verdenen ny, / Som til sig selv det har skabt under Sky ... Grundtvig: Nordens Mythologi, S. XI. Die freie Übersetzung nach Holm, S.: Grundtvig und Kierkegaard, S. 88.
26 Grundtvig: Haandbog, Bd. 2, S. 289.
27 Vgl. Toftdahl, S. 126.

ten Pastor vornehmen zu lassen, denn es geht um *die* „Freiheit, die bei einem jeden Menschen im Hinblick auf die Dinge zu finden sein soll, die nur sein Verhältnis zu Gott und seinem eigenen Gewissen angeht."[28] Bei Aufhebung der Wohnkirchengemeinde — und dies ist ein zusätzliches, nicht zu unterschätzendes Motiv — würde unter den Pastoren eine Konkurrenz entstehen, die sehr förderlich für den Glauben und das Christentum sein wird.[29]

Voraussetzungen Grundtvigscher Lebensweisheit sind Gedanken mit national-kulturellem Hintergrund. Wie Kierkegaard proklamiert er die Rückbesinnung auf die griechische Antike und verurteilt die italienisch-römische Kultur. Der „Ruf", den er an die nordischen Stämme gerichtet glaubt, gilt der Wiedereinsetzung griechischen und nordischen Denkens.

... die *Italienische* Wissenschaftlichkeit ... war immer ein Schein-Begriff und brachte nur Schatten-Werke in des Geistes Welt hervor, (darum kommt) die Reihe jetzt an uns, so daß entweder die Wissenschaftlichkeit ausstirbt oder in einer höheren Ordnung im *Norden* wiedergeboren wird. Im Norden sage ich, weil wir der Ausgangspunkt des *Geistes* sein müssen, obgleich nicht seine Grenze.[30]

Mit vehementem Wortreichtum versteigt er sich immer wieder zu Lob und Preis der nordischen Vorzeit.

Ich behaupte endlich, daß, wenn man die Welt des Geistes mit *Nordischen Augen in des Christentums Licht* betrachtet, da bekommt man einen Begriff über die *Universal-Historische* Entwicklung ... Diese *Griechisch-Nordische* oder *Neu-Dänische* Lebens-Entwicklung und Geist-Bildung ist es, die den Mythen des Nordens ... universal-historische Wichtigkeit gibt, ... und es ist diese Wissenschaft, von der ich hier einen Umriß zu geben wünsche, sowohl in sich selbst, wie in ihrem Gegensatz zu der *Römisch-Italienischen* Lebens-Plage und Geist-Zersetzung.[31]

Geradezu haßerfüllt setzt er sich nur zu gerne mit den „Römern" und „Lateinern" auseinander, worin natürlich Katholizismus und Papismus inbegriffen sind.

Ja, es ist nicht allein eine Natur-Notwendigkeit, daß eines Volkes Literatur ihm gleich sein muß, und welche Pestilenz muß nicht die Römische sein; sondern es ist zugleich eine historische Tatsache, daß fast die ganze Römische Literatur, besonders die schöne, *nachgemachte* Arbeit ist, nicht wie die Griechische und Alt-Nordische aus dem Volks-Leben entsprungen und durch Jahrhunderte geliebt ist.[32]

Seine Verachtung für Rom und das Latein geht sogar soweit, daß er 1837 ein Gedicht mit 19 Strophen verfaßt, deren jeweils letzte Zeile in dem frommen Ausruf endet: „Gott befreie uns von Rom!"[33] Die Errettung der Menschheit sieht Grundtvig allein in der Verbannung des Römisch-Lateinischen und der Rückbesinnung auf die *„Griechisch-Nordische* Entwicklung, die mit Hilfe der Mosaisch-Christlichen Grund-Anschauung lebendig und Universal-Historisch wird."[34]

---

28 Grundtvig: Haandbog, Bd. 2, S. 296.
29 Vgl. dazu Grundtvig: Udvalgte Skrifter, Bd. 8, S. 52—98 (Den danske Stats-Kirke upartisk betragtet (1834)).
30 Ders.: Nordens Mythologi, S. 19.
31 Ebenda, S. 21f.
32 Ebenda, S. 22.
33 Ders.: Udvalgte Skrifter, Bd. 8, S. 151—156 (Romer-Vise).
34 Ders.: Nordens Mythologi, S. 23.

Zu seiner Überzeugung von dänischer (und nordischer) „folkelighed" war Grundtvig also in Abgrenzung zu anderen Volksstämmen gekommen, wobei eine weitere
herausragende Stellung die Deutschen einnehmen. Nach seiner anfänglichen Begeisterung für die deutsche Romantik,[35] wandte er sich seit seiner christlichen Beke-
rung 1810 wortreich gegen jeden südgermanischen Einfluß — namentlich der Schel-
lingschen, dann der Hegelschen Philosophie[36] — auf das dänische Geistesleben. Seine heftigen Attacken richten sich darauf, daß die deutsche Philosophie die menschliche Vernunft auf Gott ausrichte und letztlich darauf hinauslaufe, alle Menschen
zu zwingen, so zu denken wie sie:

> Mein ganzer Streit (*Trætte*) mit den Deutschen dreht sich eigentlich darum, daß sie mit aller
> Kraft entweder mich zu einem Deutschen machen wollen oder zu einem Schafskopf (*Fæ*); und
> ich widersetze mich dem mit aller Gewalt und will keins von beidem werden, sondern bestehe
> darauf, daß genauso wenig wie Dänemark der Schwanz Deutschlands ist, genauso wenig ist
> der Geist des Nordens (*Nordens Aand*) ein Hofkobold (*Gaardnisse*) bei der kaiserlich deutschen
> Vernunft, sondern ist selbst ein Herr in seinem Wesen, der (manch eine) Großtat in der
> Mannigfaltigkeit geübt hat, die die deutsche Vernunft nicht nachmachen kann, noch irgend-
> wann (vollbringen) wird. Im übrigen räume ich gerne ein, daß jeder für sich gut sein kann; aber
> damit war die deutsche Vernunft bis jetzt nicht zufrieden; deshalb liegen wir im Krieg um
> Dänemarks und des Nordens Geist, und die Zeit muß entscheiden, wer Recht hat; denn das hat
> in des Geistes Welt immer der Stärkste.[37]

Grundtvigs Anklage richtet sich also gegen weit mehr als die preußische Politik
gegenüber Schleswig-Holstein und Dänemark. Sie wurzelt in seinem Verständnis
des deutschen Idealismus. Als 1836 zur 300-Jahr-Feier der dänischen Reformation Grundtvig mit dem nach Kopenhagen gekommenen Philipp Marheineke zu-
sammentraf, stehen sich gleichsam die Repräsentanten des deutschen und des dänischen Geistes freundlich, aber unversöhnlich gegenüber. Der Hegelianer Marheineke,[38] der für die Spekulation und die spekulative Theologie zu werben versucht,
stößt bei Grundtvig nämlich auf eine selbstbewußte Ablehnung: Der spätere Bischof Martensen schildert die Begegnung in seiner Biographie: Dann

> kam die Rede auf die Spekulation und die spekulative Theologie, welche Marheineke sehr
> als das empfahl, was die Zeit nötig habe. Grundtvig wollte sich hierauf nicht einlassen und
> äußerte, daß er sich fürchte, sich darauf einzulassen. „Warum fürchten Sie sich?" sagte Mar-
> heineke. Grundtvig antwortete: „Ich fürchte um mich selbst. Für mich besteht der Hauptge-
> gensatz zwischen *Leben* und *Tod*." ... Marheineke nahm die Sache scherzhaft und äußerte,
> daß der Unterschied zwischen Leben und Tod gewiß ein erklecklicher Unterschied sei, aber
> daß man hier wohl auf logische Gegensätze zurückgehen müsse, (die) als Hauptgegensätze
> erscheinen, von welchen ausgegangen werden müsse, um den Gegensatz zwischen Denken
> und Sein zu betrachten. Grundtvig antwortete launig: „Ihr großen Philosophen vergeßt das
> Leben über der Errichtung Eurer Gedankengebäude".[39]

Als Marheineke wieder mit Martensen allein ist, „konnte er die Bemerkung nicht
zurückhalten, daß Naturen wie die Grundtvigs und Steffens ... immer auf das Leben zurückkommen, anstatt sich an die Gedankengegensätze zu halten."[40]

---

35 Vgl. dazu Scharling: Grundtvig og Romantiken.
36 Vgl. Toftdahl, S. 58.
37 Grundtvig: Haandbog, Bd. 2, S. 118.
38 Zu Marheineke siehe Gebhardt: Politik und Eschatologie, S. 69ff.
39 Martensen: Af mit Levnet, Bd. 2, S. 50.   40 Ebenda, S. 52.

Die prinzipielle Uneinigkeit der „dänischen Naturen" mit den deutschen Philosophen, die Marheineke hier an ihrem zentralen Punkt trifft, ist in der Tat in diesem einen Satz zusammengefaßt, den Grundtvig auf Deutsch formuliert: „Mein Gegensatz ist Leben und Tod."[41] Er bestimmt ihr Denken und Handeln und begründet somit ihre Anthropologie. Die Begründung einer Philosophie auf ihre Begriffe, auf Gedanken einerseits und der Rekurs auf das Leben andererseits macht ihre politische Relevanz aus.

Dieser existentielle Einwand, den man bei verschiedenen Vertretern des dänischen 19. Jahrhunderts antreffen kann, charakterisiert also auch Grundtvig. Seine wie Kierkegaards[42] existentielle Bezogenheit weiß um die prinzipiellen Gegensätze der Realität, die es nicht zu mediieren, sondern zu ertragen gilt. Die Spannungen der Realitätserfahrung bestimmen sein ablehnendes Verhältnis zur Hegelschen Spekulation, wie aber auch zur pietistischen Frömmelei;[43] seine Opposition richtet sich dabei u.a. gegen die harmonisierende Exegese der Todeserfahrung, die in der Theologie des 19. Jahrhunderts üblich war, wie er überhaupt gegen den Optimismus und den Fortschrittsglauben seiner Zeit eingestellt blieb.[44]

Seine Ablehnung der Spekulation, und damit der Deutschen, trifft deren intellektuelles, wie politisches Klima:

Wenn wir die strengen Richter auch noch so flehentlich zu bedenken baten, daß wir gewöhnlich nicht einmal im Stande waren *sich* auszusprechen, geschweige denn die deutschen Philosophen verstehen könnten, so bekamen wir doch nur zur Antwort, daß es unsere eigene Schuld sei, das sei die Ernte unserer Aufsässigkeit ... und daß im übrigen alle unsere Einwände, die einzig aus der Erfahrung geholt waren, als empirische unmöglich den reinen Vernunft-Schluß, den *sie* gezogen haben, erschüttern ... Schaut, in dem Verhältnis steht Dänemark, oder zumindest ich, zu den Deutschen ...: Europa muß froh sein, daß Deutschland seit Arilds Zeiten zerstückelt gewesen ist ...; denn denkt man sich die Häupter, die deutsch denken und sprechen, alle unter einem Hut, unter einem deutschen Kaiser Napoleon, dann wird das eine Macht sein, für die menschlichen Augen noch fürchterlicher als Frankreich in seiner gefährlichsten Zeit, und daß sie weit strengere Herren sein werden, folgt nach meiner Ansicht notwendig daraus, daß sie viel ernster und gründlicher sind.[45]

Für Grundtvig besteht die Realität aus unversöhnlichen Gegensätzen: Leben und Tod, Licht und Dunkel, Himmel und Hölle. Der gnostische Dualismus, der bei ihm spürbar ist, ohne daß er ihn akzeptiert,[46] wird bei ihm verarbeitet in einer „charmanten Vereinigung von logischem Denken und simpel psychologischem Empirismus, der so typisch ist für seinen common sense und der ihn für einen jeden zugänglich macht."[47] Sein common sense scheint ihn jedoch ebenso gegenüber

---

41 Ebenda, S. 51. Zur Analyse dieser Episode siehe u.a. Høirup: Fra døden til livet, S. 91f., und Toftdahl, S. 61.

42 Zu dem Verhältnis Kierkegaard–Grundtvig siehe Holm, S.: Grundtvig und Kierkegaard; Weltzer: Grundtvig og Søren Kierkegaard; Løgstrup, Harbsmeier (Hrsg.): Kontroverse um Kierkegaard und Grundtvig. Bd. 1–3; vgl. auch die analytische Arbeit von Toftdahl.

43 Vgl. Høirup, S. 91.

44 Ebenda, S. 55ff.

45 Grundtvig: Haandbog, Bd. 2, S. 119.

46 Toftdahl, S. 148.

47 Ebenda, S. 58.

den Tendenzen des Gnostizismus abzuschirmen. Wenn es um die Frage nach einem Ja oder Nein geht, „müssen wir uns in den Kreis begeben, in dem wir alle zu Hause sein müssen, in der täglichen Erfahrung, um zu sehen, ob wir nicht da auf gültige Zeugen über das Gleiche stoßen, dessen Wirksamkeit sich nur von zwei geistigen Gegnern erklären läßt, die als Geist der Wahrheit und der Lüge um den Menschen streiten."[48]

Aufgrund des Rekurses auf die Erfahrung und den Lebenshorizont des je einzelnen Individuums sind es auch die menschlichen Grunderfahrungen, um die es Grundtvig geht; sein christlich-theologisches Glaubensbekenntnis geht von ihnen aus. Es ist die Humanität, die bei ihm das Verständnis des Christentums fundiert und ihn in die Nähe eines säkularen Weltverhaltens bringt.

Wenn wir darum auf Dänisch nicht die Wörter hätten: *Mensch, Vater, Mutter, Ehe, Kinder* und *Geschwister, Gott, Vorsehung* und *Unsterblichkeit, Zeit* und *Ewigkeit, Wahrheit* und *Lüge, Seele* und *Gewissen, Glaube, Hoffnung* und *Liebe,* die einen entsprechenden *menschlichen* Eindruck auf unsere Herzen machen, dann könnten offenbar weder Götter noch Menschen uns darüber aufklären ..., so daß es nicht bloß unsere alten Vorväter waren, die *Menschen* werden mußten, bevor sie *Christen* werden konnten, *heidnisch* sein, bevor sie *christliche Menschen* wurden, sondern im Grunde ebenso wir und unsere Kinder.[49]

Søren Holm hat daher das Denken Grundtvigs als im Grunde vorchristlich, ja vorphilosophisch bezeichnet.[50] Dies muß jedoch nicht pejorativ klingen. Als die Spekulation Mode wurde, als die Romantik das Lebensgefühl bestimmte und die Rationalität die Theologie ersetzte, entwickelte er sich aus einer Mischung von „Primitivität" und „Genialität"[51] zu einem Realisten der sich allerdings das kosmische Weltbild des Mythologen bewahrte.[52]

Die Differenzierung des deutschen Wesens, das auf die reine Vernunft baut, von dem dänisch-nordischen, dem Erfahrung und Empirie, kurz das Leben, die Grundlage ist, macht eine wesentliche Komponente der „folkelighed" aus, die — bei allem Grundtvigschen Wortreichtum — ansonsten schwer inhaltlich zu bestimmen ist. Insbesondere jedoch aus seinen Vergleichen mit anderen Nationen lassen sich Ableitungen herstellen. So ist seine Begeisterung für England (neben der Tatkraft) auf jenen "public spirit" zurückzuführen, den er dort fand und den er mit „Allgemeinem Geist" (*Almeenaand*) oder „Volks-Geist" (*Folke-Aand*) übersetzt. Er bedeutet ihm soviel wie „unsichtbare Lebenskraft" (*unsynlig Livskraft*), manifest werdend im Wort, das daher im Stande ist, sich von einem Menschen auf den anderen zu überliefern.[53] „Folkeaanden" regt sich, wenn der Geist durch die Muttersprache eines Volkes wirkt, und damit zu seiner freien Entfaltung kommt. Ein solcher „fri Folkeaand" wird nach Grundtvigs Meinung in England offenbar; es kommt ihm

---

48 Grundtvig: Om Lögnens Fader, Sp. 521.
49 Ders.: Hedenskab og Christendom i Danmark, S. 90.
50 Holm, S.: Mythe og kult, S. 22.
51 Ebenda, S. 66 und 227f.
52 Thaning (For Menneskelivets skyld) stellt in den Mittelpunkt seiner Untersuchung G.s. Bekehrung zur Menschlichkeit, die vor Christentum und Philosophie zu stehen hat — es ist dies auch eine englische Bekehrung.
53 Grundtvig: Mands Minde, S. 453ff.

so vor, als wäre er derselbe, den er als „Kampf-Geist" (*Kæmpe-Aand*) in der nordischen Dichtung gefunden hat, was nicht martialisch zu verstehen ist, sondern als „kämpfender Geist".[54] Er ist der festen Überzeugung, daß dieser Kampfgeist als Kampf in des Geistes Welt dem Leben seine Prägung gibt; so ist auch die Herrschaft des Menschen über die Naturkräfte und die Nutzbarmachung dieser Kräfte ein Hinweis auf die Wirksamkeit des Geistes.[55]

Wie ich im Abschnitt über Kierkegaard gezeigt habe, spielt gerade „Geist" bei ihm eine ausschlaggebende Rolle. Als Kategorie die nicht allein aus der Ablehnung der monistischen Spekulation die platonische Spannung, sondern auch die Möglichkeit noetischen Denkens erhalten soll, kann man dies auch bei Grundtvig finden. Wie bei Kierkegaard der Mensch eine Synthese aus Körper und Seele ist, die vom Geist getragen wird, so definiert auch Grundtvig, dessen dualistische Komponente aus der nordischen Mythologie entlehnt ist,[56] den Menschen bestehend aus Körper, Seele und *Geist*, wobei Seele Bewußtsein oder auch Selbstbewußtsein beschreibt. Geist ist ihm dagegen das verbindende Moment zum Nichtgegenständlichen, das sich im *Wort* artikuliert: „*Geist ist das Wort in seiner Kraft.*"[57] Dabei ist Geist nicht allein die Manifestation des Göttlichen oder Nichtgegenständlichen, Geist manifestiert sich gleichfalls sozial, da er durch das Medium der Sprache Humanität konstituiert. Durch das Wort erst kommt es zum Kontakt mit anderen, kommt es zur verantwortlichen Handlung.

Wort im Sinne Grundtvigs meint jedoch immer das mündliche Wort, nie die Schrift. „Das große Naturgesetz über die Wirkung und Verpflanzung des Geistes,"[58] das er sich rühmt entdeckt zu haben, ist das in der mündlichen Kommunikation mit anderen gesprochene Wort, das erweckt, das zur Tat motiviert: „Die Schrift steht, aber das Wort geht."[59] Die Schrift ist statisch, daher weder existentiell verpflichtend, noch überhaupt von autoritativer Aussagekraft, das Wort ist mobil, beweglich, daher den Gesetzen der Realität angepaßt und auf Praxis aus. Es ist daher auch nicht verwunderlich, wenn Grundtvigs Predigten sich durch Konkretheit auszeichnen, wenn seine Psalmen die appellative Wir-Form bevorzugen.[60]

Genauso schnell wie Grundtvig die heftigsten Gegner fand, sammelte sich um ihn eine treue Anhängerschaft, die „Grundtvigianer", die „Grundtvigsche Bewegung". In direkter Weiterentwicklung der Impulse der Erweckungsbewegungen begann ihre Blütezeit nach Einführung des Grundgesetzes 1849 und dauerte bis zum Ende des Jahrhunderts;[61] ihre Wirkungsmöglichkeiten und Erfolge wurden nur insofern wesentlich verstärkt, als zur populistischen Tendenz eine „Wortführer-Intelligenz"[62] hinzukam — in erster Linie natürlich Grundtvig selber, dann seine Nachfolger, Pa-

---

54 Baagø, S. 16.
55 Grundtvig: Nordens Mythologi, S. 95ff.
56 Vgl. Højrup, S. 20.
57 Ebenda, S. 12f.
58 Grundtvig: Skolen for Livet, S. 72.
59 Ebenda, S. 67.
60 Højrup, S. 105.
61 Thyssen: De religiøse bevægelsers samfundskritik og den demokratiske udvikling, S. 34ff.
62 Ebenda, S. 34.

storen und Lehrer. Ihr kritisches Wirken war jedoch nicht allein auf den kirchlich-religiösen Sektor ausgerichtet, sondern – nach den Grundtvigschen Vorstellungen – auch auf gesellschaftliche, liberal-demokratische Erneuerungen im Geiste der „folkelighed". In enger Anlehnung an die niederen Schichten, vornehmlich an die Bauern, bildeten die Grundtvigianer nach der reaktionären Grundgesetzänderung 1866 eine eigene liberale Partei, die in der „Vereinigten Linken" 1872 stärkste Fraktion des Folketings wurde und ihren Machtanspruch auch selbstbewußt zu artikulieren wußte.[63]

Diese knappen Bemerkungen zum Denken Grundtvigs und speziell zur „folkelieghed" sollen abschließend anhand einer aktuellen Studie erläutert werden. Motiviert vom Erfolg des Poujadisten Mogens Glistrup, der als Symptom einer tiefen Krise der dänischen Gesellschaft verstanden werden kann, haben die (grundtvigianischen) „Dänischen Sport- und Jugendverbände" (*De Danske Gymnastik- og Ungdomsforeninger*) eine Anthologie herausgebracht, in der sich einige führende Intellektuelle zum Problem der „folkelighed" äußern, ihre Tradition erläutern und die heutigen Möglichkeiten diskutieren. Die Studie ist insofern von Belang, als die Diskutanden, die den verschiedenen politischen Schattierungen zugehören, übereinstimmend der „folkelighed" eine Bedeutung unterlegen, die schon zum klassischen Wissensrepertoire gehörte, ohne daß allerdings bei ihnen das Bewußtsein darum formal oder inhaltlich durchklingen würde.

Von der von Varro und später dann von Augustinus durchgeführten Klassifizierung der Theologie in das *genus mythicon*, das *genus physikon* und das *genus civile* als der Theologie der Dichter, der Philosophen und der der Völker[64] soll hier allein die letztere interessieren, die in der Augustinischen Terminologie als „Ziviltheologie" erscheint. Nimmt man nämlich die Bestimmung der „folkelighed" aus der jüngsten Anthologie, so entspricht sie der inhaltlichen Definition der „Ziviltheologie". „Mit ‚folkelighed' kann man die Summe der Werte, Normen und des Benehmens eines Volkes in der Religion, Politik, Wirtschaft, Erziehung und Arbeit ausdrücken. In unserem Jahrhundert hat die dänische ‚folkelighed', von etwas gelebt, das im 19. Jahrhundert durch die religiösen Erweckungsbewegungen und durch die soziale, wirtschaftliche und politische Erhebung der Bauern und Arbeiter geschaffen wurde."[65] Doch der Ausgangspunkt dänischer „folkelighed" ist durch die „Gedanken und Erfahrungen" Grundtvigs bestimmt.[66] Auf diese Tradition müsse man sich zurückbesinnen – eine Tradition jedoch, die nicht auf eine „Idee" zu reduzieren sei, sondern die es als eine „allgemeingültige Realität" zu aktualisieren gelte.[67] Das „folkelige" als das „Allgemeine"[68] gibt einen „Hinweis auf eine Tatsache, die mit eines Men-

---

63 Eine faszinierend lebensnahe und dabei sehr kritische Schilderung dieser Epoche gibt Henrik Pontoppidan in seiner Romantrilogie „Das gelobte Land" (Det forjættede land, 1891–1895).
64 Voegelin: Die neue Wissenschaft der Politik, S. 118f.
65 Thorgaard: Dansk folkelighed i 70'erne, S. 10.
66 Grell: Det folkelige: protest mod ideen – respekt for virkeligheden, S. 41.
67 Ebenda.
68 Ebenda, S. 42.

schen Verbundenheit mit einer bestimmten Geschichte an einer bestimmten Stelle
zu tun hat und die immer dem Dasein der Menschen in der Gesellschaft voraus-
liegt. Es ist diese Tatsache, die alle Menschen umfaßt, die diese Voraussetzungen
gemeinsam haben, die zugleich Ausdruck für einen allgemein geltenden Zusammenhang zwischen Menschen ist ... Das ‚folkelige‘ ist daher Ausdruck für eine Kon-
kretisierung der menschlichen Wirklichkeit.“[69] In der Anbindung der ziviltheologischen „folkelighed“ an die Dynamik der Realität erweist sich dann ihr ideologie-
resistenter Charakter: „Das ‚folkelige‘ ist ein beständiger Protest gegen alles, was
den Menschen zu einem isolierten Individuum oder zu einem verantwortungslosen
Gruppenmitglied reduzieren will.“[70]

Die Formulierung der Inhalte dieser dänischen Ziviltheologie geht auf Grundtvig
zurück: „Nach viel Spekulation kam Grundtvig um 1817 zur Klarheit über das
Wort ‚folkelighed‘ und dessen Inhalt. Es bedeutet nicht bloß das Populäre, sondern
das Demokratische, das Nationale, oder Dänische, aber es bedeutet zuallererst des
Volkes bewußte Gemeinschaft (*fælleskab*) mit seinen historischen, praktischen,
menschlichen und geistigen Werten.“[71] Für Grundtvig und die Grundtvigianer —
u.a. waren und sind die nicht unbedeutenden Studentengruppierungen unserer
Zeit als Transmittoren zu nennen — hat die „folkelighed“ zudem eine über das
nationale Selbstverständnis hinausgehende Bedeutung. Jørgen Bukdahl, der Alt-
meister unter den „Hochschulleuten“, formuliert dies in einer Jubiläumsschrift
so: „Das ‚folkelige‘ in einer Nation ist das, was mitmenschliche und zwischen-
volkliche (*mellemfolkeligt*) Ziele verfolgt; das ‚folkelige‘ in einer Nation ist das,
was das Nationale in seiner Selbstgenügsamkeit (*Selvtilstrækkelighed*) zerbricht
und ihm Wachstumsbedingungen für weltbürgerliche und universale Ideen gibt.“[72]
National aber auch international, traditionell aber auch aufgeschlossen für das
Neue sind somit wesentliche Charakteristika der „folkelighed“.

Als eine „grundlegende Haltung“,[73] expliziert in der „folkelighed“, gehört es
dann zu ihren Einzelheiten, daß es insbesondere die durch die Bauernbewegung
bewußt gewordenen Werte des Liberalismus waren, die in diese Ziviltheologie ein-
gingen, Werte, die durch die gemäßigte Arbeiterbewegung nicht verschüttet, sondern aufgenommen wurden.[74] Daß es wiederum Grundtvig war, der durch seine
Idee der Volkshochschule entscheidend zu dieser Amalgamierung beitrug, bestätigt
nur die Interpretation der „folkelighed“ als der dänischen „Ziviltheologie“.

Der Name Grundtvigs ist für die Nachwelt ganz wesentlich mit der skandinavischen Institution der *Volkshochschule* verknüpft.[75] In seinem Bestreben, die
ziviltheologische „folkelighed“ transparent und bewußt werden zu lassen, galt

---

69 Ebenda, S. 43.
70 Ebenda, S. 45.
71 Stræde: Et folkeligt alternativ?, S. 78.
72 Bukdahl: Brændpunkterne, S. 7.
73 Søe, P. E.: Det nyfolkelige, S. 68.
74 Ebenda, S. 67f.
75 Vgl. zum Folgenden Begtrup, Lund, Manniche: The Folk High Schools of Denmark; Skrubbeltrang; Harbsmeier, S. 198ff.

sein Einsatz nicht allein der Primärerziehung und -bildung an den Schulen, sondern weit stärker der Erziehung und Erweckung der Erwachsenen. Unter dem Eindruck der nationalen Auseinandersetzungen um Schleswig-Holstein in den vierziger Jahren und der vorausgegangenen Entdeckung des Nationalbewußtseins, wurde Grundtvig der Gedanke der Volkshochschule „ein Mittel zu geistigem Widerstand und Erneuerung", um „dem gemeinen Mann den Stolz über die Geschichte und die Kultur des Landes beizubringen."[76] Die Aufklärung gerade des niederen Volkes wollte er als geistige Verteidigungswaffe einsetzen, wo die kriegerischen versagen mußten; zusätzlich, das war sein Lernergebnis aus der demokratischen Bewegung, die zur liberalen Verfassung von 1849 geführt hatte, galt es, Demokratie nicht allein als politischen Überbau zu sehen, sondern als Lebensgrundsatz zu verwirklichen. Daher auch hat für den Pädagogen Grundtvig, wenn er sich zur Grundschulerziehung äußert, der Unterrichtsstoff allein nur ein geringes Interesse. Aus seiner eigenen Erfahrung mit der Paukpädagogik der „schwarzen" (Latein-)Schulen, die er sein Leben lang nicht vergessen sollte und die er als „Schulen für den Tod" kennzeichnete,[77] ist sein Erziehungsideal auf die „Haltung und das Engagement der Schüler" ausgerichtet.[78] In Abkehr vom humanistisch-lateinischen Bildungsideal seiner Zeit, bei dem es auf die Wissens*menge* und nicht so sehr auf die *-inhalte* ankam, ist er insofern konform mit einer ganzen Reihe von pädagogischen Reformvorstellungen, die unter dem Kultusminister J. Nicolai Madvig (1804–1886) zu einer Fülle von Gesetzesvorlagen führen und endlich – gegen den Widerstand der „Humanisten" – die „Realschulen" aufwerteten.[79]

Bereits 1838 in seiner Vortragsreihe "Mands Minde" hatte Grundtvig den pädagogischen Rahmen seiner Volkshochschule abgesteckt, der diese nicht so sehr zu einer Anstalt der Wissensvermittlung macht, sondern sie ganz eng an die „folkelighed" bindet, mithin zu einer ziviltheologischen Institution befördert: „ ... das ist es, was ich mit einer ‚folkelige' Hochschule und ihrer bürgerlichen Notwendigkeit in unseren Tagen meine, weil ohne fortschreitende ‚folkelige' Aufklärung weder Könige, Kollegien oder Volksräte und National-Versammlungen im Stande sind, das allgemein Beste zu wissen und zu erfassen." Mit der Bezeichnung „Volkshochschule" (*Folkehøjskole*) ist also bereits ein Programm gemeint.

Auch liefert Grundtvig, um diesen Gedanken zu untermauern, für die Etablierung der Volkshochschule einen eindeutig politischen Grund; denn, so fährt er fort:

Dieses, behaupte ich, hat die französische Revolution sonnenklar bewiesen, ohne daß es doch bewiesen zu werden braucht, daß kluge Leute nie ihr Haus niederreißen dürfen, wie unbequem es auch eingerichtet ist, bevor sie wissen, ob sie sich ein besseres bauen kön-

---

76 Toftdahl, S. 153.

77 Grundtvig: Skolen for Livet, S. 12ff.

78 Krarup: Skolens opgave, S. 26.

79 Vgl. Hovde, S. 610ff. Ganz wesentlich gehört zu seinem pädagogischen Programm die Gründung einer „großen nordischen Universität" in Göteborg, zu der es nie kam. Die grundlegenden Gedanken dazu finden sich: Grundtvig: Værker i Udvalg, Bd. 4, S. 353–384 (Om Nordens videnskabelige Forening. 1839).

nen ...; es war leicht zu sehen, (wie) verhängnisvoll es für die Franzosen wurde, als sie die Souveränität dem König nahmen, ohne verhindern zu können, daß sie in die Hände des Pöbels fiel, der wohl alle Dinge niederreißen kann, aber an der Stelle nichts anderes aufbauen (kann) als eine Guillotine für alle die Köpfe, die nicht nach des Pöbels Kopf sind."[80]

Daß dieses Schicksal dem Norden erspart geblieben ist, verdankt er der Tradition der „folkelighed", oder mit den Worten Bjørn Poulsens:

Der kontinentale, revolutionäre Gedankengang hat seinen Ursprung in der Antike, und er ist von einem Absolutismus geprägt, der fremd für (den) nordischen Gedanken ist ... Die französische Revolution fegte den monarchischen Absolutismus beiseite und setzte die Volksmehrheit als absoluten Souverän ein, und der bringt in seiner Konsequenz keine Demokratie (hervor), sondern einen Napoleon.[81]

Der demokratische Gedanke, gegen dessen Vulgärverständnis Grundtvig sich wandte, verlangte die Erziehung zur Demokratie, zur Diskussion, zum verantwortlichen Handeln; gerade aber dies mußte für die unteren und benachteiligten Schichten, und das waren zu seiner Zeit die Bauern, Häusler und Landarbeiter, später dann die Fabrikarbeiter, zur verpflichtenden Aufgabe einer Erwachsenenbildung gemacht werden. Sollen die Bauern im Parlament und in der Politik mitreden können, so müssen sie ihr Bildungsdefizit gegenüber den Akademikern und Beamten abbauen, wozu es zwar keiner „fachlichen aber einer allgemeinmenschlichen Bildung" bedurfte.[82] Dementsprechend waren und sind es nicht die erbaulichen Themen, die das Programm der skandinavischen Volkshochschule bestimmten, sondern die praktischen und wirtschaftlichen.

Wenn auch die Zusammenhänge noch nicht völlig geklärt sind — eine direkte Aufeinanderfolge dürfte nach der Quellenlage zweifelhaft sein —, so kann man doch von einer tiefgreifenden Beeinflussung der Volkshochschulen und des Grundtvigianismus auf das Genossenschaftswesen sprechen. Das in den Volkshochschulen diskutierte und praktizierte Gemeinschaftsbewußtsein wirkt auf weite Kreise der Bevölkerung und läßt die Überzeugung wachsen, daß Kooperation billiger und sinnvoller sein kann als die alte Wirtschaftsform. Das Gemeinschaftsgefühl, bei der Landbevölkerung seit altersher besonders ausgeprägt, wurde durch die Verkündigung und Praktizierung der „folkelighed" gestärkt. Die Schüler der grundtvigschen Volkshochschule lernten „die moderne Zivilisation zu meistern, die Modernisierung der Gesellschaft, die am Ende des 19. Jahrhunderts begann."[83]

Nach den „Lebens- und Weltfragen" hatte sich, gemäß der grundtvigschen Maxime,[84] die Volkshochschule zu richten. Es waren jedoch nicht nur die ökonomischen Zusammenschlüsse und Kooperationsvereine, die mit der Arbeit der Volkshochschule im Zusammenhang stehen; auch die Fachorganisationen und politischen Verbände schöpfen ihre Impulse aus dieser Bewegung. Bauernverbände, Häuslervereine, dann die Gewerkschaften etc. etablieren sich aus den Anstößen der sich steigernden Bildungsarbeit.

---

80 Grundtvig: Mands Minde, S. 73.
81 Poulsen: Ideernes krise i åndsliv og politik, S. 94.
82 Lindhardt: Stat og kirke, S. 113.
83 Bjørn: Folkehøjskolen og andelsbevægelsen, S. 16, weitere Literatur siehe dort.
84 Toftdahl, S. 158.

Alle diese Organisationen stellen „Die praktische Schule in Demokratie" dar; „hier lernte man, was es heißt,... zu verhandeln; hier lernte man, andere Standpunkte zu verstehen und sich (mit ihnen) abzufinden, hier lernte man vor allem die Kunst der Zusammenarbeit, man lernte in einem gewissen Grad auf das Interesse des Ganzen zu sehen ..."[85] Da sich diese Verpflichtung zur Demokratisierung in Skandinavien mit und durch die Institutionen über Generationen erhalten hat, kann man sie mit Hal Koch durchaus als relevanteste Immunisierungskräfte gegenüber politischem Totalitarismus bezeichnen:

Diese weckende, aufklärende und erziehende Arbeit ist das unbedingt Wichtigste in einer demokratischen Gesellschaft ..., diese ,folkelige' Arbeit ist der einzig wirklich effektive Einsatz gegen die Nazifizierung der Bevölkerung ..., die faschistisch-nazistische Pest ... hat sehr schlechte Wachstumsvoraussetzungen in den Ländern gehabt, in denen eine verwurzelte politische Demokratie mit einer entsprechenden ,folkelige' Entwicklung zu finden ist.[86]

Es muß jedoch angezweifelt werden, ob allein Grundtvig das Verdienst zusteht, „mit seinen Schulen ein ganzes Volk umgeformt" zu haben.[87] Wohl geht die Idee der skandinavischen Volkshochschule auf ihn zurück, wohl verdanken sie ihre Gründung seinem lebenslangen Einsatz, aber an der Etablierung, am Betrieb und an den Programmen der tatsächlichen existierenden Volkshochschulen war er nicht beteiligt. Wie die grundtvigschen Freikirchengemeinden überwiegend pietistisch waren, machte sich in den Volkshochschulen der humanistische Bildungsgedanke gegenüber dem „folkelige" bald stark bemerkbar.[88] Die erste dänische Volkshochschule überhaupt, deren Gründung Grundtvig begrüßte und die auch auf ihn zurückgeht, wurde von einem Kieler Professor, dem Haupt der dänischen Partei, Christian Flor, 1844 in Rødding, Nordschleswig initiiert. Ihr Entstehen geht auf den Nationalitätenstreit zurück. Desweiteren, um die Vaterschaft[89] Grundtvigs hier etwas zu relativieren, so war der Motor der Bewegung ein Mann, der aus der „Erweckung" kam und ihr immer verbunden blieb und daher inhaltlich eher Kierkegaard als Grundtvig zuzurechnen ist[90]: Christen Kold.[91] Er war jedoch in gleicher Weise dem „lebendigen Wort" verschrieben wie sein Mentor, auch sind ihm Sprechen und Sprache „Medium *und* Substanz der Bildung."[92]

Durch die Entwicklung und Formulierung der ziviltheologischen „folkelighed", mit ihrer Institutionalisierung in den Volkshochschulen und dem Beginn einer Debatte, die bis heute reicht, wird Grundtvig allerdings zum herausragenden Repräsentanten dänischen Politikverständnisses. In dem bewußten Rückgriff auf die gemeinwestliche Tradition politischen Denkens — jüdisch-mosaisch, antik-grie-

---

85 Koch: Hvad er demokrati?, S. 42.

86 Ebenda, S. 46f.

87 Ebenda, S. 45.

88 Lindhardt, S. 113. Die moderne Situation der Volkshochschule wird von Wivel angesprochen: Die Niederlage der dänischen Volkshochschule.

89 Glorifiziert wird die Rolle Grundtvigs z.B. von Begtrup: The History of the Danish Folk High-Schools, S. 79ff.

90 Vgl. Bukdahl: Søren Kierkegaard og den menige mand, S. 23.

91 Eine gründliche Einsicht in Werk und Person geben die beiden Bände Hagemann u.a.: Christen Kold. Pædagogik, und ders.: Christen Kold. Udvalgte Tekster.

92 Henningsen, J.: Kold, S. 101.

chisch, christlich-protestantisch und dann auch nordisch — artikuliert er einen
Bewußtseinsmodus, der als dänisch-skandinavisch bezeichnet werden kann. Die
Wurzeln dieses Modus des Bewußtseins, der den nordischen Kulturbereich geprägt hat, sind neben den politischen, sozialen und ökonomischen Bedingungen
der skandinavischen Geschichte eben auch in der Besonderheit der Philosophie
und Theologie aufzuspüren.

Wenn die Philosophen Skandinaviens, für die in dieser Arbeit Ludvig Holberg,
Søren Kierkegaard und N. F. S. Grundtvig repräsentativ ausgewählt wurden, für
den Erkenntnisprozeß auf Erfahrung und Induktion beharren, so geben sie damit einer dominanten Attitüde Ausdruck, die jenseits des intellektuellen Abstrak-
tionsvorganges auf die Einbeziehung der sozialen Realität nicht verzichtet. Die
Unterscheidung in Theorie und Praxis wird so nur zu einer erkenntnistheoreti-
schen, ihre faktische Einheit bleibt gewahrt. Diese aus der Skepsis vor der reinen
Theorie resultierende Geisteshaltung bindet die Ordnung des Bewußtseins an die
Ordnung der Realität. „Wirklichkeit", „Natur", „Kosmos", „Geschichte", „Gesellschaft", „Mensch" sind die Indizes, an denen die Ordnungsinterpretation differenziert und verifiziert wird. Mit der Betonung der *vita activa* hat wohl Grundtvig am deutlichsten gezeigt — seine Wirkgeschichte und seine Resonanz geben
ihm zusätzliche, politische Bedeutung —, daß ihr Individualismus, ihr Empirie-
und Evolutionsprinzip nicht zu bewußtlosem Pragmatismus führen müssen, da
sie sozial verpflichtet bleiben. In der „folkelighed" artikuliert sich die politische
Dimension ihres sozialverpflichteten Individualismus: „*aus* dem Volk *für* das Volk".

Literaturverzeichnis

I. Textausgaben

1. Ludvig Holberg

Holberg, Ludvig: Samlede Skrifter. Bd. 1–18 udg. af Carl S. Petersen. Kopenhagen 1913–1963 (LHS).
–: Værker i tolv bind udg. af F. J. Billeskow Jansen. Kopenhagen. 1969–71 (LHV).
–: Niels Klims Wallfahrt in die Unterwelt. Aus dem Lateinischen übersetzt durch Ernst Gottlob Wolf. Leipzig 1828.
–: Om Fanatisme. In: Boye, A. E.: Holbergiana. Smaa-Skrifter af og om Ludvig Friherre af Holberg. Kopenhagen 1832, Bd. 1, S. 122f.
–: Memoirer. Ved F. J. Billeskov Jansen. Kopenhagen ²1963.
–: Komedier. Kopenhagen 1963. (Gyldendals Bibliotek Bd. 2).
–: Epistler og moralske tanker. I udvalg ved Sigurd Højby. Kopenhagen ⁴1970.
–: Nicolai Klims unterirdische Reise ... Aus dem Büchervorrate Herrn B. Abelins, anfänglich Lateinisch herausgegeben, jetzo aber ins Deutsche übersetzt (1741). Leipzig 1971.

2. Søren Kierkegaard

Kierkegaard, Søren: Samlede Værker udg. af A. B. Drachmann, J. L. Heiberg, H. O. Lange. Bd. 1–15. Kopenhagen ²1920–36 (SV).
–: Papirer udg. af P. A. Heiberg, V. Kuhr, E. Torsting. Bd. 1–11, 3. Kopenhagen 1909–1948 (In dem von Niels Thulstrup besorgten, erweiterten Nachdruck. Kopenhagen 1968–1969) (Pap.).
–: Breve og aktstykker vedrørende Søren Kierkegaard udg. af Niels Thulstrup. Bd. 1–2. Kopenhagen 1953–54 (Breve).
–: Philosophiske smuler udg. med indledning og kommentar af Niels Thulstrup. Kopenhagen 1955.
–: Afsluttende uvidenskabelig efterskrift udg. med indledning og kommentar af Niels Thulstrup. Bd. 1–2. Kopenhagen 1962.
–: Den bevæbnede neutralitet. Med indledning og noter af Gregor Malantschuk. Kopenhagen 1965.

3. N. F. S. Grundtvig

Grundtvig, Nikolai Frederik Severin: Kort Begreb af Verdens Krønike i Sammenhæng. Kopenhagen 1812.
–: Danne-Virke et Tids-Skrift. Bd. 1–4. Kopenhagen 1816–19.
–: Danmarks Krønike. Af Saxo Grammaticus. Bd. 1–3. Kopenhagen 1818–22.
–: Nordens Mythologi eller Sindbilled-Sprog historisk-poetisk udviklet og oplyst. Kopenhagen ²1832.
–: Om Lögnens Fader. In: Den Nordiske Kirke-Tidende. Udg. Jacob Christian Lindberg 31/1834, Sp. 513–524.
–: Skolen for Livet og Academiet i Soer borgerlig betragtet. Kopenhagen 1838.

—: Hedenskab og Christendom i Danmark. In: Danskern 6/1851, S. 82—96.
—: Mands Minde 1788—1838. Foredrag over det sidste halve Aarhundredes Historie, holdte 1838. Udg. af Sven Grundtvig. Kopenhagen 1877.
—: Udvalgte Skrifter ved Holger Begtrup. Bd. 1—10. Kopenhagen 1904—09.
—: Haandbog i N. F. S. Grundtvig's Skrifter. Udv. ved Ernst J. Borup og Frederik Schrøder. Bd. 1—3. Kopenhagen 1929—31.
—: Værker i Udvalg. Udg. ved Georg Christensen, Hal Koch. Bd. 1—10. Kopenhagen 1940—1949.

II. Sekundärliteratur

Aall, Anathon: Filosofien i Norden. Til Oplysning om den nyere Tænknings og Videnskaps Historie i Sverige og Finland, Danmark og Norge. Kristiania 1919.
Abell, Kjeld: Melodien, der blev væk. Larsens komedie i 21 billeder. Kopenhagen (1935) [5]1967.
—: Anna Sophie Hedvig. Skuespil i tre akter. Kopenhagen (1938) [11]1970.
Adler-Vonessen, Hildegard: Angst in der Sicht von S. Kierkegaard, S. Freud und M. Heidegger. In: Psyche 25/1971, S. 692—715.
Adorno, Theodor W.: Kierkegaard. Konstruktion des Ästhetischen. Frankfurt/M. [3]1966.
Albeck, Gustav: Grundtvig og Norden. Kopenhagen 1942.
Altizer, Thomas J. J.: Mircea Eliade and the Dialectic of the Sacred. Philadelphia 1963.
Ammundsen, Valdemar: Søren Kierkegaards Ungdom. Hans Slægt og hans religiøse Udvikling. Kopenhagen 1912.
Andersen, Richard: Danmark i 30'erne. En historisk mosaik. Kopenhagen 1968.
Andersen, Vilhelm: Tider og Typer af Dansk Aands Historie. Bd. 1—4. Kopenhagen 1907—1916.
Andersson, Ingvar: Äldre demokratisk tradition i Norden och dess fortsatta utformning i Sverige. In: Koch, Hal, Alf Ross (Red.): Nordisk demokratie. Kopenhagen 1949, S. 5—39.
Andrén, Niels: Government and Politics in the Nordic Countries. Denmark, Finland, Iceland, Norway, Sweden. Stockholm 1964.
Anz, Wilhelm: Kierkegaard und der deutsche Idealismus. Tübingen 1956.
Arendt, Hannah: Über die Revolution. Frankfurt/M. 1968.
Aretin, Karl Otmar Freiherr von (Hrsg.): Der aufgeklärte Absolutismus. Köln 1974.
Aristoteles: Zweite Analytik. Hrsg.: Paul Gohlke. Paderborn 1953.
Augustinus, Aurelius: Vom Gottesstaat (De civitate Dei). Eingel. und übers. v. Wilhelm Thimme. Bd. 1—2. Zürich 1955.
Baagø, Kaj: Grundtvig og den engelske liberalisme. In: Grundtvig-studier 1955, S. 7—37.
Bang, A. Chr.: Hans Nielsen Hauge og hans Samtid. Et Tidsbillede fra omkring Aar 1800. Kristiania [3]1910.
Baruzzi, Arno (Hrsg.): Aufklärung und Materialismus im Frankreich des 18. Jahrhunderts. La Mettrie, Helvetius, Diderot, Sade. München 1968.
Baur, Ferdinand Christian: Die christliche Gnosis oder die Geschichte der christlichen Religionsphilosophie in ihrer geschichtlichen Entwicklung. Tübingen 1835.
Becker, Taage: Baron Holberg og lenet Holberg. Tanker om den første overhofmester for Ridder-Akademiet i Sorø og kredsen bag ham. Kopenhagen 1959.
Begtrup, Holger: The History of the Folk High-Schools. N. F. S. Grundtvig. Father of the Folk High-School. In: Ders. u.a.: The Folk High Schools of Denmark, S. 79—169.
—: Hans Lund, Peter Manniche: The Folk High Schools of Denmark and the Development of a Farming Society. London und Kopenhagen 1929.
Beier, Gerhard: Marx, Engels, Lassalle og den tysk-danske konflikt 1848 og 1864. In: Kürstein, Poul (Hrsg.): Vores egne vinduer. Flensburg 1967, S. 134—163.

Bejerholm, Lars: „Meddelelsens Dialektik". Studier i Søren Kierkegaards teorier om språk, kommunikation och pseudonymitet. Kopenhagen 1962.

Berger, Peter, Thomas Luckmann: Die gesellschaftliche Konstruktion der Wirklichkeit. Eine Theorie der Wissenssoziologie. Frankfurt/M. 1969.

Beyme, Klaus von: Die parlamentarischen Regierungssysteme in Europa. München ³1973.

Bing, Just: Holbergs Livsanskuelse og Personlighed. In: Dansk Tidsskrift 1905, S. 679—694.

Bjørn, Claus: Folkehøjskolen og andelsbevægelsen. In: Årbog for dansk skolehistorie 1971, S. 7—28.

Bobé, Louis (Hrsg.): Efterladte Papirer fra den reventlowske Familiekreds i Tidsrummet 1770—1827. Bd. 1. Kopenhagen 1895.

Bollnow, Otto Friedrich: Was ist Erfahrung? In: Vente, Rolf E. (Hrsg.): Erfahrung und Erfahrungswissenschaft. Stuttgart 1974, S. 19—29.

Brandes, Georg: Søren Kierkegaard. En kritisk fremstilling i grundrids. Kopenhagen (1877) 1967.

—: Ludvig Holberg. Et festskrift. Kopenhagen (1884) 1969.

Brandt, Frithiof: Den unge Søren Kierkegaard. En Række nye Bidrag. Kopenhagen 1929.

—: Sören Kierkegaard: Sein Leben — seine Werke. Kopenhagen 1963.

Branner, Jens: Nazismens ansigter. Artikelserie in: Politiken, 4. 11. 1975 ff.

Bredsdorff, Elias: Goldschmidt's „Corsaren". Med en udførlig redegørelse for striden mellem Søren Kierkegaard og „Corsaren". Kopenhagen 1962.

—: Introduktion. In: Grünbaum, Ole, Henrik Stangerup (Red.): Kulturkampen. En antologi af tidsskriftet Kulturkampen. Kopenhagen 1968, S. 9—24.

Brøchner, Hans: Erindringer om Søren Kierkegaard. Udg. af Steen Johansen. Kopenhagen 1953.

Brøndsted, Mogens: Danmarks litteratur fra oldtiden til 1870. Kopenhagen ⁵1971.

Bruun, Christian: Ludvig Holberg som Lærer i Historie. Kopenhagen 1872.

—: Et par Ord om „Baron" Ludvig Holberg. In: Dansk Tidsskrift 1905, S. 509—512.

Bugge, Knud Eyvin: Skolen for livet. Studier over N. F. S. Grundtvigs pædagogiske tanker. Kopenhagen 1965.

Bukdahl, Jørgen: Brændpunkterne. In: Studenterkredsen 35/1967, Nr. 1—2, S. 5—8.

—: Søren Kierkegaard og den menige mand. Kopenhagen ²1970.

Bull, Edvard: Sozialgeschichte der norwegischen Demokratie. Stuttgart 1969.

Bull, Francis: Ludvig Holberg som Historiker. Kristiania 1913.

—: Fra Holberg til Nordal Brun. Studier til norsk Aandshistorie. Kristiania 1916.

—: Ludvig Holberg og det 19. Aarhundredes Norge. In: Holberg Blandinger 2/1941, S. 7—21.

Bull, Jacob B.: Hans Nielsen Hauge. Kopenhagen 1919.

Camus, Albert: Der Mensch in der Revolte. Essays. Hamburg 1953.

Castaneda, Carlos: Die andere Realität. Die Lehren des Don Juan. Ein Yaki-Weg des Wissens. Frankfurt/M. 1972.

Christensen, Arild: Efterskriftens opgør med Martensen. In: Kierkegaardiana 4/1962, S. 45—62.

Christensen, Villads: Søren Kierkegaards motiver til kirkekampen. Kopenhagen 1959.

—: Søren Kierkegaard. Det centrale i hans livssyn. Kopenhagen 1963.

—: Peripatetikeren Søren Kierkegaard. Kopenhagen 1965.

Cole, J. Preston: The Problematic Self in Kierkegaard and Freud. New Haven und London 1971.

Connery, Donald S.: The Scandinavians. New York 1966.

Croner, Fritz: Ein Leben in unserer Zeit. Autobiographie. Frankfurt/M. 1968.

Croxall, T. H.: Facets of Kierkegaards Christology. In: Theology Today 8/1951—52, S. 327—339.

Dänemark. Ein offizielles Handbuch. Hrsg.: Kgl. Dänisches Ministerium des Äußeren. Kopenhagen 1971.

Dagermann, Stig: Tysk höst. Stockholm 1947.

Dahrendorf, Ralf: Gesellschaft und Demokratie in Deutschland. München 1965.

Dancke, Per: Holbergs Komedier og Boktrykkeren Phønixberg. Oslo 1943 (Smaaskrifter for Bokvenner Bd. 28).

Danstrup, John, Hal Koch (Red.): Danmarks Historie. Bd. 1–14. Kopenhagen 1963–66.

Dempf, Alois: Kierkegaards Folgen. Leipzig 1935.

Den danske rigslovgivning indtil 1400 udg. af Det Danske Sprog- og Litteraturselskab ved Erik Kroman. Kopenhagen 1971.

Denzer, Horst: Moralphilosophie und Naturrecht bei Samuel Pufendorf. Eine geistes- und wissenschaftsgeschichtliche Untersuchung zur Geburt des Naturrechts aus der Praktischen Philosophie. München 1972.

Deuser, Hermann: Versuch einer „politischen Hermeneutik" der Theologie Sören Kierkegaards. In: Evangelische Theologie 30/1970, S. 557–567.

–: Sören Kierkegaard. Die paradoxe Dialektik des politischen Christen. Voraussetzungen bei Hegel. Die Reden von 1847/48 im Verhältnis von Politik und Ästhetik. München 1974.

Dich, Jørgen S.: Den herskende klasse. En kritisk analyse af social udbytning og midlerne imod den. Kopenhagen ³1973.

Diderot, Denis: Enzyklopädie. Philosophische und politische Texte aus der „Encyclopédie". München 1969.

Diem, Hermann: Sören Kierkegaard. Spion im Dienste Gottes. Frankfurt/M. 1957.

Doister, Ralf Roister (Pseud.): Kedsommeligheden – en politisk magt. In: Grünbaum, Ole, Henrik Stangerup (Red.): Kulturkampen. En antologi af tidsskriftet Kulturkampen. Kopenhagen 1968, S. 93–98.

Eisenstadt, Shmuel Noah: Die protestantische Ethik und der Geist des Kapitalismus. Eine analytische und vergleichende Darstellung. Opladen 1971.

Ekman, Ernst: Das dänische Königsgesetz von 1665. In: Hubatsch, Walther (Hrsg.): Absolutismus. Darmstadt 1973, S. 223–237.

Elling, Christian: Koncertmester Iversens Portræt. In: Holberg Blandinger 1/1939, S. 36–40.

Fahrenbach, Helmut: Die gegenwärtige Kierkegaard-Auslegung in der deutschsprachigen Literatur von 1948–1962. In: Philosophische Rundschau. Beiheft 3, 1962.

–: Kierkegaards existenzdialektische Ethik. Frankfurt/M. 1968.

Fichte, Johann Gottlieb: Ausgewählte Werke. Bd. 1–6. Hrsg.: Fritz Medicus. Darmstadt 1962.

Foss, Kåre: Ludvig Holbergs naturrett på idéhistorisk bakgrunn. Oslo 1934.

Friis, Aage (Hrsg.): Bernstorffsche Papiere. Ausgewählte Briefe und Aufzeichnungen die Familie Bernstorff betreffend aus der Zeit 1732 bis 1835. Bd. 1–3. Kopenhagen und Kristiania 1904–13.

Gebhardt, Jürgen: Politik und Eschatologie. Studien zur Geschichte der Hegelschen Schule in den Jahren 1830–1840. München 1963.

–: (Hrsg.): Die Revolution des Geistes. Politisches Denken in Deutschland 1770–1830. Goethe, Kant, Fichte, Hegel, Humboldt. München 1968.

Gerdes, Hayo: Das Christusbild Sören Kierkegaards. Verglichen mit der Christologie Hegels und Schleiermachers. Düsseldorf und Köln 1960.

–: Das Christusverständnis des jungen Kierkegaard. Ein Beitrag zur Erläuterung des Paradox-Gedankens. Itzehoe 1962.

–: Sören Kierkegaard. Leben und Werk. Berlin 1966.

Gottsched, Johann Christoph: Die deutsche Schaubühne nach den Regeln und Exempeln der Alten. Bd. 1–6. Leipzig 1742–45.

Gravlund, Thorkild: Dansk Folkekarakter. Kopenhagen 1920.

Grell, Helge: Det folkelige: protest mod ideen – respekt for virkeligheden. In: Thorgaard, Jørgen (Hrsg.): Halvfjersernes folkelighed. En antologi om den folkelige traditions muligheder i nutidens Danmark. Kopenhagen 1974, S. 35–46.

Grieg, Nordahl: Ung må Verden ennu være. Oslo 1938.

Grünbaum, Ole, Henrik Stangerup (Red.): Kulturkampen. En antologi af tidsskriftet Kulturkampen. Kopenhagen 1968.

Haecker, Theodor: Sören Kierkegaard und die Philosophie der Innerlichkeit. München 1913.
—: Der Buckel Kierkegaards. Zürich 1947.
Hagemann, Johannes, Carl Aage Larsen, B. B. Lillelund, Harald Sørensen: Christen Kold 1. Pædagogik. Kopenhagen 1967.
Hagemann, Johannes, Harald Sørensen (Hrsg.): Christen Kold 2. Udvalgte tekster. Kopenhagen 1967.
Hansen, Svend Aage: Early Industrialisation in Denmark. Kopenhagen 1970.
Harbsmeier, Götz: Wer ist der Mensch? Grundtvigs Beitrag zur humanen Existenz. Alternativen zu Kierkegaard. Göttingen 1972 (Kontroverse um Kierkegaard und Grundtvig Bd. 3).
Harcourt, Hugh R.: The Significance of Socrates for the Thought of Kierkegaard. Diss. Edinburgh 1958.
Hazard, Paul: Die Krise des europäischen Geistes. Hamburg 1939.
Hegel, Georg Wilhelm Friedrich: Werke in zwanzig Bänden. Red.: Eva Moldenhauer, Karl Markus Michel. Frankfurt/M. 1969—71.
Heiberg, Johan Ludvig: Prosaiske Skrifter. Bd. 1—11. Kopenhagen 1861—62.
Heiberg, P. A.: En Episode i Søren Kierkegaards Ungdomsliv. Kopenhagen 1912.
Held, Matthew: The Historical Kierkegaard: Faith or Gnosis. In: The Journal of Religion 37/1957, S. 260—266.
Helweg, Hjalmar: Søren Kierkegaard. En psykiatrisk-psykologisk Studie. Kopenhagen 1933.
Hendin, Herbert: Suicide and Scandinavia. A Psychoanalytic Study of Culture and Character. New York und London 1964.
Henningsen, Bernd: Poul Martin Møller oder die dänische Erziehung des Søren Kierkegaard. Eine kritische Monographie. Frankfurt/M. 1973.
—: Skandinavischer Sozialismus. In: Merkur 29/1975, S. 649—666.
—: Frederik Dreier. Die dänische Variante des Frühsozialismus. In: Scandinavica 14/1975, S. 127—134.
—: Das Problem der skandinavischen Ideologie-Immunität. In: Andersen, D. u.a.: Arbeiterbewegung in Nord- und Mitteleuropa zwischen nationaler Orientierung und Internationalismus. Sankelmark 1976 (Schriftenreihe der Akademie Sankelmark Bd. 30/31), S. 11—22.
Henningsen, Jürgen: Kold. Szenen und Fragen. In: Pädagogik und Schule in Ost und West 18/1970, S. 99—101.
Henningsen, Manfred: Die englische Vorgeschichte des Westens. In: Ders. (Hrsg.): Vom Nationalstaat zum Empire. Englisches politisches Denken im 18. und 19. Jahrhundert. München 1970, S. 7—24.
—: Die Wirklichkeit des Common Sense. In: Politische Studien 26/1975, S. 385—402.
Henriksen, Aage: Methods and Results of Kierkegaard Studies in Scandinavia. A Historical and Critical Survey. Kopenhagen 1951.
Heraklit: Fragmente. In: Diels, Hermann (Hrsg.): Die Fragmente der Vorsokratiker. Hamburg 1957 (Rowohlts Klassiker), S. 21—31.
Hermann, Armin: Erfahrungswissenschaft als Einklang von Empirie und Theorie. Die Begründung der neuzeitlichen Naturwissenschaft durch Kepler und Galilei. In: Vente, Rolf E. (Hrsg.): Erfahrung und Erfahrungswissenschaft. Stuttgart 1974, S. 9—18.
Hertel, Hans: 30'erne som periode. In: Ders. (Hrsg.): Tilbageblik på 30'erne. Litteratur, teater, kulturdebat 1930—39. Bd. 1—2. Kopenhagen 1967, Bd. 1, S. 7—29.
Hesse, Hermann: Neue Kierkegaard-Ausgabe. In: Vivos Voco 1/1920, S.658f.
Høffding, Harald: Etik. En Fremstilling af de etiske Principer og deres Anvendelse paa de vigtigste Livsforhold. Kopenhagen und Kristiania 1913.
—: Holberg som populær Filosof. In: Gads Magazin 1924, S. 12—19.
—: Den store humor. En psykologisk studie. Kopenhagen (1916) 1967.
Høirup, Henning: Fra døden til livet. Grundtvigs tanker om liv og død. Kopenhagen 1954.
Højby, Sigurd: Indledning. In: Ludvig Holberg Epistler og moralske tanker. Kopenhagen 41970, S. 7—18.
Hørup, Viggo: Retning til venstre. Artikler og taler. Udvalg, indledning og kommentarer ved Ebbe Reich. Kopenhagen 1968.

Hofe, Gerhard vom: Die Romantikkritik Sören Kierkegaards. Frankfurt/M. 1972.

Hohlenberg, Johannes: Søren Kierkegaard. Kopenhagen (1940) 1963.

—: Den ensommes vej. En fremstilling af Søren Kierkegaards værk. Kopenhagen 1968.

Holborn, Hajo: Der deutsche Idealismus in sozialgeschichtlicher Beleuchtung. In: Historische Zeitschrift 174/1952, S. 359—384.

Holm, Edvard: Holbergs statsretlige og politiske Synsmaade. In: Festskrifter i Anledning af Universitetets Firehundredaarsfest. Kopenhagen 1879.

Holm, Søren: Mythe og kult i Grundtvigs salmedigtning. Kopenhagen 1955.

—: Grundtvig und Kierkegaard. Parallelen und Kontraste. Kopenhagen und Tübingen 1956.

—: Søren Kierkegaards historiefilosofi. Kopenhagen 1972.

—: Romantiken. Kopenhagen 1972.

Hommes, Jakob: Der Existentialismus — Ein neuer Glaube. In: Philosophisches Jahrbuch 61/1951, S. 314—341.

Hovde, B. J.: The Scandinavian Countries, 1720—1865. The Rise of the Middle Classes. Bd. 1—2. Ithaca/New York 1948.

Hvem er Larsen? In: Grünbaum, Ole, Henrik Stangerup (Red.): Kulturkampen. En antologi af tidsskriftet Kulturkampen. Kopenhagen 1968, S. 212—215.

Imhof, Arthur Erwin: Grundzüge der nordischen Geschichte. Darmstadt 1970.

Jansen, F. J. Billeskov: Den anonyme Oversættelse (1745) af Holbergs tre Levnedsbreve. In: Orbis Litterarum 1/1943, S. 161—178.

—: Studier i Peder Paars' Tilblivelseshistorie. In: Orbis Litterarum 3/1945, S. 227—260.

—: Holberg ved Arbejdsbordet. En Introduktion til de Danske Epistler. In: Holberg Blandinger 3/1946, S. 7—41.

—: Ludvig Holberg and some French Thinkers. In: Bayerschmidt, Carl F., Erik F. Friis (Hrsg.): Scandinavian Studies. Seattle 1965, S. 153—169.

—: 1700-Tallet. In: Traustedt, P. H. (Red.): Dansk litteratur historie. Bd. 1—4. Kopenhagen ³1971. Bd. 1, S. 237—619.

—: Le climat philosophique du Danemark au temps de Kierkegaard. In: Danish Yearbook of Philosophy 8/1971, S. 16—36.

Jaspers, Karl: Psychologie der Weltanschauungen. Berlin, Göttingen, Heidelberg ⁴1954.

Jensen, Christian: Søren Kierkegaards religiøse Udvikling. Aarhus 1898.

Jensen, Einar: Die Entwicklung der Landwirtschaft. In: Knudsen, P. H. (Red.): Die Landwirtschaft in Dänemark. Kopenhagen 1966, S. 237—257.

Jensen, Johan Fjord: Homo manipulatus. Essays omkring radikalismen. Kopenhagen ²1967.

—: Turgenjev i dansk åndsliv. Studier i dansk romankunst 1870—1900. Kopenhagen ²1969.

Jørgensen, Carl: The Ethics of Søren Kierkegaard. In: Atti del XII Congresso Internazionale di Filosofia. Florenz 1961, S. 243—250.

Jørgensen, Jørgen: Hvad vil „Frisindet Kulturkamp"? In: Grünbaum, Ole, Henrik Stangerup (Red.): Kulturkampen. En antologi af tidsskriftet Kulturkampen. Kopenhagen 1968, S. 25—30.

Johansen, Steen: Bibliografi over N. F. S. Grundtvig's skrifter. Bd. 1—4. Kopenhagen 1948—1954.

Johansen, Udo: Kierkegaard und Hegel. In: Zeitschrift für Philosophische Forschung 8/1953, S. 20—53.

Jonassen, Christen T.: The Protestant Ethic and the Spirit of Capitalism in Norway. In: American Sociological Review 12/1947, S. 676—686.

Jyske Lov Text 1: Nks 295 8°. In: Peter Skautrup (Hrsg.): Danmarks Gamle Landskabslove med Kirkelove Bd. 2. Kopenhagen 1933.

Kabell, Aage: Kierkegaardstudiet i Norden. Kopenhagen 1948.

Kant, Immanuel: Werke in zehn Bänden. Hrsg.: Wilhelm Weischedel. Darmstadt 1968—70.

Kierkegaard, Olaf: Om Søren Kierkegaard og hans slægt. In: Kierkegaardiana 1/1955, S. 65—83.

Koch, Hal: N. F. S. Grundtvig. Kopenhagen 1959.

—: Hvad er demokrati? Kopenhagen ³1970.

Kragh, Thyge V.: Er jysk ironi en nøgle til Søren Kierkegaards forfatterskab? In: Kierkegaardiana 9/1974, S. 7–22.

Krarup, Søren: Den hellige hensigt. Til belysning af indoktrineringen i Danmark. Kopenhagen ²1969.

–: Skolens opgave. In: Ders.: Den hellige hensigt, S. 25–34.

Krings, Hermann: Ursprung und Ziel der Philosophie der Existenz. In: Philosophisches Jahrbuch 61/1951, S. 433–445.

Kristensen, Sven Møller: Efterskrift. In: Ludvig Holberg: Komedier. Kopenhagen 1963, S. 361–370 (Gyldendals Bibliotek Bd. 2).

–: En moderne humanisme. In: Andersen, Leo (Hrsg.): En moderne humanisme. Kopenhagen 1965, S. 121–129.

–: Danmarks litteratur. Bd. 2. Kopenhagen ⁵1970.

–: Digteren og samfundet i Danmark i det 19. århundrede. Bd. 1: Guldaldertiden. Kopenhagen ²1970.

Künzli, Arnold: Die Angst als abendländische Krankheit. Dargestellt am Leben und Denken Soeren Kierkegaards. Zürich 1948.

Kuhn, Helmut: Was heißt Erfahrung? In: Ergänzungshefte zur Vierteljahresschrift für Wissenschaftliche Pädagogik. N.F. 5/1966, S. 5–25.

Labrousse, Elisabeth: Bayle und Jurieu. In: Schabert, Tilo (Hrsg.): Aufbruch zur Moderne. Politisches Denken im Frankreich des 17. Jahrhunderts. Pascal, La Rochefoucauld, Fénelon. Bayle und Jurie, München 1974, S. 114–151.

Laing, Ronald D.: Phänomenologie der Erfahrung. Frankfurt/M. ²1969.

–: Interview. Torkel Rasmusson, Leif Zern: Schizofrenin och samhället; en intervju med R. D. Laing. In: Clausen, Claus (Hrsg.): Hvem er det, der er gale. Psykiatri og anti-psykiatri. Debatten omkring R. D. Laing (Kopenhagen) 1970, S. 69–86.

Larsen, Ejvind: Grundtvig – og noget om Marx. Kopenhagen und Århus 1974.

Lenk, Kurt (Hrsg.): Ideologie. Ideologiekritik und Wissenssoziologie. Neuwied und Berlin ⁵1971.

Lepenies, Wolf: Melancholie und Gesellschaft. Frankfurt/M. 1969.

Lexikon für Theologie und Kirche. Hrsg.: Josef Höfer, Karl Rahner. Bd. 1–10. Heidelberg 1957–65.

Linderberg, Fernando: Socialismen og Præsteskabet. Sorø 1911.

Lindhagen, Jan: Geschichte der Sozialdemokratischen Arbeiterpartei Schwedens. In: Die Neue Gesellschaft 1/1974, S. 6–12.

Lindhardt, P. G.: Subjektiviteten er sandheden – en kierkegaards maxime i dansk teologi. In: Kierkegaardiana 5/1964, S. 33–51.

–: Stat og kirke. Kopenhagen ²1967.

Løgstrup, Knud Ejler, Götz Harbsmeier (Hrsg.): Das Menschliche und das Christliche. Beiträge zur Einführung in die Diskussion um Kierkegaard und Grundtvig. München 1966 (Kontroverse um Kierkegaard und Grundtvig Bd. 1).

Løgstrup, Knud Ejler: Opgør med Kierkegaard. Kopenhagen 1968 (deutsch: Auseinandersetzung mit Kierkegaard. München 1968).

Longum, Leif: Tidsbilder. Mellomkrigstiden i norsk digtning og debatt. Oslo 1968.

Lukács, Georg: Kierkegaard. In: Deutsche Zeitschrift für Philosophie 1/1953, S. 286–314.

Malantschuk, Gregor: Søren Kierkegaards teori om springet og hans virkelighedsbegreb. In: Kierkegaardiana 1/1955, S. 7–15.

–: Dialektik og eksistens hos Søren Kierkegaard. Kopenhagen 1968.

Manniche, Peter u.a.: Rural Development and the Changing Countries of the World. A Study of Danish Rural Conditions and the Folk High School with its Relevance to the Developing Countries. Oxford 1969.

Martensen, Hans Lassen: Af mit Levnet. Bd. 1–3. Kopenhagen 1882–83.

Marx, Karl, Friedrich Engels: Marx-Engels-Werke (MEW). Bd. 5. Berlin 1959.

Maurer, Reinhart: Das Subjekt der Erfahrungswissenschaft. In: Vente, Rolf E. (Hrsg.): Erfahrung und Erfahrungswissenschaft. Stuttgart 1974, S. 50–71.

Michelsen, William: Tilblivelsen af Grundtvigs historiesyn. Ide-historiske studier over Grundtvigs Verdenskröniker og deres litterære forudsætninger. Kopenhagen 1954.

Møller, Poul Martin: Efterladte Skrifter. Bd. 1–6 (in 3 Bdn.). Kopenhagen ²1848–50.

Monrad, O. P.: Sören Kierkegaard. Sein Leben und seine Werke. Jena 1909.

Montesquieu, Charles-Louis de Secondat: De l'Esprit des lois. Bd. 1–2. Paris 1961.

Moore, George E.: Eine Verteidigung des Common Sense. Fünf Aufsätze aus den Jahren 1903–1941. Frankfurt/M. 1969.

Moulakis, Athanasios: Homonoia. Eintracht und Entwicklung eines politischen Bewußtseins. München 1973.

Müller, Th. A.: Ærefuld Karakteristik af Holberg fra hans Fæstebønder, samt nogle Smaating om Holberg som Godsejer. In: Festskrift til Niels Møller. Kopenhagen 1938, S. 29–43.

–: Noget om Holbergs Berømmelse i 1740erne. In: Holberg Blandinger 3/1946, S. 42–61.

Mustard, Helen M.: Sören Kierkegaard in German Literary Periodicals, 1860–1930. In: The Germanic Review 26/1951, S. 83–101.

Nellemann, Aksel: Schulen und Unterricht in Dänemark. Kopenhagen 1963.

Nielsen, Axel: Dänische Wirtschaftsgeschichte. Jena 1933.

Nielsen, Calmar: Der einzelne und die Gesellschaft in der dänischen Gegenwartsliteratur. Sankelmark 1973 (Schriftenreihe der Akademie Sankelmark Bd. 25).

Nielsen, Harald: Svensk og Dansk. Kopenhagen 1912.

Nielsen, Ole Nørskov: Andagtslitteraturen og de gudelige vækkelser på Fyn 1820–40. Odense 1973.

Nielsen, Rasmus: Om Holbergs Kirkehistorie og Theologie. Et Bidrag fra Fortiden til at belyse Nutiden. Kopenhagen 1867.

Nielsen, Svend Aage: Kierkegaard og Regensen. Kopenhagen 1965.

Nordentoft, Kresten: Kierkegaards psykologi. Kopenhagen 1972.

–: „Hvad siger Brand-Majoren?" Kierkegaards opgør med sin samtid. Kopenhagen 1973.

Olsen, Albert: Larsen: Verdens Herre. In: Grünbaum, Ole, Henrik Stangerup (Red.): Kulturkampen. En antologi af tidsskriftet Kulturkampen. Kopenhagen 1968, S. 215–216.

Olson, Raymond E., Anthony M. Paul (Hrsg.): Contemporary Philosophy in Scandinavia. Baltimore und London 1972.

Opitz, Peter J.: Thomas Hobbes. In: Voegelin, Eric (Hrsg.): Zwischen Revolution und Restauration. Politisches Denken in England im 17. Jahrhundert. München 1968, S. 47–81.

–: John Locke. In: Ebenda, S. 127–145.

Ordbok öfver Svenska Språket utgifven af Svenska Akademien. Bd. 1–26ff. Lund 1898–1973ff.

Ostenfeld, Ib: Om Angst-Begrebet i Søren Kierkegaard: Begrebet Angst. En psykologisk Detail-Studie. Kopenhagen 1933.

Palme, Olof: Politik är att vilja. Stockholm 1969.

Paludan, Julius: Om Holbergs Niels Klim, med særligt Hensyn til tidligere Satirer i Form af opdigtede og vidunderlige Reiser. Kopenhagen 1878.

Pascal, Blaise: Pensées. In: Ders.: Œuvres complètes. Paris 1954, S. 1079–1345.

Petersen, Ole Hyltoft: Den kollektive roman. In: Hertel, Hans (Hrsg.): Tilbageblik på 30'erne. Litteratur, teater, kulturdebat 1930–39. Bd. 1–2. Kopenhagen 1967, Bd. 2, S. 7–28.

Pieper, Annemarie: Geschichte und Ewigkeit bei Sören Kierkegaard. Das Leitproblem der pseudonymen Schriften. Meisenheim am Glan 1968.

–: Die Bedeutung des Begriffs „Existenzkategorie" im Denken Kierkegaards. In: Zeitschrift für Philosophische Forschung 25/1971, S. 187–201.

Pivčević, Edo: Ironie als Daseinsform bei Sören Kierkegaard. Gütersloh 1960.

Plamenatz, John: Ideologie. München 1972.

Platon: Sämtliche Werke. Bd. 1–6. Hrsg.: Walter F. Otto, Ernesto Grassi, Gert Plamböck. Hamburg ¹¹1969 (Rowohlts Klassiker).

Plougmann, Vera: Søren Kierkegaards kristendomsforståelse. Kopenhagen 1975.

Pontoppidan, Henrik: Det forjættede land. Kopenhagen ⁸1947.

Poulsen, Bjørn: Ideernes krise i åndsliv og politik. Kopenhagen ⁴1965.

Radermacher, Hans: Kierkegaards Hegelverständnis. Diss. Köln 1958.

Rehm, Walter: Kierkegaard und der Verführer. München 1949.

Reich, Ebbe Kløvedal: Frederik. En folkebog om N. F. S. Grundtvigs tid og liv. Kopenhagen 1972.

–: Marx, troen og kultureliten. In: Politiken 18. 3. 1974.

Reid, Thomas: Essays on the Intellectual Powers of Man (1785). Cambridge/Mass. 1969.

Rest, Walter: Kierkegaard und Marx. Eine Studie. In: Situation und Entscheidung. Zeitbuch für Politik und Kultur. Erste Folge. Warendorf/Westf. 1947, S. 10–55.

Rilke, Rainer Maria: Briefe aus den Jahren 1902–1921. Bd. 1–4. Hrsg.: Ruth Sieber-Rilke und Carl Sieber. Leipzig 1929–37.

Rohde, Peter P.: Sören Kierkegaard in Selbstzeugnissen und Bilddokumenten. Reinbek ⁶1967.

Roos, Carl: Det 18. Aarhundredes tyske Oversættelser af Holbergs Komedier. Deres Oprindelse, Karakter og Skæbne. Kopenhagen 1922.

Rosenberg, P. A.: Søren Kierkegaard. Hans Liv, hans Personlighed og hans Forfatterskab. En Vejledning til Studiet af hans Værker. Kopenhagen 1898.

Rosenthal, B.: Der Geniebegriff des Aufklärungszeitalters. Lessing und die Popularphilosophen. Berlin 1933.

Rubin, Marcus: Frederik VI's Tid. Økonomiske og historiske Studier. Kopenhagen 1895.

Rubow, Paul V.: Litterære Studier. Kopenhagen 1928.

Salomonsson, Per (Red.): Den politiske magtkamp 1866–1901. Kopenhagen 1968.

Sandler, Rickard: Samhället sådant det är. Stockholm 1911.

Sattler, Martin J. (Hrsg.): Staat und Recht. Die deutsche Staatslehre im 19. und 20. Jahrhundert. München 1972.

Schabert, Tilo: Diderot. In: Baruzzi, Arno (Hrsg.): Aufklärung und Materialismus im Frankreich des 18. Jahrhunderts. La Mettrie, Helvétius, Diderot, Sade. München 1968, S. 99–131.

–: Natur und Revolution. Untersuchungen zum politischen Denken im Frankreich des achtzehnten Jahrhunderts. München 1969.

–: La Rochefoucauld. In: Ders. (Hrsg.): Aufbruch zur Moderne. Politisches Denken im Frankreich des 17. Jahrhunderts. Pascal, La Rochefoucauld, Fénelon, Bayle und Jurieu. München 1974, S. 53–81.

Schäfer, Klaus: Hermeneutische Ontologie in den Climacus-Schriften bei Sören Kierkegaard. München 1968.

Scharling, C. I.: Grundtvig og Romantiken. Belyst ved Grundtvigs Forhold til Schelling. Kopenhagen 1947.

Scherfig, Hans: Holberg og andre forfattere. Kopenhagen 1973.

Schestow, Leo: Kierkegaard und die Existenzphilosophie. Die Stimme eines Rufenden in der Wüste. Graz 1949.

Schmid, Heini: Kritik der Existenz. Analysen zum Existenzdenken Sören Kierkegaards. Zürich 1966.

Schmölz, Franziscus M.: Das Naturgesetz und seine dynamische Kraft. Freiburg/Schweiz 1959.

Schopenhauer, Arthur: Sämtliche Werke. Bd. 1–16. Hrsg.: Paul Deussen. München 1911–42.

Schütz, Alfred: Der sinnhafte Aufbau der sozialen Welt. Wien 1960.

Schulz, Walter: Sören Kierkegaard. Existenz und System. Pfullingen 1967 (Opuscula).

Schwaiger, Georg: Die Reformation in den nordischen Ländern. München 1962.

Schweppenhäuser, Hermann: Kierkegaards Angriff auf die Spekulation. Eine Verteidigung. Frankfurt/M. 1967.

See, Klaus von: Das Jütsche Recht. Weimar 1960.

Shaftesbury, Graf von: Philosophische Werke. Bd. 1–3. Leipzig 1776–79.

Skrubbeltrang, Fridlev: Die Volkshochschule. Kopenhagen 1951.

Sløk, Johannes: Die Anthropologie Kierkegaards. Kopenhagen 1954.

–: Søren Kierkegaard. Kopenhagen 1966.

Søe, N. H.: Subjektiviteten er sandheden. In: Kierkegaardiana 5/1964, S. 23–32.

Søe, Poul Erik: Det nyfolkelige. In: Thorgaard, Jørgen (Hrsg.): Halvfjersernes folkelighed. En antologi om den folkelige traditions muligheder i nutidens Danmark. Kopenhagen 1974, S. 67–75.

Sørensen, Villy: Søren Kierkegaard og det eksistentielle. In: Ders.: Mellem fortid og fremtid. Kopenhagen 1969, S. 104–109.

–: Digtere og dæmoner. Fortolkninger og vurderinger. Kopenhagen ²1973.

Solem, Erik: Holberg som Jurist. Oslo 1947.

Stark, Werner: Søren Kierkegaard. In: Ders.: Social Theory and Christian Thought. A Study of some Points of Contact. Collected Essays around a Common Theme. London 1958, S. 77–105.

Starobinski, Jean: Die Erfindung der Freiheit 1700–1789. Genf 1964.

Statistisk Årbog 1970. Hrsg.: Danmarks statistik. Kopenhagen 1970.

Stavnstrup, P.: Dansk Sind. Kopenhagen 1940.

Steenstrup, Johannes: Den danske Bonde og Friheden. Kopenhagen 1888.

–: Den danske Kvindes Historie fra Holbergs Tid til vor. 1701–1917. Bd. 1–2. Kopenhagen 1917.

Stenzel, Kurt: Pascals Theorie des Divertissement. Diss. München 1965.

Stræde, Johs.: Et folkeligt alternativ? In: Thorgaard, Jørgen (Hrsg.): Halvfjersernes folkelighed. En antologi om den folkelige traditions muligheder i nutidens Danmark. Kopenhagen 1974, S. 77–89.

Strohschneider-Kohrs, Ingrid: Die romantische Ironie in Theorie und Gestaltung. Tübingen 1960.

Stybe, Svend Erik: Trends in Danish Philosophy. In: Journal of the British Society for Phenomenology 4/1973, S. 153–170.

Talmon, J. L.: Die Ursprünge der totalitären Demokratie. Köln und Opladen 1961.

Thaning, Kaj: For menneskelivets skyld. Grundtvigs opgør med sig selv. Kopenhagen 1971.

Theunissen, Michael: Der Begriff Ernst bei Søren Kierkegaard. Freiburg und München 1958 (Symposion 1).

Thompson, Josiah: The Lonely Labyrinth. Kierkegaard's Pseudonymous Works. Carbondal, Edwardsvill/London und Amsterdam 1967.

–: Kierkegaard. New York 1973.

Thorgaard, Jørgen: Dansk folkelighed i 70'erne. In: Ders. (Hrsg.): Halvfjersernes folkeliged. En antologi om den folkelige traditions muligheder i nutidens Danmark. Kopenhagen 1974, S. 9–12.

Thulstrup, Marie Mikulová: Kierkegaard og pietismen. Kopenhagen 1967.

Thulstrup, Niels: Beretning om kongres for Kierkegaard-forskning. In: Kierkegaardiana 2/ 1957, S. 86f.

–: Kierkegaards forhold til Hegel og den spekulative idealisme indtil 1846. Kopenhagen 1967 (deutsch: Kierkegaards Verhältnis zu Hegel und zum spekulativen Idealismus 1835– 1846. Historisch-analytische Untersuchung. Stuttgart 1972).

–: Kierkegaards Verhältnis zu Hegel. Forschungsgeschichte. Stuttgart 1969.

Thust, Martin: Das Marionettentheater Sören Kierkegaards. In: Zeitwende 1/1925, S. 18–38.

–: Sören Kierkegaard. Der Dichter des Religiösen. Grundlagen eines Systems der Subjektivität. München 1931.

Thyssen, A. Pontoppidan: Erweckungsbewegung und Kirche in nordischer Perspektive. In: Løgstrup, Knud Ejler, Ernst Wolf (Hrsg.): Dem Menschen zugute. Christliche Existenz und humane Erfahrung (Festschrift für Götz Harbsmeier). München 1970, S. 115–133.

–: De religiøse bevægelsers samfundskritik og den demokratiske udvikling. In: Clausen, H. P., Poul Meyer, A. Pontoppidan Thyssen: Kulturelle, politiske og religiøse bevægelser i det 19. århundrede. Århus 1973, S. 26–38.

Toftdahl, Hellmut: Kierkegaard først – og Grundtvig så. Sammenligning og vurdering. Kopenhagen 1969.

Togeby, Lise: Var de så røde? Tekster og dokumenter til belysning af socialdemokratiets gennembrudsår. (Kopenhagen) 1968.

–: Revisionismens betydning for socialdemokratiets idéudvikling fra 1890erne til 1930erne. Århus 1974 (Ms.).

Troels-Lund, Troels: Bakkehus og Solbjerg. Træk af et nyt Livssyns Udvikling i Norden. Bd.
    1–3. Kopenhagen 1920–22.
Vente, Rolf E. (Hrsg.): Erfahrung und Erfahrungswissenschaft. Die Frage des Zusammenhangs
    wissenschaftlicher und gesellschaftlicher Entwicklung. Stuttgart 1974.
Voegelin, Eric: Order and History. Bd. 1–4. Baton Rouge 1957–74.
–: Wissenschaft, Politik und Gnosis. München 1959.
–: Die neue Wissenschaft der Politik. Eine Einführung. München [2]1965.
–: Anamnesis. Zur Theorie der Geschichte und Politik. München 1966.
–: On Hegel – A Study in Sorcery. In: Studium Generale 24/1971, S. 335–368.
Voltaire, François-Marie: Le siècle de Louis XIV. In: Œuvres Historiques. Paris 1957, S.
    603–1280.
Vondung, Klaus: Magie und Manipulation. Ideologischer Kult und politische Religion des Na-
    tionalsozialismus. Göttingen 1971.
–: Völkisch-nationale und nationalsozialistische Literaturtheorie. München 1973.
Weber, Max: Die protestantische Ethik. Bd. 1–2. Hrsg.: Johannes Winckelmann. Hamburg
    [3]1973.
Weber-Schäfer, Peter: Oikumene und Imperium. Studien zur Ziviltheologie des chinesischen
    Kaiserreichs. München 1968.
Weigert, Edith: Sören Kierkegaards Gemütsschwankungen. In: Mitscherlich, Alexander (Hrsg.):
    Psycho-Pathographien 1. Schriftsteller und Psychoanalyse. Frankfurt/M. 1972, S. 214–
    226.
Weisser, Gerhard: Die politische Bedeutung der Wissenschaftslehre. Göttingen 1970.
Weltzer, Carl: Peter og Søren Kierkegaard. Kopenhagen 1936.
–: Grundtvig og Søren Kierkegaard. Kopenhagen 1952.
Wennås, Olof: Bertil Ohlin, socialdemokratin och socialliberalismen. In: Tiden 8/1970, S.
    498–505.
Wivel, Ole: Die Niederlage der dänischen Volkshochschule. In: Løgstrup, Knud Ejler, Ernst
    Wolf (Hrsg.): Dem Menschen zugute. Christliche Existenz und humane Erfahrung (Fest-
    schrift für Götz Harbsmeier). München 1970, S. 92–101.
Zilsel, Edgar: Die Entstehung des Geniebegriffes. Ein Beitrag zur Ideengeschichte der Antike
    und des Frühkapitalismus. Tübingen 1926.
Zuurdeeg, Willem F.: Some Aspects of Kierkegaard's Language Philosophy. In: Atti del XII
    Congresso Internazionale di Filosofia. Florenz 1961, S. 493–499.

Sachregister

Aberglaube 36, 71, 81
Absolute 120f., 138, 148f., 152, 158
Absolutismus 19, 25, 28f., 31ff., 63ff., 68, 70f., 73, 88, 113f., 173
−, aufgeklärter A. 19, 28f., 31, 38
absolutistisch 11, 30, 34, 63, 91
Abstraktion s. a. Konkretion 119, 121, 140f.
Absurde s. a. Paradox 133, 142−146, 158
Acta Eruditorum 59
Adel 29, 63, 65, 71f., 78
Ästhetik 112f.
Ästhetiker 142, 151
ästhetisch 98, 102, 111, 156
Affectation 73, 111
agnostisch 123
Agrargesellschaft s. a. Bauern, Landwirt-schaft 36, 40, 53
agrarisch 11, 31f.
Alltagswelt 15, 105
altnordisch s. a. nordisch 12, 21, 24, 160ff., 165
amor Dei 58
amor sui 58
Amsterdam 56
Anachoret 114
Angst 150
Anthropologie 58, 117, 144, 146, 162, 167
anthropologisch 121, 140, 144, 155
Antifaschismus s. a. Faschismus 19, 47
antifaschistisch 50
antik s. a. klassisch 96, 123, 140, 149, 165, 174
Antike s. a. Klassik 21, 99, 137, 165, 173
a posteriori 154
Apperzeptionsverweigerung 111, 148
a priori 155
apriorisch 90, 137, 152, 154
Arbeiter 39ff., 170, 173
Arbeiterbewegung 34, 41f., 44, 171
arisch 13
aristotelisch 14, 87ff., 105, 143, 154
Armenverordnung s. a. Wohlfahrt 29f.
Ataraxie 158
aufgeklärt s. a. Absolutismus, aufgeklärter 19, 28f., 31, 37f., 50, 63, 71, 81, 87, 91
Aufklärung 20, 28f., 32, 60, 72, 81f., 84f.
Augenblick 113, 125, 145f., 155, 157

baptistisch 37
bäuerlich 11, 40, 103
Bauern s. a. Agrargesellschaft, Landwirt-schaft 14, 29, 31, 36, 38, 56, 66, 68, 71, 73, 113, 170f., 173
Bauernbefreiung 34, 40
Bauernverstand s. a. common sense, Ver-nunft, Verstand 14
Bergen 55ff., 67
Bergpredigt 36
Berlin 34, 114
Bewußtsein s. a. Selbst 18, 20, 36, 118, 120f., 128, 132f., 147, 149, 151, 169, 175
−, Sozialfeld des B. 18, 23f.
Bewußtseinsgeschichte 23f., 30f., 36, 42
bigott 50, 66
Bigotterie s. a. Frömmelei, Pietismus 106
Bildungsbürgertum s. a. Bürger 111, 113
Böse s. u. Gute und B.
bondeförstånd s. a. common sense, Vernunft, Verstand 14
Borchs Kollegium 161
Boströmianismus 21
Bürger s. a. Bildungsbürgertum 17f., 29, 36, 38, 43, 65, 70−73, 78, 82, 92, 113
bürgerlich 34, 42, 49, 51ff., 92, 101, 108, 111, 117, 119f., 125, 156, 162, 164, 172
Bürgerliches Gesetzbuch 25
Bürgerrechte s. a. Grundrechte 31

Charakterlosigkeit 126, 136
Chiliasten 82
Christentum 30, 35, 98f., 112, 116, 120, 122, 125, 128, 133, 135, 143f., 146, 151, 156, 161, 165, 168
Christiania/Oslo 27
Christianisierung 24
Christiansfeld 34, 37
commedia dell'arte 71
common sense s. a. gesunder Menschenver-stand, Vernunft, Verstand 13−16, 19f., 24ff., 45, 91f., 137, 167
Corsar 114ff., 126

Dämonisch 96, 147
Danehof 25

Namenregister

Aall, Anathon 26, 86
Abell, Kjeld 49, 51f.
Addison, Joseph 59
Adler, Alfred 51
Adler-Vonessen, Hildegard 146
Adorno, Theodor W. 123f., 133, 137
Ästhetiker A (s. Kierkegaard, S.) 119
Afzelius, Arvid August 14
Albeck, Gustav 162
Altizer, Thomas J. J. 132
Ammundsen, Valdemar 105f.
Andersen, Hans Christian 81, 102, 107–112, 153, 155
Andersen, Richard 46
Andersen, Vilhelm 90
Andersson, Ingvar 25
Andrén, Niels 32
Anna Sophie Hedvig 51f.
Anti-Climacus (s. Kierkegaard, S.) 122, 123f., 146–151
Anz, Wilhelm 120
Arendt, Hannah 73
Aretin, Karl Otmar Freiherr von 28f.
Aristophanes 71
Aristoteles 16, 105, 154
Augustinus, Aurelius 17f., 132, 140, 170

Baagø, Kaj 163f., 169
Bacon, Francis 70
Bang, A. Christian 36
Barth, Karl 94
Baruzzi, Arno 72
Bauer, Fritz 13
Baur, Ferdinand Christian 121
Bayle, Pierre 59
Becker, Taage 56, 68
Begtrup, Holger 171, 174
Beier, Gerhard 12
Bejerholm, Lars 101
Bentham, Jeremy 163f.
Berger, Peter L. 15
Berling, Ernst Heinrich 59
Bernstorff, Andreas Peter 31
Bernstorff, Johan Hartvig Ernst 29
Beyme, Klaus von 25

Bing, Just 69
Birgitta, die heilige 21
Bismarck, Otto von 46
Bjørn, Claus 83
Bjørnson, Bjørnstjerne 94
Bobé, Louis 32
Börner, Christian Friedrich 59
Boileau, Nicolas 65
Bollnow, Otto Friedrich 26f.
Boström, Christoffer Jakob 21
Brandes, Georg 27, 54, 56, 60, 64, 66, 71, 92, 94, 102, 104, 106, 108, 111f., 115, 126, 155
Brandt, Frithiof 104, 112, 142
Brandt, Willy 13
Branner, Hans Christian 50f.
Branner, Jens 46
Brecht, Bert 13
Bredsdorff, Elias 46ff., 49, 114
Broch, Hermann 15
Brøchner, Hans 105
Brøndsted, Mogens 58
Bruun, Christian 63, 68, 73f.
Buber, Martin 94
Bugge, Knud Eyvin 161
Bukdahl, Jørgen 37, 103, 107ff., 111, 113, 156f., 171, 174
Bull, Edvard 39–42
Bull, Francis 54, 56, 60, 65ff., 71, 73f., 76f., 82
Bull, Jacob B. 36
Busch, Fritz 13

Calvin, Jean 36
Camus, Albert 12, 45
Cervantes, Miguel de 65
Christensen, Arild 111
Christensen, Villads 37, 101f., 111f., 116, 157
Christian V. 25
Christian VI. 30, 63, 66
Christus 79, 107, 115, 130, 132, 143
Cicero, Marcus Tullius 14
Clausen, Henrik Nicolai 110f.
Climacus s. Johannes C.